Создание ясного мышления

Создание ясного мышления

Я Дж Н

Индия
2023 год

СОДЕРЖАНИЕ

ВВЕДЕНИЕ

В октябре 2004 года европейский медиа-магнат пригласил меня в Мюнхен для того, что они назвали неформальным обменом интеллектуалами. Хотя я сам не считал себя интеллектуалом, поскольку изучал бизнес, а не литературу, два моих литературных романа, должно быть, дали мне право на такое приглашение.

За столом сидел Нассим Николас Талеб. В то время он был малоизвестным трейдером с Уолл-стрит со страстью к философии, с которым я познакомился как эксперт по философии английского и шотландского Просвещения, особенно философии Дэвида Юма. Видимо, меня приняли за кого-то другого. Потрясенный своей ошибкой, но все еще пытаясь сохранить самообладание, я осветил комнату робкой улыбкой в надежде, что молчание послужит доказательством моих философских способностей. В этот момент Талеб пододвинул свободный стул и похлопал по его сиденью; приглашая меня сесть. Я так и сделал. После краткого обсуждения Юма наш разговор быстро перешел на Уолл-стрит. Мы восхищались систематическими ошибками в принятии решений генеральными директорами и бизнес-лидерами, включая нас самих! Оглядываясь назад, мы обсуждали, почему непредвиденные события кажутся более вероятными, а также обсуждали, почему инвесторы отказываются продавать акции, когда их стоимость падает ниже стоимости приобретения.

После мероприятия Талеб прислал мне страницы из своей рукописи; невероятная жемчужина, которую я рассмотрел и частично прокомментировал; это стало частью «Черного лебедя», его международного бестселлера, который вознес его в статус интеллектуальной звезды. Тем временем у меня разгорелся аппетит; Я начал читать книги, написанные учеными-когнитивистами и социологами по таким темам, как эвристика и предубеждения, а также стал чаще общаться с исследователями по электронной почте, а также посещать их лаборатории. К 2009 году я понял, что помимо того, что был писателем, я стал изучать социальные когнитивные психология тоже.

Эксперты определяют когнитивные ошибки как систематические отклонения от логики — оптимального, рационального мышления и поведения, отклоняющегося от идеального состояния. Под «систематическим» я подразумеваю, что эти отклонения от оптимального мышления — это не просто случайные неверные суждения или ошибки в суждениях, а, скорее, повторяющиеся ошибки, препятствия логике, с которыми мы сталкиваемся время от времени на протяжении поколений и столетий. Переоценка наших знаний более распространена, чем их недооценка! Например.
Недооценка – вот что чаще всего случается. Кроме того, страх что-то потерять мотивирует нас гораздо сильнее, чем перспектива получить аналогичную прибыль; когда в присутствии других людей мы часто корректируем свое поведение в

соответствии с их поведением; анекдоты имеют тенденцию скрывать статистическое распределение (базовую скорость) события, в результате чего ошибки накапливаются, как грязное белье, в одном углу, в то время как другие углы остаются относительно чистыми (т.е. в том, что стало известно как «уголок чрезмерной самоуверенности»).

Я начал составлять список когнитивных ошибок, чтобы не рисковать богатством, которое я накопил за свою литературную карьеру, и защититься от ненужного риска, связанного с этим богатством, без намерения публиковать этот список в будущих публикациях. Изначально я планировал использовать этот список только для себя. Некоторые ошибки мышления существовали на протяжении веков, в то время как другие, возможно, были признаны лишь недавно. Некоторые также имеют два или три имени; Я выбрал те, которые наиболее широко используются. Вскоре я обнаружил, что создание такого списка может помочь не только в моих инвестиционных решениях, но и в деловых и личных вопросах. После завершения составления этого списка я почувствовал себя спокойнее и яснее. Я начал распознавать свои ошибки раньше, что позволило мне скорректировать курс до того, как будет нанесен какой-либо длительный ущерб. Кроме того, впервые в жизни я смог определить, когда другие тоже могут стать жертвой этих систематических ошибок. Имея свой список, я теперь мог сопротивляться их влиянию и даже иметь преимущество в своих делах. Теперь у меня были категории, термины и объяснения, с помощью которых можно было отразить угрозу иррациональности — как Бенджамин Франклин запускал своего воздушного змея во время грозы; гром и молния не стали менее частыми, сильными и громкими – но становятся менее тревожными; нечто, что глубоко резонировало во мне, когда я сейчас столкнулся с собственной иррациональностью.

Друзья быстро обратили внимание на мой сборник, проявив интерес и побудив к еженедельной колонке в газетах в Германии, Голландии и Швейцарии, а также к многочисленным презентациям (в основном для врачей, инвесторов, членов советов директоров, генеральных директоров и правительственных чиновников), пока не появилась эта книга.

При изучении этих страниц помните об этих трех моментах: во-первых, этот список неполный — в нем могут быть обнаружены новые ошибки. Во-вторых, большинство ошибок кажутся взаимосвязанными и не должны вызывать удивления; в конце концов, все области мозга связаны между собой нейронными проекциями, которые путешествуют по всему нашему телу.
В-третьих, я прежде всего являюсь писателем и предпринимателем, а не социологом; как таковой у меня нет собственной лаборатории для проведения экспериментов по когнитивным ошибкам или найма исследователей для мониторинга поведенческих ошибок. Поэтому, создавая эту книгу, я думал о себе скорее как о переводчике, чья

роль состоит в том, чтобы интерпретировать и синтезировать то, что я прочитал и узнал, чтобы другие могли легче это понять. За это я выражаю огромную благодарность тем исследователям, которые на протяжении десятилетий выявляли поведенческие и когнитивные ошибки; их исследования — долг приносит дивиденды, благодаря которым появилась эта книга, за что они заслуживают моей благодарности, и я им огромное спасибо.

Эта книга не является руководством к действию; семи шагов к безошибочной жизни здесь не будет. Когнитивные ошибки стали слишком укоренившимися, чтобы мы могли когда-либо полностью избавиться от них, и это даже не должно быть нашей целью; некоторые когнитивные ошибки могут даже оказаться существенными для счастливой жизни и поэтому должны оставаться там; хотя эта книга, возможно, и не содержит ключа к счастью, она, по крайней мере, защищает от чрезмерного, вызванного самим собой несчастья.

Моя цель проста: если бы мы могли научиться распознавать и избегать серьезных ошибок в мышлении в нашей личной, профессиональной и политической жизни, возможно, благосостояние резко возросло бы. Все, что для этого требуется, — это меньше иррациональности — здесь не нужны никакие дополнительные хитрости или новые приспособления.

Рик может найти рок-звезд повсюду, куда бы он ни посмотрел: экраны телевизоров, страницы журналов, концертные программы и фан-сайты в Интернете заполнены их изображениями и песнями; их присутствия невозможно избежать в торговом центре или спортзале – их сотни! Рик считает, что с ним, должно быть, что-то не так, раз эти звезды так часто и надежно появляются в его жизни. Истории многих гитарных героев вдохновили Рика создать свою собственную группу и начать исполнять живую музыку, но, скорее всего, он не добьется такого же успеха, как они; как и многие до него, он, скорее всего, присоединится к тысячам музыкантов-неудачников, которые живут на кладбище музыкантов-неудачников, на котором в 10 000 раз больше музыкантов, чем на сцене, но ни один журналист не заботится о освещении других неудач, кроме павших суперзвезд, что делает это кладбище невидимым для посторонних. .

На работе и в повседневной жизни успех часто кажется более заметным, чем неудача, из-за чего мы переоцениваем вероятность успеха. Как и Рик, посторонние часто попадаются на эту иллюзию и недооценивают ее вероятность. Рик — просто еще одна жертва «предвзятости выжившего».

За каждым успешным автором может стоять 100 других писателей, чьи книги никогда не будут продаваться; еще 100 не нашли издателей; и еще 100, чьи незаконченные рукописи лежат непрочитанными в ящиках. За каждой из этих книг стоят 100 человек, которые мечтают однажды опубликовать книгу, но вы слышите только об успешных писателях (многие из которых публикуются самостоятельно), не сумевших оценить свои невероятные шансы на литературный успех. Фотографы, предприниматели, художники, спортсмены, архитекторы, лауреаты Нобелевской премии, телеведущие и королевы красоты также должны избавиться от предвзятости выживания, чтобы бороться с ее эффектом. Никто другой не сделает это за вас! Чтобы самостоятельно преодолеть предвзятость выжившего.

Предвзятость выживания возникает и при принятии финансовых решений: представьте, что ваш друг открывает стартап. Как один из их потенциальных инвесторов, вы видите здесь невероятную возможность: компания может стать следующим Google или Amazon. Однако проверьте реальность: в большинстве случаев такие предприятия полностью терпят неудачу или закрываются в течение месяцев или лет после начала; Второй вероятный исход включает либо банкротство, либо просто выживание – любой вариант одинаково вероятен.
Итог: существует вероятность того, что любой созданный бизнес обанкротится в течение трех лет; из тех, кто выживает так долго, большинство никогда не превышают

десяти сотрудников. Так следует ли вам никогда не рисковать своими кровно заработанными деньгами в каком-либо предприятии? Не обязательно; Просто помните, что предвзятость выжившего искажает вероятность успеха, как граненое стекло.

Возьмем, к примеру, промышленный индекс Доу-Джонса: он включает только успешные предприятия; потерпели неудачу, а мелкие фирмы не выходят на фондовый рынок, несмотря на то, что представляют большинство деловых предприятий. Таким образом, фондовый индекс неточно отражает экономику, и аналогичным образом пресса не сообщает обо всех музыкантах одинаково; Точно так же обилие книг и тренеров, посвященных успеху, должно заставить вас насторожиться, поскольку эти неудачливые люди не пишут книг и не читают лекций о своих неудачах.

Предвзятость выживания может быть особенно опасной, когда человек становится частью команды-победителя. Даже когда успех возникает случайно, сходство с другими победителями может побудить нас назвать эти сходства ключевыми факторами успеха; тем не менее, посещение кладбищ неудавшихся людей и компаний выявит среди его жильцов много схожих черт, которые способствовали вашим!

Если достаточное количество ученых исследуют этот феномен, некоторые исследования дадут статистически значимые результаты по чистому совпадению – например, корреляция между потреблением красного вина и высокой продолжительностью жизни. Такие «ложные» исследования быстро завоевывают популярность и внимание – в отличие от исследований с менее захватывающими, но правильными выводами, которые остаются скрытыми на последних страницах научных кругов.

Предвзятость выживания означает, что люди переоценивают свои шансы на успех. Один из способов борьбы с ним — регулярное посещение могил некогда многообещающих проектов, инвестиций и карьеры; хотя иногда это может быть неудобно, это должно помочь очистить ваш разум и обеспечить столь необходимое завершение.
См. также Корыстная предвзятость (гл. 45); Удача новичка (гл. 49); Игнорирование базовой ставки (гл. 28); Индукция (гл. 31); Пренебрежение вероятностью (гл. 26); Иллюзия умения (гл. 94) и намерение исправить ошибки (гл. 98).

ГАРВАРД ДЕЛАЕТ ВАС УМНЕЕ?

Нассим Талеб решил что-то сделать со своими упрямыми лишними килограммами, занявшись различными видами спорта, но вскоре разочаровался во всех них – от пробежек и теннисистов до бодибилдеров и бодибилдеров. Плавание нравилось им больше из-за их хорошо сложенных и обтекаемых тел, поэтому он записался в местный бассейн и начал тренироваться в нем два раза в неделю.

Вскоре после этого он осознал, что впал в иллюзию: профессиональные пловцы не достигают идеального тела, тренируясь бесконечно; скорее, их телосложение определяет, станут ли они отличными пловцами, а не наоборот. Женщины-модели, рекламирующие косметику, также создают впечатление, что ее использование делает человека красивым; но это убеждение проистекает из того, что потребители ошибочно полагают, что продукты делают женщин похожими на модели; скорее, их естественная привлекательность привлекает покупателей; точно так же, как тела профессиональных пловцов выбираются из-за этого, а не наоборот.

Когда мы путаем факторы отбора с результатами, мы становимся уязвимыми для того, что Талеб называет «иллюзией тела пловца». Без него половина рекламных кампаний потерпела бы неудачу, если бы он вообще не работал – однако эта предвзятость гораздо глубже, чем просто одержимость четко очерченными скулами и грудью. Гарвард по праву считается одним из ведущих университетов, в нем учатся многие успешные люди. Означает ли это, что Гарвард является выдающимся учебным заведением? Нет. Возможно, Гарвард просто привлекает талантливых студентов. На собственном опыте испытал этот феномен в Университете Санкт-Галлена в Швейцарии, одной из десяти лучших бизнес-школ Европы; тем не менее, я нашел уроки (25 лет назад!) разочаровывающими, и, несмотря на это, многие выпускники добились успеха; возможно, из-за климата или еды в столовой, хотя, скорее всего, из-за строгих процессов отбора.

Школы MBA заманивают кандидатов впечатляющими статистическими данными о потенциальных будущих доходах.
Многие будущие студенты поддаются такому подходу, чтобы продемонстрировать, что плата за обучение со временем окупается, однако многие сами становятся его жертвами. Я не предлагаю школам манипулировать статистикой; тем не менее их заявления не следует принимать за чистую монету, поскольку люди, получающие степень MBA, значительно отличаются от тех, кто этого не делает, при этом различия в доходах обусловлены многими источниками, помимо самого MBA - еще один пример «иллюзии тела пловца». Поэтому, если в вашей повестке дня стоит

дальнейшее обучение, делайте это по другим причинам, а не только для того, чтобы позже заработать больше денег.

Когда я спрашиваю счастливых людей о ключе к их удовлетворенности, я часто слышу такие ответы, как «Вам нужно смотреть на вещи как наполовину полные, а не наполовину пустые», предполагая, что они не осознают, что родились счастливыми, и вместо этого видят возможности во всем. вокруг них. Исследования, проведенные в Гарварде Дэном Гилбертом, показывают, что жизнерадостность — это во многом устойчивая черта личности, которая остается неизменной на протяжении всей жизни. Социологи Ликкен и Теллеген ясно дали понять этот момент; пытаться стать счастливее так же бесполезно, как и пытаться стать выше. Соответственно, иллюзия тела пловца также является самоиллюзией; когда оптимисты пишут книги по самосовершенствованию, еще больше пропагандируя это заблуждение. На этом этапе крайне важно не придавать слишком большого значения советам авторов-самоучителей. К сожалению, их предложения не помогают миллиардам людей – однако, поскольку большинство несчастных людей не публикуют книги о своих неудачах, эта реальность остается скрытой от глаз.

Вывод: лучше проявлять осторожность, когда вас поощряют стремиться к определенным вещам – будь то стальной пресс, безупречный внешний вид, более высокий доход, долгая жизнь или счастье – поскольку это может привести к иллюзии тела пловца. Прежде чем совершить прыжок веры и нырнуть с головой, сначала посмотрите в зеркало — будьте честны с тем, что вы там видите!

См. также Эффект ореола (гл. 38); Смещение результата (гл. 20); Предвзятость самоотбора (гл. 47) и альтернативная слепота (гл. 71) для дальнейшего понимания.

ПОЧЕМУ ВЫ ВИДИТЕ ФОРМЫ В ОБЛАКАХ

Кластеризация иллюзий

В 1957 году шведский оперный певец Фридрих Йоргенсен купил магнитофон для записи своего вокала. Пока я прислушивался, появились странные звуки и шепот, которые казались сверхъестественными. Несколько лет спустя он записал пение птиц; во время одной из сессий записи на заднем плане можно было услышать голос его покойной матери, шептавший: «Фрид, мой маленький Фрид... Ты меня слышишь... Мама зовет». После этой встречи Йоргенсен посвятил себя общению с ушедшими посредством магнитофонных записей.

Дайан Дюсер из Флориды испытала нечто подобное, когда, откусывая кусок тоста и возвращая его на тарелку, она заметила внутри него изображение Мэри. В этот момент она прекратила есть и отложила божественное послание на безопасное хранение (минус один укус). Позже, в ноябре 2004 года, Дайан продала на аукционе eBay эту все еще довольно хорошо сохранившуюся закуску и получила в награду 28 000 долларов!

В 1978 году нечто подобное испытала женщина из Нью-Мексико; почерневшие пятна ее лепешки напоминали лицо Иисуса. Средства массовой информации подхватили эту историю, собрав тысячи людей в Нью-Мексико, чтобы увидеть Иисуса в форме буррито. Двумя годами ранее, в 1976 году, космический корабль «Викинг» сфотографировал похожее скальное образование. Это попало в заголовки газет по всему миру; известный как «Лицо на Марсе».

Видели ли вы раньше лица в облаках, очертания животных на камнях или скрытые сообщения в рассеянных сигналах? Вероятно. Это совершенно нормально: наш мозг ищет закономерности и правила, а когда их нет, он просто создает их сам! Диффузные сигналы, такие как фоновый шум на ленте, облегчают нам обнаружение «скрытых сообщений». Спустя двадцать пять лет после открытия «Лица на Марсе» Mars Global Surveyor предоставил четкие изображения, показывающие скальные образования с человеческими лицами, растворяющимися в простой каменной осыпи.

Эти причудливые примеры могут сделать иллюзию кластеризации безобидной; но это далеко не безобидно.

Возьмем, к примеру, финансовые рынки, которые каждую секунду производят огромные объемы информации.
Без его ведома мой друг с удовольствием объяснил, как он обнаружил аномалию среди всех данных: умножение процентного изменения индекса Доу-Джонса на процентное изменение цены на нефть даст изменение цены золота в течение двух

дней - то есть, если цены на акции И нефть будет расти или падать одновременно, золото последует этому примеру и вырастет на следующий день. Его теория работала хорошо в течение нескольких недель, пока он не начал инвестировать все большие суммы и в конечном итоге потерял все свои сбережения, почувствовав искусственную закономерность там, где ее не было!

Профессор психологии Томас Гилович опросил сотни людей, чтобы ответить на вопрос, была ли эта последовательность случайной или запланированной, причем большинство из них отвергли произвольное объяснение, поскольку считали, что ее порядок регулируется каким-то законом. Согласно физической модели игральных костей Гиловича, на самом деле вполне возможно, что при четырех последовательных бросках выпадет одно число; тем не менее, многим трудно признать, что такие события происходят исключительно случайно.

Во время Второй мировой войны немецкие бомбардировщики атаковали Лондон, используя ракеты Фау-1 (разновидность самонавигающихся дронов) в качестве одного из боеприпасов. Каждая атака включала тщательное нанесение на карты мест удара, чтобы терроризировать лондонцев; многие думали, что они выявили закономерности и разработали теории относительно того, какие части Лондона наиболее безопасны; однако послевоенный статистический анализ показал, что распределение было совершенно случайным из-за неточности ракеты Фау-1, поскольку ее навигационная система была очень неточной.

Вывод: когда дело доходит до распознавания образов, мы склонны слишком остро реагировать. Верните себе свой скептицизм; Если вы считаете, что обнаружили закономерность, сначала предположите, что это могло произойти случайно, и проведите статистический анализ, прежде чем принимать решение. Точно так же, если хрустящие части вашего блина каким-либо образом напоминают лицо Иисуса, спросите себя, почему вместо этого Он не показал себя здесь, на Таймс-сквер или CNN!
См. также «Иллюзия контроля» (гл. 17); Совпадение (гл. 24); Ложная причинность (гл. 37).

Социальное доказательство Представьте себе: вы идете на концерт и на перекрестке видите группу людей, смотрящих вверх. Недолго думая, вы тоже смотрите вверх, даже не осознавая почему, неосознанно следуя этому примеру. Почему? Социальное доказательство. Во время выступления выдающегося солиста в концертном зале кто-то начинает аплодировать, побуждая других присутствующих в зале тоже присоединиться к аплодисментам; вы тоже присоединяетесь только по одной причине, кроме социального доказательства. После окончания спектакля вы отправляетесь забрать свой гардероб, где люди выстраиваются в очередь перед вами, оставляя монеты, хотя услуга включена в стоимость билета, но даже в этом случае... после чего, когда вы идете забрать гардероб, чтобы забрать его самостоятельно, вы наблюдаете, как люди уходят. вместо этого монеты на тарелках, несмотря на то, что официально они включены в стоимость билета, поскольку на практике многие другие посетители концертов поощряют чаевые, оставляя чаевые также в целях социального доказательства!

Социальное доказательство или «стадный инстинкт» требует, чтобы люди чувствовали себя признанными, когда их поведение соответствует поведению других людей. Проще говоря, чем больше людей поддерживают или принимают идею или поведение, мы считаем их более правдивыми; аналогично, когда больше людей демонстрируют это, чем нет. Хотя эта логика очевидна и смешна, она верна.

Социальное доказательство является движущей силой финансовых пузырей и паники на фондовом рынке. Это проявляется в моде, методах управления, хобби, религии и диетах; иногда это приводит к таким драматическим последствиям, как, например, когда секты совершают массовое самоубийство.

Соломон Аш провел в 1950-х годах интригующий эксперимент, который продемонстрировал, как давление со стороны сверстников может изменить реальность. Испытуемым показывали линию, нарисованную на бумаге, и три одинаковые, короткую, среднюю и длинную линии, соответствующие ей, на разных частях тела - все с пометкой «1, 2» для краткости; длиннее исходной строки и такой же, как исходная, соответственно. Он или она должны выбрать, какая из трех строк соответствует исходной, что неудивительно, учитывая, насколько проста задача. Как только входят пять человек, все незнакомые ему актеры дают неправильные ответы, отвечая «цифрой 1», хотя ясно, что вместо нее следует указать цифру три. Когда вопрос снова возвращается к нему, он часто отвечает неправильно, чтобы соответствовать тому, что ответили другие люди - примерно в трети случаев он также дает неправильные ответы.

Почему мы действуем таким образом? В прошлом следование за другими часто рассматривалось как лучшая стратегия выживания. Представьте себе путешествие по Серенгети вместе с охотниками-собирателями 50 000 лет назад, когда вдруг все они без предупреждения разбежались? Как бы вы тогда отреагировали? Стояли бы вы там, сбитые с толку и задаваясь вопросом, действительно ли то, что вы видите, было львом или просто чем-то безобидным, из которого можно было бы приготовить вкусную, богатую белком еду? Нет! Вместо этого вы, скорее всего, отправились бы в погоню за своими друзьями. Позже, когда вы были в безопасности от нападения, вы, возможно, нашли время подумать, кем на самом деле был ваш «лев». Любой, кто вел себя иначе, чем его сверстники (а они, я уверен, были), скорее всего, был исключен из нашего генофонда; мы потомки тех, кто копировал то, что делали их сверстники. Мы, люди, запрограммированы на этот образец социального доказательства; поэтому мы используем его, даже когда он не дает никаких преимуществ для выживания; что происходит большую часть времени. Однако бывают случаи, когда социальное доказательство может быть полезным: например, когда вы обедаете вне дома в чужом городе, не зная поблизости хороших ресторанов и будучи голодным, выбор того, где часто бывают местные жители, может иметь больше смысла и копировать их поведение вместо вашего собственного.

Комедийные и ток-шоу используют социальное доказательство, вставляя в стратегически важные места заранее подготовленные смеховые моменты, чтобы побудить зрителей смеяться вместе. Возможно, одним из самых примечательных и тревожных примеров является речь Йозефа Геббельса перед огромной аудиторией в 1943 году (см. сами на YouTube). Когда война в Германии обострилась, Геббельс потребовал от присутствующих: «Вы хотите тотальной войны?» Если необходимо, поддерживаете ли вы радикальную войну в отличие от всего, что мы можем себе представить сегодня?» Его требование вызвало бурные аплодисменты; если бы отдельных участников спрашивали индивидуально, они, вероятно, не приняли бы это безумное предложение!

Реклама максимально использует нашу склонность к социальному доказательству; этот подход хорошо работает, когда мы сталкиваемся с неопределенностью (например, при выборе между различными марками автомобилей, чистящими средствами и косметическими товарами без явных преимуществ или недостатков) и когда появляются люди, которые кажутся «такими, как мы».

Будьте скептичны, когда компания заявляет, что ее продукт превосходен, потому что он популярен – этот аргумент не имеет смысла, если продажа большего количества единиц не означает превосходство! И помните мудрые слова У. Сомерсета Моэма: «Даже если 50 миллионов человек скажут что-то глупое, это останется глупым».

См. также: Групповое мышление (гл. 25); Социальная безделье (гл. 33); Предвзятость внутри группы и вне группы (гл. 79) и эффект ложного консенсуса (гл. 77) для дальнейшего использования.

ПОЧЕМУ НУЖНО ЗАБЫТЬ ПРОШЛОЕ

Заблуждение о невозвратных издержках

После полуторачасового просмотра ужасного фильма я тихо попросил жену: «Давай, пойдем домой». На что она ответила: «Ни в коем случае; мы не выбрасываем 30 долларов». В этот момент я возразил: «Это не повод оставаться, здесь действует просто профессиональная деформация, которая не должна играть никакой роли в нашем решении остаться или уйти!» Естественно, я в конце концов сдался и опустился обратно на свое место.

На следующий день я оказался на совещании по маркетингу, где обсуждалась рекламная кампания, которая длилась четыре месяца, но не достигла ни одной цели. Хотя я выступал за отказ от этого, наш менеджер по рекламе возражал: «Но мы уже вложили в это столько денег; остановка сейчас будет означать, что все наши деньги потрачены впустую» — еще одна жертва заблуждения о невозвратных издержках.

Один из моих друзей много лет страдал от сложных отношений. Его девушка неоднократно изменяла, каждый раз раскаиваясь прося прощения. Тем не менее, мой друг продолжал вкладывать энергию в их роман, потому что было неправильно выбрасывать то, что уже было вложено; пример «ошибки невозвратных издержек».

Заблуждение невозвратных затрат особенно опасно, когда мы вложили во что-то много времени, денег, энергии или эмоций. Наши инвестиции могут стать основой для продолжения деятельности, несмотря на очевидные причины остановиться; чем больше времени и ресурсов вложено, тем больше наши невозвратные издержки; следовательно, нам необходимо продолжать идти вперед, даже если что-то кажется невозможным или безнадежным. Чем больше мы вкладываем во что-то, тем сильнее наше желание продолжать;

Инвесторы часто становятся жертвами заблуждения о невозвратных издержках. Торговые решения могут приниматься исключительно ценами приобретения; ссылаться на этот аргумент в качестве оправдания просто нерационально; важнее цены должны быть будущие результаты (и другие альтернативы, доступные для инвестирования) каждой акции или инвестиционного портфеля – по иронии судьбы, чем больше денег будет потеряно, тем дольше инвесторы будут склонны придерживаться их!

Последовательность – смысл нашего существования; когда что-то нарушает этот образ мыслей и действий, мы находим эти противоречия отвратительными и предпочитаем отменить проект на полпути, вместо того чтобы признать, что передумали в какой-то момент жизненного цикла проекта. Откладывание болезненного осознания и продолжение бессмысленных проектов дольше сохраняет видимость.

«Конкорд» был знаковым примером государственного дефицита расходов. И Великобритания, и Франция прекрасно понимали, что бизнес по производству сверхзвуковых самолетов не принесет успеха, но все же инвестировали огромные суммы, чтобы сохранить лицо. Отказ от него значил бы признание поражения; отсюда и его название «эффект Согласия». Это приводит к дорогостоящим и даже катастрофическим ошибкам в суждениях; Из-за этого явления американцы расширили участие во Вьетнамской войне: они думали: «Мы так многим пожертвовали; сдаваться сейчас было бы неправильно».

Вы думаете: «Мы зашли так далеко?». «Я уже так много прочитал из этой книги…» Если какое-либо из этих утверждений применимо к вам, это указывает на то, что в вашем сознании действует заблуждение невозвратных затрат.

Конечно, инвестирование в доработку чего-либо может иметь свои преимущества; просто будьте осторожны, делая это исключительно для оправдания безвозвратных инвестиций. Рациональное принятие решений требует от вас забыть о прошлых затратах; в конечном итоге при принятии рационального выбора имеют значение только будущие затраты и выгоды.

См. также: Заблуждение «Станет хуже, прежде чем станет лучше» (гл. 12); Невозможность закрыть двери (гл. 68); Эффект владения (гл. 23); Обоснование усилий (гл. 60); Неприятие потерь (глава 32) и предвзятость результата (глава 20) как другие когнитивные искажения, которые приводят к неверным решениям.

Не принимайте бесплатные напитки

Взаимность

Недавно вы, возможно, встречали последователей секты Харе Кришна, плавающих в своих ярких одеждах шафранового цвета, пока вы мчались по аэропортам или вокзалам, чтобы добраться до места назначения. Возможно, один из участников подарил вам маленький цветок и тепло улыбнулся, даря его. Как и большинство людей, скорее всего, вы взяли цветок просто для того, чтобы не показаться грубым. Отказ мог повлечь за собой объяснение типа: «Возьмите это; это наш подарок тебе». Когда я пытался выбросить цветок в мусорную корзину неподалеку, там уже было несколько договоренностей; поискав его в другом месте, вы обнаружили, что там уже есть несколько куч. Когда ваша нечистая совесть начала сильнее придираться к вам, к вам подошел другой ученик Кришны и попросил пожертвования; многие аэропорты в конечном итоге запретили эту секту из-за этого успешного предложения;

Роберт Чалдини может объяснить успех этих кампаний своим исследованием взаимности. Он обнаружил, что людям очень трудно быть в долгу перед другим человеком.

Многие неправительственные организации и благотворительные организации применяют схожие стратегии: сначала отдать, затем взять. Недавно я получил конверт с открытками с идиллическими пейзажами от природоохранной организации; в сопроводительном письме они заверяли меня, что их следует сохранить в качестве подарков, независимо от моего решения пожертвовать деньги. Хотя я достаточно хорошо понимал их тактику, с моей стороны потребовалась значительная сила воли и дисциплина, чтобы отбросить их, не воспользовавшись ими!

К сожалению, эта форма мягкого шантажа, которую иногда называют коррупцией, широко распространена. Поставщик винтов может предложить потенциальным клиентам присоединиться к нему в захватывающей спортивной игре; приходит время заказа через месяц, их желание не остаться в долгу настолько сильно, что покупатель соглашается и оформляет заказ через этого нового знакомого.

Взаимность — древний принцип, присущий всем видам с нестабильным запасом пищи. Представьте, что вы охотник-собиратель, которому однажды удается убить оленя, и вы должны разделить его между членами своей группы; это гарантирует, что вы получите выгоду от чужой добычи, если ваш улов был менее впечатляющим; они служат холодильниками.
Взаимность — это бесценная стратегия выживания и форма управления рисками, без которой люди, а также многие виды животных вскоре погибли бы. Взаимность лежит

в основе сотрудничества между людьми, не связанными друг с другом, и является неотъемлемой частью экономического роста и создания богатства – без нее вообще не было бы глобальной экономики! В этом преимущество взаимности.

Однако взаимность имеет и свою темную сторону: возмездие. Месть порождает ответную месть, пока не разразится полномасштабная война. Иисус проповедовал, что мы должны разорвать этот порочный круг, подставив другую щеку – хотя это оказывается трудным делом, поскольку взаимность тянет, даже когда ставки гораздо менее высоки.

Несколько лет назад нас пригласила пара, с которой мы были знакомы лишь случайно; они были достаточно хороши, но далеки от развлечения. К сожалению, все получилось именно так, как и предполагалось: их званый обед оказался невыносимо скучным; однако через несколько месяцев мы почувствовали себя обязанными снова пригласить их из взаимности; всего через несколько недель пришло от них еще одно приглашение... Я часто задаюсь вопросом, сколько еще званых обедов пришлось пережить, чтобы сохранить взаимность?

Как и в случае с супермаркетом, мой лучший совет — отказаться от предложения вина, сыра или оливок, если только вы не хотите, чтобы ваш холодильник был заполнен продуктами, которые вам даже не нравятся.

См. также Обрамление (гл. 42); Стимулирующая тенденция сверхреакции (гл. 18); «Мне нравится предвзятость» (гл. 22) и «Стеснение мотивации» (гл. 56), чтобы узнать больше.

ОСТЕРЕГАЙТЕСЬ «ОСОБОГО СЛУЧАЯ»

ПРИ ПОДТВЕРЖДЕНИИ ВНИМАНИЕ! (Часть 1).

Гил сидит на диете, чтобы сбросить лишние килограммы. Каждое утро он встает на весы, проверяя прогресс в соответствии с выбранным им планом и отмечая каждую потерю или прибыль как доказательство того, что все работает, или списывая это на обычные колебания. Однако в течение нескольких месяцев его вес остается стабильным, в то время как Гил живет в иллюзии, что диета работает, хотя на самом деле она ничего не дает - пример предвзятости подтверждения, действующей в ее безвредной форме.

Предвзятость подтверждения лежит в основе большинства заблуждений. Это относится к нашей склонности интерпретировать новую информацию так, чтобы она соответствовала существующим теориям, убеждениям и убеждениям, эффективно отфильтровывая любые доказательства, противоречащие существующим взглядам (известные как опровергающие доказательства), которые могут бросить им вызов (о чем Олдос Хаксли, как известно, писал: «Факты делают не перестанут существовать, если их игнорировать»), но эта опасная тенденция сохраняется среди людей — лучше всего об этом говорит суперинвестор Уоррен Баффет: «Люди превосходно интерпретируют всю новую информацию, поэтому их предыдущие выводы остаются нетронутыми».

Предвзятость подтверждения жива и процветает сегодня в бизнесе. Например, представьте себе следующее: команда руководителей принимает решение о новой стратегии, отмечая любые признаки того, что она может работать хорошо, в то время как любые признаки, указывающие на обратное, остаются незамеченными или быстро отбрасываются как исключения или особые случаи, пока опровергающие доказательства не станут для них вообще невидимыми.

Что ты можешь сделать? Будьте осторожны, когда появляется слово «исключение»; часто это указывает на наличие опровергающих доказательств. Возьмите пример с Чарльза Дарвина: с ранних лет своей юности он начал систематически противодействовать предвзятости подтверждения, очень серьезно относясь к любым наблюдениям, противоречащим его теории, записывая их сразу же, как только они появлялись, - прекрасно зная, как легко наш мозг «забывает» «опровергающее свидетельство по прошествии некоторого времени — принимая во внимание каждое противоречие, как только он увидел его появление, и активно выискивая противоречия, основываясь на своей оценке его правильности, — тем более, чем активнее он высматривал.

Этот эксперимент показывает, насколько сложно подвергать сомнению наши собственные теории. Профессор представил своим студентам числовую последовательность 2-4-6.
Профессор предложил студентам определить основное правило, написанное на листе бумаги, последовательно предоставляя числа, которые либо соответствуют правилу, либо нет, с такими ответами, как «соответствует правилу» или «не соответствует правилу». . В то время как студенты могли случайным образом угадать множество чисел от 8 до 14, например (большинство предлагало 8 и получало ответ: «Соответствует правилу». Чтобы быть уверенными, они пробовали 10, 12 и 14, и профессор каждый раз говорил им, что они соответствуют правилу).). Многие пришли к выводу: «Правило заключается в добавлении двух к каждому числу»; только для того, чтобы профессор не согласился с ними, заявив, что на самом деле это не то, что является правилом;

Один сообразительный студент попробовал нетрадиционный подход. Он проверил число -2, на что его профессор ответил, что оно не соответствует правилу, а затем предположил, что число семь соответствует больше, чем его предшественник -2. Когда это оказалось бесплодным, студент продолжил экспериментировать, попробовав -24, 9, 43... Когда контрпримеры больше не были найдены, он заявил: «Правило таково: каждое последующее число должно превышать предыдущее». Перевернув лист бумаги, я обнаружил именно это правило!

Что отличало находчивого студента от сверстников? В то время как большинство студентов стремились лишь подтвердить свои теории, он активно искал доказательства, опровергающие их. Вы можете подумать: «Хорошо для него, но не так уж важно для остальных». Однако стать жертвой предвзятости подтверждения — это не мелкое интеллектуальное нарушение: как показано в последующих главах, это может радикально повлиять на нашу повседневную жизнь.

См. также: mes disponabilite Bias (гл. 11); Характерно-положительный эффект (гл. 95); Совпадение (гл. 24); Эффект Форера (гл. 64) и Иллюзия внимания (гл. 88).

УБИВАЙТЕ СВОИХ ЛЮБИМЫХ

Предвзятость подтверждения. Часть 2.

В предыдущей главе мы исследовали одно из основных заблуждений — предвзятость подтверждения. Люди должны сформировать убеждения о жизни, экономике, инвестициях, карьере и многом другом – от нашего мировоззрения до политики, экономики и искусства – которые затем должны быть подкреплены доказательствами, подтверждающими эти предположения. Независимо от того, идет ли человек по жизни с убеждением, что люди по своей сути хорошие или плохие, он найдет доказательства, подтверждающие любую точку зрения. Как филантропы, так и человеконенавистники фильтруют опровергающие доказательства, отдавая предпочтение тем, кто придерживается их соответствующего мировоззрения, отдавая приоритет тем, кто подкрепляет свои взгляды благодетелями или диктаторами, которые их продвигают.

Астрологи и экономисты действуют схожими стратегиями: делать прогнозы настолько расплывчатыми, что их может подтвердить любое событие: «в ближайшие недели вы испытаете печаль» или «среднесрочное давление на доллар усилится» — оба достаточно расплывчаты, чтобы любое событие могло быть выдержано. эти предсказания; меры по снижению стоимости золота, иены, песо, пшеницы, цен на жилую недвижимость на Манхэттене, Манхэттене, ценах на хот-доги на Манхэттене

Религия и философские убеждения служат благодатной почвой для процветания предвзятости подтверждения. Здесь, в своей мягкой губчатости, он процветает дико и свободно - например, верующие всегда находят доказательства существования Бога, хотя Он редко показывает себя открыто - за исключением неграмотных, живущих в отдаленных горных деревнях; никогда не показывался массовой публике, такой как Франкфурт или Нью-Йорк. Верующие категорически отвергают контраргументы против его существования, что показывает, насколько сильна эта сила на самом деле.

Бизнес-журналисты могут быть особенно подвержены предвзятости подтверждения. Создавая теории, бизнес-журналисты часто придумывают простые объяснения с небольшим количеством «доказательств», подтверждающих их, а затем быстро переходят к написанию своей истории - например: Google настолько успешен, потому что его культура способствует творчеству. После того, как эта идея была записана, журналисты обычно подкрепляют это утверждение примерами других процветающих компаний, которые культивируют креативность, редко ища опровергающие доказательства, например, переживающие трудности предприятия с акцентом на

креативность или процветающие фирмы, которым вообще не хватает креативности - обе группы могли бы добиться больших успехов. истории!
Журналисты склонны упускать из виду нескольких членов клана; любая их попытка выделить хотя бы одну могла бы сорвать всю сюжетную линию их статьи.

Книги о самопомощи и быстром обогащении — еще один пример одностороннего повествования. Их сообразительные авторы собирают доказательства, подтверждающие даже, казалось бы, нелепые теории, например, «медитация — ключ к счастью». Любой читатель, ищущий опровергающие доказательства, не найдет здесь таких доказательств: нигде нет примеров людей, ведущих полноценную жизнь без медитации или тех, кто, несмотря на ее практику, все еще испытывает печаль.

Интернет-сайты создают особенно благодатную почву для предвзятости подтверждения. Просматривая новостные сайты и блоги, чтобы оставаться в курсе, мы часто выбираем страницы, которые укрепляют наши существующие ценности — либеральные, консервативные или что-то среднее. Кроме того, многие веб-сайты теперь адаптируют контент специально к индивидуальным интересам или истории посещений, делая новые или отличающиеся мнения вообще нежелательными и направляя нас по пути, который подтверждает существующие убеждения, окружая себя сообществами единомышленников, которые укрепляют те же самые убеждения, что еще больше усиливает предвзятость подтверждения. и укрепление наших убеждений, что усиливает предвзятость подтверждения.

У Артура Квиллера-Коуча была неизменная мантра: «Убей своих любимых». Этот совет для писателей, пытающихся сократить заветные, но излишние предложения, нашел широкий отклик не только у литературных критиков и хакеров; его совет находит отклик у всех нас, страдающих от предвзятости подтверждения. Чтобы бороться с этим, попробуйте записать все свои убеждения – мировоззрение, инвестиции, брак, здравоохранение, диету или карьерные стратегии – и начните искать опровергающие доказательства против каждого. Избавиться от убеждений, которые кажутся старыми друзьями, — трудная работа, но жизненно необходимая!

См. также: Иллюзия самоанализа (гл. 67); Эффект заметности (гл. 83); Когнитивный диссонанс (гл. 50); Forer Effect (гл. 64) и News Illusion (гл. 99) для более подробной информации.

ПРИНИМАЙТЕ К СЛОВУ ВЛАСТИ

В Бытие 1 Бог рассказывает нам, что произойдет, если мы не подчинимся одному из его авторитетов: изгнание из рая. К сожалению, менее божественные фигуры (политические эксперты, ученые, врачи, генеральные директора, экономисты, главы правительств, спортивные комментаторы и гуру фондового рынка) тоже хотели бы, чтобы мы в это верили.

Психолог Стэнли Милгрэм провел эксперимент, который наглядно продемонстрировал предвзятость авторитета. Его испытуемым было поручено подвергать человека, сидящего за стеклянным стеклом, ударами током усиливающейся силы. Начиная с 15 В, им было приказано постепенно повышать до 30 В, 45 В и затем, наконец, до максимальной дозы в 450 В - хотя на самом деле электрический ток не протекал - Милгрэм использовал актера в качестве своей жертвы; к сожалению, те, кто применял электрошок, не знали об этом. Результаты были шокирующими: когда человек в другой комнате кричал от боли, а испытуемый, применявший электрошок, хотел остановиться, профессор поощрял его продолжать, потому что «от этого зависит этот эксперимент». Большинство продолжалось поражение электрическим током; более половины из-за явного послушания поднялось до полного напряжения.

За последнее десятилетие авиакомпании также осознали опасности, связанные с предвзятостью власти. Раньше капитаны правили верховно; их команды никогда не могли быть оспорены, и любой второй пилот, заподозривший оплошность, возможно, никогда не осмелился бы высказаться об этом.
С тех пор, как такое поведение было обнаружено, почти каждая авиакомпания внедрила систему управления ресурсами экипажа (CRM). CRM обучает пилотов и их экипажи открыто и быстро обсуждать любые замечания; другими словами: депрограммирование предвзятости власти. В последние десятилетия CRM внесла больший вклад в безопасность полетов, чем в технический прогресс.

Многим компаниям не хватает дальновидности. Особому риску подвергаются предприятия с доминирующими руководителями, где сотрудники могут держать при себе свое менее благоприятное мнение, что, вероятно, наносит ущерб компании в целом.

Власти стремятся к признанию и постоянно находят новые способы упрочить свой статус. Врачи и исследователи часто носят белые халаты. Директора банков носят костюмы и галстуки; директора банков носят галстуки, а короли, носящие короны, используют военные значки; Военные тоже часто носят значки званий! Сегодня в качестве маркеров экспертности используется все больше символов и реквизита, таких как выступления на ток-шоу или обложки журналов, книжные туры или записи в Википедии; власть развивается так же, как и мода, и общество обращает на это соответствующее внимание.

Вывод: прежде чем принимать какое-либо важное решение, всегда тщательно думайте о том, какие органы власти могут оказать существенное влияние на ваш процесс рассуждений, и старайтесь изо всех сил бросить вызов тем, кто находится у власти, если это необходимо.

См. также: Тенденция к болтовне (гл. 57); Знание шофера (гл. 16); Прогноз Иллюзии (гл. 40); Иллюзия мастерства (гл. 94)

Контрастный эффект

Роберт Чалдини в своей книге «Влияние» рассказывает историю двух братьев по имени Сид и Гарри, которые управляли магазином одежды в Америке 1930-х годов; Сид отвечал за продажи, а Гарри возглавлял услуги по пошиву одежды. Сид терял слух всякий раз, когда клиенты, стоявшие перед его зеркалом, были полностью довольны своими костюмами, что побуждало его спрашивать Гарри: «Гарри, сколько стоит этот костюм?» Затем Гарри поднимал глаза от своего разделочного стола и быстро отвечал, крича в ответ, что этот красивый хлопковый костюм стоит 42 доллара. Сид вел себя смущенно и делал вид, что ничего не понял. Гарри восклицал: «Сорок два доллара!» Затем Сид обернулся и доложил: «Он говорит, 22 доллара». К этому времени его клиент быстро положил бы деньги на стол, прежде чем быстро уйти со своим костюмом, прежде чем бедный Сид осознал свою ошибку.

Знаете этот эксперимент со школьных лет? : Наполните два ведра – одно теплой, а другое ледяной водой – затем погрузите в каждое правую руку на одну минуту. Снова поменяйте руки и одновременно поместите их обратно в теплую воду – что вы заметили? Правая рука считает, что он горячий, а левая — отлично охлаждается!

Эти истории иллюстрируют эффект контраста: когда нам предлагают что-то уродливое, дешевое или маленькое, мы склонны считать это более красивым или дорогим; и наоборот, мы находим абсолютное суждение трудным.

Эффект контраста — это всепроникающая иллюзия: при покупке кожаных сидений для вашего нового автомобиля по сравнению с его ценой в 60 000 долларов 3000 долларов кажутся несущественными по сравнению с его общей стоимостью. Все отрасли, предлагающие варианты обновления, используют это ошибочное представление, чтобы заманить потребителей и продать обновления.

Эффект контраста также может играть жизненно важную роль в других местах: эксперименты показывают, что люди пройдут лишние десять минут, если это сэкономит 10 долларов на еде, но никогда не подумают вернуться, чтобы сэкономить 10 долларов на дорогом костюме; иррациональный шаг, поскольку 10 минут в любом случае равны 10 долларам. Поэтому возвращение назад следует всегда предпринимать или просто не делать вообще.

Без эффекта контраста дисконтный бизнес полностью прекратил бы свое существование.
Несостоятельная ситуация возникает, когда цены на продукцию мгновенно падают со 100 до 70 долларов; Стартовая цена здесь не должна играть никакой роли. Один инвестор однажды сказал мне, что акции имеют большую ценность, потому что они

упали на 50 процентов ниже пиковой цены; Я ответил тем же, покачав головой: у цен на акции никогда не бывает минимумов или максимумов – все, что имеет значение, это то, будут ли они двигаться вверх или вниз с этого момента.

Если мы сталкиваемся с контрастами, наш мозг реагирует так же, как птицы на выстрел: мы порхаем и быстро движемся. Однако, к сожалению, мы не склонны распознавать постепенные изменения по мере их возникновения: иллюзионист может заставить ваши часы исчезнуть, даже не заметив этого, потому что, прижимаясь к одной части вашего тела, прижимаясь к другой части, вы не замечаете, когда его более легкое прикосновение на запястье снимает с него часы Rolex; Точно так же мы не замечаем, как наши деньги исчезают из-за инфляции, которая медленно лишает их ценности, тогда как, вводя их в виде налогов (что, по сути, так и есть), мы бы гораздо сильнее реагировали на такие налоги (что на самом деле и составляет).

Контраст — опасная сила: красивая женщина выходит замуж за более обычного мужчину; но, поскольку ее родители были людьми с сомнительной репутацией, он кажется ей выдающейся фигурой.

И еще одна мысль: несмотря на всю рекламу с участием супермоделей, мы теперь считаем красивых людей лишь умеренно желанными. В поисках любви никогда не выходите на улицу с друзьями-супермоделями, поскольку люди будут воспринимать вас менее привлекательно, чем вы есть на самом деле, если вы пойдете один или вместо этого приведете с собой двух уродливых друзей.

См. также: Предвзятость доступности (гл. 11); Эффект владения (гл. 23); Эффект ореола (гл. 38); Предвзятость социального сравнения (гл. 72); Регрессия к среднему значению (гл. 19); Ошибка дефицита (гл. 27); Обрамление (гл. 42)

Предвзятость притяжения

Сказать что-то вроде: «Курение не так уж и вредно, если мой дедушка сумел выжить, выкуривая три пачки в день и дожив до возраста более 100 лет» или: «На Манхэттене действительно безопасно; мой друг живет прямо в деревне, не запирая дверь». даже во время отпуска - в его квартиру ни разу не вломились!" их можно использовать, чтобы попытаться доказать какую-то точку зрения, но на самом деле они вообще ничего не доказывают; при этом мы поддаемся предвзятости доступности.

Больше английских слов, начинающихся с буквы «К» или с третьей буквой «К»? Ответ: Более чем в два раза больше английских слов имеют букву К в третьей позиции, чем начинаются с нее; хотя многие считают, что последних более многочисленно. Люди ошибочно полагают иначе, поскольку они с большей вероятностью быстрее запоминают слова, начинающиеся с буквы К; поэтому они легче для нашей памяти.

Предвзятость доступности гласит: наш разум склонен создавать образ реальности на основе примеров, которые нам легче всего найти в наших воспоминаниях, даже несмотря на то, что эти события на самом деле происходят не так часто, потому что их можно легко вообразить.

Из-за предвзятости доступности мы часто ориентируемся в жизни, имея в виду неточную карту рисков. Из-за этой предвзятости мы склонны переоценивать риски авиакатастроф, автомобильных аварий или убийств, в то же время недооценивая риски, связанные с менее серьезными причинами, такими как диабет или рак желудка. Взрывы происходят реже, чем мы думаем, в то время как уровень депрессии может быть намного выше - эта предвзятость заставляет нас придавать слишком большое значение впечатляющим результатам, в то время как более охотно, чем следовало бы, принижать значение тихих или невидимых результатов; наш мозг охотнее отдает предпочтение эффектным результатам, чем обыденным — это заставляет нас думать драматическим, а не количественным образом!

Врачи часто поддаются предвзятости доступности: они используют свои обычные методы лечения во всех возможных случаях, хотя более подходящие методы могут существовать, но остаются скрытыми в их банках памяти. Консультанты тоже часто становятся жертвами этого явления – вместо того, чтобы игнорировать совершенно незнакомый случай, говоря: «Я действительно не знаю», они изо всех сил стараются не действовать согласно интуиции, а вместо этого предпринимают действия.
Вместо того, чтобы выяснить, что именно им следует вам сказать, люди часто прибегают к одному из своих проверенных подходов, независимо от того, идеален он или нет.

Повторение может оставить долгосрочный отпечаток в нашем сознании; нечто, повторяемое достаточно часто, становится частью коллективного сознания, даже если его содержание ложно; просто спросите нацистских лидеров, как часто они повторяли «Еврейский вопрос» до того, как люди начали верить, что это важный вопрос! Все, что нужно, чтобы поверить в эти концепции, — это произнести слова «НЛО», «жизненная энергия» или «карма» достаточное количество раз, прежде чем люди заметят их и поверят!

Предвзятость доступности стала широко распространенной особенностью корпоративных советов по всему миру. Члены совета директоров, как правило, сосредотачивают свои обсуждения на отчетах руководства (обычно квартальных цифрах) вместо рассмотрения более важных вопросов, таких как изменения в конкуренции, проблемы мотивации сотрудников или изменения в поведении клиентов, которые могут повлиять на них напрямую. Они не склонны обсуждать вещи, выходящие за рамки повестки дня. При принятии решений люди склонны отдавать предпочтение легкодоступной информации – будь то экономические данные или рецепты; выбор на этой основе, а не на более актуальных, но труднодоступных данных, может оказаться катастрофическим для их решений. Пример: мы уже 10 лет знаем, что так называемая формула Блэка-Шоулза для ценообразования производных финансовых продуктов не работает, однако из-за отсутствия жизнеспособных решений мы продолжаем использовать неподходящий инструмент. Это все равно, что оказаться в незнакомом городе без карты, а затем найти ее откуда-то для дома и вместо этого использовать ее - предпочитая неправильную информацию полному отсутствию информации - что приводит к тому, что банки несут миллиардные убытки из-за предвзятости доступности.

Фрэнк Синатра, как известно, пел: «О, мое сердце бешено бьется/Все из-за тебя/Когда я не рядом с той, кого люблю/Я все еще люблю ее». вклад других людей с другим опытом и знаниями, чем мы, чтобы преодолеть его последствия.
См. также Неприятие двусмысленности (гл. 80); Иллюзия внимания (гл. 88); Предвзятость ассоциации (гл. 48); Характеристика-Положительный эффект (гл. 95); Предвзятость подтверждения (гл. 7-8); Эффект контраста (гл. 10); Пренебрежение вероятностью (гл. 26) для получения дополнительной информации по этому вопросу.

ПОЧЕМУ «НЕТ БОЛИ, НЕТ ВЫИГРЫША» ДОЛЖНО ЗВАТЬ ТРЕВОГУ

ЗАБЛУЖДЕНИЕ «ПРЕЖДЕ ЧЕМ СТАНЕТ ЛУЧШЕ, СТАНЕТ ХУЖЕ»

Однажды, отдыхая на Корсике, я заболел. Симптомы были незнакомыми, а боль усиливалась с каждым днем. Поэтому я обратился за медицинской помощью в ближайшую клинику. Молодой врач начал меня внимательно осматривать: тыкать в живот, крепко сжимать плечи и колени, ощупывать каждый позвонок в поисках признаков проблем. Его осмотр показался мне странным, но я продолжал упорствовать, пока не появился его блокнот с надписью «Антибиотики»: «Принимайте по одной таблетке три раза в день, пока ваши симптомы не исчезнут». Принимайте антибиотики до тех пор, пока симптомы не улучшатся, прежде чем рассматривать прием лекарств в качестве лечения!» Закончив, я вернулся в свой номер в отеле с рецептом.

Боль усилилась в течение следующих трех дней – как и предсказывал мой врач. Хотя он, должно быть, знал, что со мной не так, когда боль не утихла через три дня, я снова позвонил ему, чтобы спросить, что с этим делать, и он посоветовал мне увеличить дозу до пяти раз в день, потому что «это может быть больно для меня». еще немного». По прошествии еще двух мучительных дней я решил вызвать международную скорую помощь, где швейцарский врач поставил диагноз аппендицит непосредственно перед операцией, а потом спросил: «Почему вы ждали так долго?».

«Все прошло именно так, как предсказал врач, поэтому я доверился его совету».

«О нет! Вы поддались заблуждению, согласно которому ситуация только ухудшится, прежде чем она улучшится». Ваш корсиканский врач, вероятно, не знал об этом; скорее всего, это просто еще одна туристическая ловушка в пик сезона».

Возьмем другой пример: генеральный директор разочарован тем, что продажи застопорились, продавцы не мотивированы, а маркетинговые кампании полностью терпят неудачу. В отчаянии он нанимает консультанта за 5000 долларов в день, чья оценка включает в себя такие выводы, как отсутствие у вашего отдела продаж видения и нечеткое позиционирование вашего бренда - я могу исправить и то, и другое для вас, но может потребоваться больше времени, прежде чем произойдут улучшения - скорее всего, продажи снизятся. дальше, прежде чем ситуация улучшится». Генеральный директор нанимает этого консультанта; год спустя продажи снова снижаются, прежде чем наступит прогресс, как подчеркивает этот консультант;

неоднократно во время этих консультаций они подчеркивают, насколько тесно прогресс связан с прогрессом компании, если сравнивать его с результатами анализа, предоставленными в этот день этим человеком, чей анализ.
Поскольку на третий год продажи продолжают падать, генеральный директор решает уволить консультанта.

Заблуждение «станет хуже, прежде чем станет лучше» — это просто оправдание, пример предвзятости подтверждения. Если проблема продолжает ухудшаться, как и прогнозировалось, подтверждается предвзятость подтверждения, тогда как если неожиданно происходит неожиданное улучшение, то клиент доволен, и эксперт может поставить себе в заслугу свой набор навыков; в любом случае он победит.

Представьте себя президентом страны, не умеющим эффективно ею управлять. Каким будет ваш первый шаг? Возможно, прогнозирование «трудных лет», обращение к гражданам с просьбой затянуть пояса и обещание улучшений после этого деликатного этапа «чистки», «очищения» и «реструктуризации», оставляя открытым вопрос о том, насколько долгим и суровым может продлиться этот период?

Христианство является окончательным свидетельством эффективности этой стратегии: его верующие верят, что прежде чем попасть в рай на Земле, мир должен сначала быть разрушен такими бедствиями, как наводнения, пожары и смерти – все это является частью более крупного Божьего плана – любое ухудшение условий по мере указание на то, что их пророчество исполнилось; любые улучшения рассматриваются как Божье благословение.

Вывод: когда кто-то говорит: «Прежде чем станет лучше, станет хуже», это должно вызвать тревогу. Однако будьте осторожны: существуют ситуации, когда дела сначала ухудшаются, а затем со временем улучшаются; например, смена карьеры часто включает в себя потерю заработной платы, тогда как реструктуризация бизнеса также может занять время. Но во всех этих случаях мы можем относительно быстро увидеть, работают ли принятые меры; основные этапы представляют собой четкие индикаторы. Вместо этого сосредоточьтесь на них, а не на поиске облегчения с помощью магических решений.

См. также «Предвзятость действий» (гл. 43); Заблуждение невозвратных затрат (гл. 5); Регрессия к среднему значению (гл. 19) для дальнейшего объяснения.

Жизнь может сбивать с толку. Представьте себе невидимого марсианина, который следует за вами с таким же невидимым блокнотом, чтобы документировать все, что вы делаете, думаете и мечтаете. Ваша жизнь выглядела бы так: «Выпил кофе с двумя сахарами»; «Наступил на канцелярскую кнопку и ругался, как моряк», «приснилось, что я поцеловал соседа», «забронировал отпуск на Мальдивы, но теперь почти нет денег» или «обнаружил, что из-под уха торчат волосы — сразу выдернул их». Все это будут записи в вашем дневнике, в которых будет вестись хроника того, что происходит каждый день, и записи будут продолжать поступать.Людям нравится сплетать кусочки своей жизни в связную историю, формируя истории из разрозненных деталей, которые мы называем смыслом и идентичностью соответственно.Макс Фриш, уважаемый швейцарский писатель, однажды заметил: «Мы примеряем истории как одежду.

Как люди, мы используем повествование, чтобы осмыслить глобальную историю, объединяя разрозненные события в связную сюжетную линию. Через эту призму мы приходим к пониманию определенных проблем; например, почему Версальский договор способствовал Второй мировой войне или почему мягкая денежно-кредитная политика Алана Гринспена привела к краху Lehman Brothers. Понимание может быть разным; здесь мы называем понимание пониманием, но эти вещи не могут быть постигнуты в их первоначальном состоянии — мы создаем из них смысл позже. Истории — это очень субъективные сущности. Они часто искажают реальность и отфильтровывают все несоответствующее, но без них мы бессильны. Почему это происходит, пока неясно. Что мы знаем наверняка, так это то, что люди сначала использовали истории как способ объяснения мира, прежде чем стать научными; тем самым делая мифологию старше философии и порождая предвзятость истории.

В сообщениях СМИ широко распространена предвзятость. Приведу один пример: когда машина проезжает по мосту и он внезапно рушится, что мы читаем на следующий день? Рассказ о его несчастном водителе; откуда они пришли и куда направлялись; читаем его биографию (где-то родился, где-то вырос, где-то зарабатывал на жизнь); если он выживет и сможет давать интервью, мы получим подробную информацию о том, что именно он чувствовал, когда обрушился мост - но ни одна из этих историй не объясняет его причину - просто пропустите их все. Следует обратить внимание и на сам мост: где было его слабое место, не вызвала ли его усталость и не были ли причинены повреждения; Была ли использована соответствующая конструкция и существовали ли подобные мосты, подобные этому. Хотя все эти вопросы обоснованы, их ответы не делают истории интересными; нам нравятся истории, а не абстрактные детали. Таким образом, занимательные побочные истории имеют приоритет над важными фактами (что, с другой стороны, означало бы, что мы будем читать только научно-популярные книги!)

Вот вам на рассмотрение два рассказа английского писателя Э. М. Форстера; что бы вам запомнилось лучше всего? А) «Король умер и королева умерла от горя». Б) «Король умер и королева умерла от горя». Большинству, вероятно, будет легче вспомнить историю Б, поскольку две ее смерти не просто происходят последовательно, но связаны эмоционально; А более фактичен, тогда как В имеет более глубокое значение - теория информации предполагает, что нам легче запомнить А, поскольку оно короче, но наш мозг так не работает!

Рекламодатели также научились использовать этот факт, создавая убедительные повествования о продуктах, а не только об их преимуществах. Google прекрасно проиллюстрировал эту технику в рекламном ролике Super Bowl 2010 года под названием «Парижская любовь Google» на YouTube — посмотрите сами здесь.

Сведение реальности к осмысленным историям искажает реальность и влияет на наши решения; Чтобы исправить это искажение, есть одно средство. Разберите эти рассказы. Спросите себя: что они пытаются скрыть? Посетите библиотеку и проведите полдня за чтением старых газет; вы увидите, что события, которые сейчас кажутся связанными, в то время не были; Кроме того, попробуйте рассмотреть историю своей жизни вне контекста: покопайтесь в старых дневниках и заметках и обнаружите, что жизнь не шла по прямому пути, ведущему прямо к сегодняшнему дню; вместо этого это была незапланированная, непредсказуемая серия переживаний и событий, которую мы будем исследовать подробнее в главе 5.

Как только услышишь сказку, подумай, от кого она пришла и ее намерения; что осталось недосказанным; какие детали могли быть опущены и могут быть даже более уместными, чем представленные, например, при обсуждении финансовых кризисов или войны. Одна проблема с историями: они дают нам ложное чувство безопасности. Понимание неизбежно заставляет нас идти на больший риск и осторожно ступать по неизведанным водам.

См. «Ложная причинность» (гл.37); Оправдание «потому что» (гл.52); Персонификация (гл.87); Предвзятость ретроспективного взгляда (гл. 14); Фундаментальная ошибка атрибуции (гл. 36); Ошибка соединения (гл. 41); Фальсификация истории (гл.78); Cherry Picking (гл. 96) и News Illusion (гл. 99) как дополнительные вопросы, требующие рассмотрения.

Почему вам следует вести дневник

Оглядываясь назад Недавно я наткнулся на дневники моего двоюродного дедушки. В 1932 году он переехал из швейцарской деревни в Париж в поисках возможностей для кинопроизводства и сделал эту запись всего через два месяца после вторжения во Францию: «Все верят, что немецкие войска уйдут к декабрю, а после этого Англия быстро падет; тогда наша жизнь в Париже наконец сможет возобновиться под властью Германии». К сожалению, эта оккупация длилась четыре года.

Сегодняшние книги по истории представляют немецкую оккупацию Франции как часть организованной военной стратегии; поэтому в ретроспективе это кажется вероятным. К сожалению, мы стали жертвой предвзятости задним числом.

Теперь рассмотрим пример 2007 года: эксперты-экономисты прогнозировали блестящие перспективы на следующие годы, однако в течение года финансовые рынки рухнули. Когда журналистов попросили объяснить этот кризис, эксперты перечислили его причины: денежная экспансия Гринспена; слабые стандарты проверки ипотечного кредита; коррумпированные рейтинговые агентства; низкие требования к капиталу и т. д. Оглядываясь назад, эти объяснения кажутся все более очевидными.

Предвзятость ретроспективного взгляда — одно из самых распространенных заблуждений. Мы могли бы назвать это феноменом «Я же вам говорил»: если оглянуться назад, все становится очевидным и предсказуемым. Если генеральный директор добивается успеха благодаря упорному труду и удаче, его восприятие вероятности этого часто намного выше, чем было на самом деле. После триумфальной победы Рональда Рейгана на выборах над Джимми Картером в 1980 году комментаторы предсказывали его назначение, несмотря на его близость, за несколько дней до последнего дня голосования. Сегодняшние бизнес-журналисты, похоже, убеждены в конечном доминировании Google, хотя такие прогнозы вызвали бы смех, если бы они были сделаны еще в 1998 году. Один поразительный факт: сегодня кажется душераздирающе правдоподобным, что один выстрел, произведенный в Сараево в 1914 году, приведет к 30 годам конфликт и унес 50 миллионов жизней – то, чему каждого школьника учат в школе, – но тогда об этом никто и не мечтал.
Эскалация выглядела бы слишком абсурдно.

Что делает предвзятость ретроспективного анализа такой опасной? Проще говоря, это заставляет нас верить, что мы лучшие предсказатели, чем мы есть на самом деле, и вызывает высокомерную чрезмерную самоуверенность в наших знаниях, заставляя нас брать на себя слишком большой риск как с глобальными, так и с локальными проблемами: «Вы слышали? Сильвия и Крис расстались. Все всегда шло не так, потому что они такие разные личности – или просто очень похожи – или, может быть, они проводили слишком много времени вместе или почти не виделись».

Преодолеть предвзятость задним числом может быть сложно. Исследования показали, что даже люди, знающие об этом, часто попадаются на эту удочку, поэтому я искренне сожалею, что потратили ваше время на чтение этой главы.

Если вы зашли так далеко, я предлагаю последний совет, основанный скорее на личном, чем на профессиональном опыте: ведите дневник. Записывайте любые прогнозы, связанные с политическими изменениями, развитием вашей карьеры, проблемами веса или фондовыми рынками. По прошествии некоторого времени сверьте эти прогнозы с фактическими событиями, чтобы оценить любые расхождения. Вы удивитесь, насколько плохи ваши навыки прогнозирования! Не читайте просто учебники истории – не полагайтесь исключительно на ретроспективные теории из ретроспективы! Дневники, устные рассказы и исторические документы того периода содержат бесценную информацию, ускользающую даже от экспертов! Тем, кто не может обойтись без новостей, стоит прочитать газеты пяти-, десяти- или двадцатилетней давности — это даст еще более глубокое представление о том, насколько непредсказуемым может быть наш мир. Оглядывание назад может принести временное утешение; но для более глубокого понимания того, как все работает, мы получим больше пользы, если посмотрим вперед.

См. также: Заблуждение Единой Причины (гл. 97); Фальсификация истории (гл. 78); Предвзятость истории (гл. 13); Прогноз Иллюзии (гл. 40); Предвзятость результата (гл. 20) и предвзятость корысти (гл. 45) как дополнительные аспекты, которые следует учитывать при переоценке знаний и способностей.

ПОЧЕМУ МЫ ПОСТОЯННО ПЕРЕОЦЕНИВАЕМ СВОИ ЗНАНИЯ И ВОЗМОЖНОСТИ?

Иоганн Себастьян Бах был не просто чудом с одним хитом; его работы многочисленны и будут обсуждаться далее в конце этой главы. А пока вот вам простое задание: попытаться подсчитать, сколько концертов он сочинил; В идеале выберите диапазон от 100 до 500 с точностью оценок 98 % и расхождением между оценками всего 2–2 %.

Насколько мы должны быть уверены в своих знаниях? Психологи Говард Райффа и Марк Альперт задали тот же вопрос сотням людей, с которыми они беседовали в ходе интервью и фокус-групп. Они попросили участников оценить общий объем производства яиц в США, или оценить количество врачей и хирургов, перечисленных в справочнике «Желтые страницы Бостона», или оценить импорт иностранных автомобилей в США, или даже оценить сборы за проезд по Панамскому каналу в миллионах долларов. Испытуемых просили выбрать любой желаемый диапазон, чтобы не ошибиться более чем в 2% случаев, но на самом деле они ошибались на 40%! Исследователи назвали это удивительное явление чрезмерной самоуверенностью.

Чрезмерная самоуверенность применяется к прогнозированию с точки зрения показателей фондового рынка за год или прибыли за три года, а также к прогнозам наших знаний и способности прогнозировать. Люди часто недооценивают как наши знания и способность прогнозировать, так и нашу уверенность в том, что отдельные оценки верны или неверны; скорее, он измеряет то, что люди знают, а не то, насколько они уверены в своих прогнозах. Некоторых может удивить тот факт, что эксперты страдают от чрезмерной самоуверенности даже больше, чем непрофессионалы; когда профессора экономики просят предсказать цены на нефть через пять лет, он может дать свой прогноз с большей уверенностью, чем его коллега; однако, когда их попросили предсказать цены на нефть на пять лет вперед, они сделали это даже более уверенно, чем их коллега дал бы свой прогноз!

Чрезмерная самоуверенность выходит за рамки экономики: опросы показывают, что 84% французов считают себя любовниками выше среднего; без эффекта чрезмерной уверенности эта цифра должна была бы составлять ровно 50%; Статистическая медиана означает, что 50% должны иметь более высокий рейтинг, а 50% — более низкий соответственно. Другое исследование показывает, что 93% считают, что они любовники выше среднего, несмотря на эффект чрезмерной самоуверенности. Опрошенные американские студенты оценили себя как водителей «выше среднего», а 68% преподавателей Университета Небраски отнесли себя к 25% лучших по педагогическим способностям. Предприниматели и желающие вступить в брак также считали себя выше других: они верили, что смогут превзойти все шансы. Без чрезмерной самоуверенности предпринимательская активность, скорее всего, резко сократится; например, каждый ресторатор надеется, что его ресторан станет следующим заведением, удостоенным звезды Мишлен, но многие терпят неудачу в течение трех лет из-за низкой рентабельности инвестиций, которая постоянно остается ниже нуля.

Едва ли какой-либо крупный проект когда-либо завершается вовремя и с меньшими затратами, чем прогнозировалось. Яркие примеры включают Airbus A400M, Сиднейский оперный театр и Big Dig в Бостоне. Чтобы понять, почему, в игру вступают одновременно две силы: одним из факторов является чрезмерная самоуверенность; во-вторых, у тех, кто непосредственно заинтересован в проекте, часто есть стимулы занижать затраты: консультанты, подрядчики и поставщики стремятся к большему сотрудничеству. Строителей воодушевляют оптимистичные цифры, в то время как политики получают большую поддержку благодаря этой деятельности – мы обсудим стратегическое искажение фактов (глава 89).

Что делает чрезмерную самоуверенность настолько распространенной и ее эффект настолько тревожным, так это ее неумолимость: она не реагирует на стимулы, будучи инстинктивной чертой, а не обусловленной стимулами; отсутствует и его аналог – «недоверие». Для некоторых читателей это неудивительно: мужская самоуверенность, как правило, более заметна, в то время как женщины не так сильно преувеличивают свои знания и способности; более того, не только оптимисты переоценивают себя: даже самопровозглашенные пессимисты по-прежнему переоценивают себя, хотя и менее радикально.

Вывод: помните, что нам легко переоценить свои знания. Будьте осторожны с прогнозами экспертов; Во всех планах отдавайте предпочтение пессимистическому сценарию, поскольку это дает вам возможность более точно и реалистично оценивать ситуацию.

Возвращаясь к нашему вопросу: Иоганн Себастьян Бах оставил после себя 1127 произведений, которые сохранились до наших дней, хотя многие из них, возможно, были утеряны с течением времени. Для дальнейшего чтения см.: Иллюзия Мастерства (гл. 94); Иллюзия прогноза (гл. 40) и стратегическое искажение фактов.
(гл. 89); Стимулирующая тенденция сверхреакции (гл. 18); Корыстная предвзятость (гл. 45).

НЕ ПРИНИМАЙТЕ ВЕДУЩИХ НОВОСТЕЙ СЕРЬЕЗНО

После получения Нобелевской премии по физике в 1918 году Макс Планк отправился в общенациональное лекционное турне по Германии, чтобы представить новые теории квантовой механики. Куда бы он ни пошел, он читал одну и ту же лекцию. Со временем его шофер привык к его речи: «Профессору Планку, должно быть, кажется, что повторение однообразно; позволь мне сделать это для тебя в Мюнхене? Сядьте в первом ряду в моей шоферской кепке и наденьте мою шоферскую кепку, это придаст нам обоим немного разнообразия! Планк пришел в восторг от этой идеи, поэтому водитель провел вечернюю лекцию по квантовой механике перед элитной аудиторией. Когда один из мюнхенских профессоров физики задал ему вопрос, его водитель удивился: «Никогда бы я не ожидал, что кто-то из такого развитого города, как Мюнхен, задаст такой простой вопрос!» Мой шофер с радостью ответит.

Чарли Мангер, один из ведущих мировых инвесторов (у которого я позаимствовал эту историю), выделил два типа знаний. Настоящие знания можно увидеть среди тех, кто потратил много времени и усилий на понимание темы; шоферские знания — это знания людей, которые умеют устроить шоу с впечатляющими голосами или потрясающими прическами; однако их слова звучат так, будто они читают сценарий.

К сожалению, отличить истинное знание от знания шофера стало сложнее, чем когда-либо. Ведущие новостей представляют собой хороший пример этой дихотомии; все знают, что эти актеры просто исполняют роли, но я продолжаю удивляться тому уважению, которым пользуются эти безупречные читатели сценариев, а также модерированию дискуссий по темам, которые они сами едва понимают.

Журналисты ставят более сложные задачи. Некоторые журналисты обладают настоящим опытом; эти опытные репортеры обычно годами специализируются в одной области. Эти репортеры стараются понять сложности предмета, а затем эффективно объясняют его в длинных статьях, в которых подробно описываются случаи и исключения. Однако большинство журналистов напоминают шоферов: быстро пишут односторонние тексты с помощью поиска в Google, не проводя особых исследований в поисках компенсации; их тексты имеют тенденцию быть односторонними, короткими и одномерными по содержанию.
Эти люди склонны демонстрировать мало знаний, но при этом излучают атмосферу превосходства в тоне.

Бизнес часто может проявлять поверхностность. По мере того, как компании становятся крупнее, ожидается, что руководители будут обладать «звездными качествами». К сожалению, преданность делу, торжественность и надежность часто недооцениваются наверху. Иногда акционеры и журналисты ошибочно полагают, что зрелищность приведет к лучшим результатам, что, безусловно, не соответствует действительности.

Уоррен Баффет, деловой партнер Мангера, нашел отличное решение: свой «круг компетенции». То, что попадает в этот круг, можно понять интуитивно, тогда как то, что находится за его пределами, может иметь смысл лишь частично. Мангер советует людям оставаться в пределах того, что он называет кругом их компетенции: понимать, что вы понимаете, а что нет. Размер не имеет значения, пока они знают, где находится их периметр». Мангер подчеркивает этот момент. Чтобы добиться успеха в любом начинании, нужно понять свои собственные способности. Если игра против людей с более высокими способностями, чем они сами, причиняет вам вред, а вы этого не делаете, это, скорее всего, закончится проигрышем - это можно гарантировать. Поэтому найти преимущество и оставаться в пределах своей компетенции имеет первостепенное значение».

Вывод: следите за знаниями шофера. Не принимайте представителей компании, начальников манежа, дикторов новостей, болтунов или продавцов словоблудии за экспертов с истинными знаниями. Один четкий индикатор: настоящие эксперты знают, когда их опыт заканчивается, а когда начинается снова; настоящие эксперты также понимают, когда что-то выходит за рамки их круга знаний, и молчат или говорят свободно, чтобы указать на такие пробелы в знаниях; шоферы редко так поступают по отношению к себе!

См. также Предвзятость авторитета (гл. 9); Зависимость от домена (гл. 76); Twaddle Tendency (гл. 57) для дальнейших исследований.

Каждую ночь около девяти часов, примерно в девять тридцать, человек в красной шляпе стоит на площади и начинает дико размахивать кепкой. Через пять минут он исчезает, а через день, когда к нему подошел полицейский, этот человек ответил, что оттоняет жирафов, но здесь никого не видно, так что, должно быть, он хорошо с этим справляется!» На это полицейский ответил: «Ну, тогда у меня, должно быть, все хорошо!»

Однажды, когда мой друг со сломанной ногой был прикован к дому и попросил меня купить для него лотерейные билеты, я пошел в город, проверил несколько коробок, написал на них его имя и заплатил. Однако, как только я дал ему это, он возразил: «Зачем ты это сделал?» Я хотел заполнить его сам; эти цифры мне ничего не принесут!»

«Вы действительно думаете, что выбор чисел повлияет на розыгрыш?» — спросил я. Его лицо пусто встретилось с моим взглядом.
Игроки казино часто бросают кости как можно сильнее, если им нужно большое число, и более осторожно, когда надеются на меньшее - абсурдная практика, очень похожая на то, как футбольные фанаты надеются повлиять на игру, жестикулируя перед телевизором. К сожалению, они разделяют эту иллюзию с другими, кто также стремится влиять на мировые дела, посылая положительные вибрации или «карму».

Дженкинс и Уорд открыли в 1965 году иллюзию контроля, склонность полагать, что мы можем повлиять на что-то, на что мы не имеем никакого влияния, посредством эксперимента с использованием двух переключателей и света. Щелкая выключателями, они могли влиять на то, когда и загорался ли свет случайным образом; испытуемые все еще верили, что могут влиять на его яркость, щелкая переключателями.

Рассмотрим такой пример: американский исследователь провел тесты по изучению акустической чувствительности к боли, помещая людей в звуковые кабины и постепенно увеличивая громкость, пока испытуемые не дали ему сигнал остановиться. Две его комнаты (А и Б) были идентичны, за исключением того, что на стене Б была красная тревожная кнопка.
Кнопка была задумана только как иллюзия контроля; однако его присутствие давало участникам ощущение, что они могут формировать свою ситуацию и, таким образом, позволят им переносить значительно более высокие уровни шума. Если вы когда-либо читали Александра Солженицына, Примо Леви или Виктора Франкла,

этот вывод не должен вас удивить; в их книгах описывается, как даже незначительное влияние на судьбу побуждало заключенных не терять надежду.

Переходить улицы в Лос-Анджелесе может быть непросто, но одним нажатием кнопки мы можем остановить движение – или можем? Цель кнопки — заставить нас поверить, что у нас есть некоторый контроль над светофором, чтобы мы могли дольше терпеть ожидание, не становясь нетерпеливыми и не теряя терпения в ожидании более терпеливых изменений светофора. Подобные трюки используются и с кнопками открытия/закрытия дверей лифта: многие из них даже не подключены к электрической панели! Аналогичные меры были реализованы и в офисах открытой планировки: для одних всегда может быть слишком жарко, а для других слишком холодно. Умные специалисты создают иллюзию контроля, устанавливая фальшивые шкалы температуры; это снижает счета за электроэнергию и количество жалоб. Такие стратегии стали известны как кнопки плацебо, и их используют повсюду: от лифтов и офисов до магазинов с кассами.

Руководители центральных банков и правительственные чиновники умело используют кнопки плацебо. Примером может служить ставка по федеральным фондам – чрезвычайно краткосрочная процентная ставка овернайт. Хотя эта ставка не влияет на долгосрочные процентные ставки (которые зависят от спроса и предложения и поэтому имеют решающее значение при принятии инвестиционных решений), каждое ее изменение вызывает сильную реакцию на фондовом рынке. Никто не понимает, почему однодневные процентные ставки оказывают такое влияние на рынки, но все думают, что так оно и есть, и так оно и происходит. Заявления председателя Федеральной резервной системы могут иметь такой же эффект: рынки движутся, хотя его слова не приносят реальной ощутимой пользы реальной экономике; они просто создают звуковые волны. Тем не менее, мы позволяем экономическим руководителям продолжать играть с иллюзорными циферблатами. Настоящий тревожный сигнал прозвучит, если все вовлеченные стороны поймут, что глобальная экономика в конечном итоге находится вне наших рук и не может эффективно управляться.

Вы уверены, что все под контролем? Вероятно, меньше, чем вы думаете
См. также «Совпадение» (гл. 24); Пренебрежение вероятностью (гл. 26); Прогноз Иллюзии (гл. 40); Иллюзия мастерства (гл. 94); Кластерная иллюзия (гл. 3); Иллюзия самоанализа (гл. 67) в этой главе.

Склонность к сверхответу

Французские колониальные правители в Ханое в 19 веке приняли закон о борьбе с нашествием крыс: за каждую доставленную властям мертвую крысу ловцы получали вознаграждение. Благодаря этой инициативе было уничтожено множество крыс, но еще больше было выведено специально для нее.

Археологи, обнаружившие свитки Мертвого моря в 1947 году, установили плату за каждый пергамент; вместо того, чтобы обнаружить еще больше свитков, археологи просто разрывали существующие пергаменты, чтобы увеличить гонорар искателя. Подобные стимулы предлагались в Китае в XIX веке: фермеры находили на своей земле несколько костей динозавров, а затем разбивали их на части, чтобы обналичить в качестве вознаграждения. Советы директоров современных компаний предлагают бонусы, если цели достигнуты, а менеджеры тратят свою энергию, пытаясь снизить цели вместо того, чтобы развивать свой бизнес.

Эти примеры иллюстрируют знаменитое наблюдение Чарли Мангера о стимулах, вызывающих склонность к сверхреакции. Люди реагируют на стимулы, делая то, что отвечает их интересам. Однако примечательно то, насколько быстро и существенно меняется поведение людей, когда появляются новые стимулы или изменяются существующие; более того, создается впечатление, что люди реагируют непосредственно на сами стимулы, а не на какие-то более грандиозные намерения, стоящие за ними.

Хорошие системы стимулирования сочетают намерение и вознаграждение; например, в Древнем Риме инженеров приглашали стоять под конструкцией моста во время церемонии открытия. С другой стороны, плохие системы стимулирования часто скрывают или даже извращают намеченную цель; цензура книги может только сделать ее содержание более известным, вознаграждение банковских служащих за каждый проданный кредит может еще больше повредить кредитному портфелю, а обнародование зарплат генеральных директоров только увеличит их; никто не хотел, чтобы его воспринимали как «генерального директора-неудачника».

Хотите ли вы изменить поведение отдельных лиц или организаций? Проповедь о ценностях и взглядах или обращение к разуму могут сработать, но стимулы зачастую работают лучше – они даже не обязательно должны быть финансовыми!

Все изученное можно найти с пользой – от хороших оценок и Нобелевских премий до особого обращения в загробной жизни.

Задолго до того, как я понял, почему образованные средневековые дворяне отказались от своей роскошной жизни ради участия в крестовых походах, я изо всех сил пытался понять, что могло заставить хорошо образованных дворян того периода оставить свой комфортный образ жизни и сесть на лошадей, прекрасно зная Поездка заняла не менее шести месяцев и проходила прямо через территорию противника – все же они пошли на риск. После некоторых раздумий я понял: системы стимулирования сыграли важную роль. Если бы они выжили, они могли бы сохранить все свои военные трофеи, став богатыми людьми, в то время как те, кто умер, автоматически стали мучениками со всеми вытекающими для них преимуществами или же отправились прямо на небеса как мученики - делая это взаимовыгодное решение возможным для всех участвующих участников - делая это предприятие будет прибыльным с первого дня для обеих участвующих сторон, если обе смогут вернуться домой живыми; в любом случае это была беспроигрышная ситуация

Представьте себе на секунду, если бы воины и солдаты вместо этого взимали с врагов почасовую плату за оказанные услуги - мы бы фактически поощряли их тратить как можно больше времени, верно? Так почему же мы платим почасовую ставку при найме юристов, архитекторов, консультантов, бухгалтеров или инструкторов по вождению? Мой совет: вместо этого договаривайтесь о соглашениях с фиксированной ценой, прежде чем пользоваться их услугами.

Будьте осторожны с инвестиционными консультантами, одобряющими конкретные финансовые продукты; их внимание может быть не вашим финансовым благополучием, а получением комиссионных. Бизнес-планы предпринимателей и инвестиционных банкиров часто оказываются бесполезными, поскольку продавцы заботятся только о собственных интересах; как гласит старая поговорка: «Никогда не спрашивайте парикмахера, нужно ли вам подстричься».

Следите за тенденциями стимулирующей суперреакции; когда поведение кого-то или организации сбивает вас с толку, спросите, какие стимулы могут стоять за этим, и вы, вероятно, сможете легко объяснить 90% случаев; любые оставшиеся 10% могут быть страстью, идиотизмом, психозом или злобой.

См. также «Мотивационная скученность» (гл. 56); Взаимность (гл. 6); Эффект чрезмерной уверенности (гл. 15) для дополнительного материала о скученности мотивации.

Врачи, консультанты и психотерапевты могут быть ненадежными источниками помощи

Регрессия к среднему

Боль в спине то усиливалась, то усиливалась. Некоторые дни были лучше других; бывали дни, когда ему хотелось свернуть горы, другие, когда даже минимальное движение было невозможно. Когда это становилось проблематичным (что, к счастью, случалось редко), жена отвозила его на прием к мануальному терапевту; оказавшись там, на следующий день он обнаружил бы, что он стал более мобильным, и настоятельно рекомендовал бы его всем своим знакомым.

Другой, более молодой человек с гандикапом в гольф 12 лет, с энтузиазмом восхвалял своего инструктора, с которым он назначал час занятий всякий раз, когда его игра давала сбои, и вскоре после этого его результаты значительно улучшались.

Инвестиционный консультант крупного банка устроил причудливый «танец дождя», исполняя его каждый раз, когда его акции падали в туалете. Хотя в то время это казалось абсурдным, он чувствовал себя обязанным сделать это; и потом дела всегда улучшались.

Троих мужчин объединяет ошибка, известная как заблуждение регрессии к среднему.

Предположим, в вашем регионе наступил необычно холодный период; Скорее всего, в ближайшие дни температура постепенно вернется к среднемесячному уровню. То же самое, вероятно, справедливо и в случае сильной жары, засухи или дождя: погода колеблется вокруг среднего значения. Погода — это всего лишь один индикатор; то же самое можно сказать и о хронической боли, недостатках в гольфе, показателях фондового рынка, удаче в любви, субъективном уровне счастья и результатах тестов — все они колеблются вокруг некоторого среднего значения. То же самое касается облегчения хронической боли в спине без посещения мануального терапевта; инвалиды возвращаются к 12 годам без добавления уроков; Показатели инвестиционного консультанта возвращаются к средним рыночным показателям - независимо от танцев в туалете!

Экстремальные выступления чередуются с менее экстремальными. Даже самые успешные акции трехлетней давности вряд ли останутся таковыми еще три года назад. Вы можете понять, почему некоторые спортсмены предпочитают избегать заголовков.

Газеты часто сообщают о лучших результатах, но подсознательно понимают, что в следующий раз они могут не достичь таких же высоких результатов - что не имеет ничего общего с вниманием средств массовой информации; но это связано с естественными изменениями в производительности.

Или рассмотрим случай, когда руководитель подразделения пытается повысить моральный дух сотрудников, отправляя на курсы наименее мотивированные 3% своих сотрудников только для того, чтобы уровень мотивации не вернулся на прежний уровень (те, кто участвовал, больше не составляют этот процент - будет скорее всего, внизу будут другие, а не они сами). Стоил ли курс того? Трудно сказать, поскольку уровень мотивации, скорее всего, вернется к норме даже без тренировок; подобно пациентам, госпитализированным из-за депрессии, которые часто чувствуют себя несколько лучше, но вполне возможно, что это вообще не принесло никакого результата!

Пример 2: В Бостоне школы с низкой успеваемостью были включены в программу интенсивной поддержки. В течение года их показатели улучшились, что власти связывают непосредственно с этими усилиями, а не с естественным регрессом к среднему значению.

Регресс к среднему значению может иметь деструктивные последствия, заставляя учителей (или менеджеров) поверить в то, что дисциплина лучше, чем похвала, например, путем поощрения лучших учеников и наказания тех, кто отстает после тестов. В результате учителя могут прийти к выводу, что упрек помогает, а похвала препятствует, создавая повторяющийся цикл, в котором наказание помогает, а похвала препятствует успеваемости, и их убеждение становится «упрек помогает, а похвала мешает», порождая еще одно заблуждение, которого невозможно избежать.

Вывод: когда вы слышите такие истории, как «Я заболел, посетил врача, и постепенно мне стало лучше» или «В течение года наша компания испытывала трудности; поэтому мы наняли консультанта, и теперь результаты вернулись к норме», это может указывать на ошибку регрессии к среднему.

См. также «Проблема со средними значениями» (гл. 55); Эффект контраста (гл. 10); Прежде чем станет лучше, станет хуже. Заблуждение (гл. 12); Совпадение (гл. 24); Заблуждение игрока (гл. 29)

Смещение результата

Представьте себе миллион обезьян, инвестирующих в фондовый рынок; покупка и продажа акций, казалось бы, случайным образом – что происходит? Через неделю примерно половина получит прибыль, а половина понесет убытки. Остаться могут только те обезьяны, которые получили прибыль; всех, кто понес убытки, следует отправить домой. По прошествии недели половина по-прежнему будет на высоте, а половина понесла убытки и должна быть отослана; этот цикл продолжается повсюду. Через 10 недель останется примерно 1000 обезьян, которые последовательно и с умом вложили свои средства. Через 20 недель останется только одна, и эта обезьяна, которую мы будем называть «Обезьяной успеха», последовательно выбирала акции, на которых она могла бы получить прибыль, и теперь стала миллиардером! Давайте позвоним ему.

Как отреагируют СМИ? Они набросятся на это животное в поисках его «принципов успеха» и, несомненно, найдут их: возможно, обезьяна ест больше бананов, чем ее собратья-приматы; может быть, он сидит в другом углу своей клетки; может быть, он сломя голову раскачивается по веткам, делая долгие задумчивые паузы, приводя себя в порядок; наверняка должен существовать какой-то секретный ингредиент, который позволяет этому блестящему исполнителю продержаться двадцать недель непоколебимо? Невозможный!

История с обезьянами иллюстрирует предвзятость результатов: мы склонны судить о решениях по их результатам, а не по процессам, что часто называют ошибкой историка. Классическим примером этого заблуждения может служить нападение Японии на Перл-Харбор; должна ли была быть эвакуирована его военная база перед нападением? Сегодня: Да. Доказательства неминуемого нападения были неоспоримы; однако только в ретроспективе сигналы становятся очевидными. В то время 1941 год дал множество противоречивых сигналов, указывающих на нападение; некоторые указали на это, а другие нет. Чтобы оценить качество этого решения в момент его принятия (т.е. до его принятия), необходимо учитывать только имеющуюся на тот момент информацию; все, что мы узнаем после нападения, также должно быть принято во внимание.

Другой эксперимент требует, чтобы вы осмотрели трех кардиохирургов. Для этого каждому предлагается провести над собой пять сложных операций подряд. Со временем вероятность смерти от этих процедур стабилизировалась на уровне 20%. Хирург А не теряет никого во время операции, хирург Б теряет одного пациента, а хирург C — двоих. Как следует оценивать этих трех хирургов друг против друга? Если вы, как и большинство людей, оцениваете А как лучший, В как второй лучший и С как худший, вы просто становитесь жертвой предвзятости результата (возможно, из-за слишком малого количества исследованных образцов), что делает результаты бессмысленными. Точная оценка работы хирурга требует сначала понимания его или ее области, а затем тщательного наблюдения во время подготовки и выполнения операций - другими словами, при проведении таких оценок вам необходимо оценивать как процесс, так и результат. С другой стороны, если имеется достаточно пациентов, нуждающихся в этой конкретной операции (100 или 1000 операций), вы можете использовать больший размер выборки. В настоящее время достаточно понять, что для среднего хирурга существует 33%-ная вероятность того, что никто не умрет, 41%-ная вероятность того, что умрет один человек, и 20%-ная вероятность того, что умрут два человека; это простой расчет вероятности, который не показывает большой разницы между нулевым и двумя мертвыми; судить этих трех хирургов исключительно по этим результатам было бы небрежно и неэтично.

Вывод: разумно не судить о решениях исключительно на основании результата, особенно когда определенную роль играют случайность или внешние влияния. Плохой результат не означает автоматически плохое решение, наоборот. Поэтому вместо того, чтобы сокрушаться о сделанном неправильном выборе или аплодировать себе за те, которые привели к успеху случайно или только по совпадению, помните, почему вы выбрали то, что сделали; были ли ваши причины рациональными и понятными? Если этот метод работал раньше, но на этот раз не дал результатов – придерживайтесь его и посмотрите, к чему еще это может привести!

См. также «Ошибка невозвратных издержек» (гл. 5); Иллюзия тела пловца (гл. 2), предвзятость ретроспективного взгляда (гл. 14) и иллюзия мастерства (гл. 94) как связанные понятия.

ПОЧЕМУ МЕНЬШЕ ЗНАЧИТ БОЛЬШЕ

Поскольку моя сестра и ее муж недавно приобрели недостроенный дом, все, о чем мы можем говорить, это плитка для ванной: керамическая, гранитная, мраморная, металлическая, каменная, ламинат из дерева и стекла. Моя сестра часто восклицает: «Есть слишком много выбора», раздраженно вскидывая руки, прежде чем вернуться к каталогу как к своему основному источнику знаний.

Мои исследования показывают, что в моем местном продуктовом магазине имеется 48 сортов йогурта, 134 вида красного вина и 64 чистящих средства, всего 30 000 наименований; Amazon в настоящее время может похвастаться двумя миллионами наименований, доступных онлайн-продавцу книг. Сегодня люди сталкиваются с множеством вариантов: от психических расстройств до карьеры, мест отдыха и выбора образа жизни — им никогда не было так много выбора!

В доме моего детства в Швейцарии было всего три вида йогурта, три телевизионных канала, две церкви, два вида сыра (мягкого или крепкого), форель (единственная доступная рыба) и один телефон, предоставленный Swiss Post, с единственным циферблатом. служит только для совершения звонков, делая нашу жизнь проще, чем сегодняшние витрины магазинов, заполненные брендами, моделями и вариантами контрактов!

Но отбор является мерилом прогресса; это отличает нас от плановой экономики и каменного века. Хотя изобилие может сделать вас счастливым, его превышение может испортить качество жизни — это явление известно как парадокс выбора.

Психотерапевт Барри Шварц подробно описывает в своей одноименной книге, почему это правда. Большой выбор может привести к внутреннему параличу; Чтобы продемонстрировать этот эффект, в одном супермаркете был установлен стенд, на котором покупатели могли попробовать 24 вида желе, которые они могли попробовать, прежде чем купить по сниженной цене. На второй день эксперимента с использованием шести вкусов продажи выросли в десять раз. Почему? Возможно, такое разнообразие делает процесс принятия решений утомительным? Покупатели не могли определиться и уходили, ничего не купив. Этот эксперимент был повторен несколько раз с различными продуктами; однако каждый раз давал одинаковые результаты.

Во-вторых, широкий выбор может привести к неверным решениям. Когда молодые люди спрашивают, какие качества делают идеального спутника жизни, многие называют в качестве приоритетов интеллект, хорошие манеры, теплоту, умение слушать, юмор и физическую привлекательность. Но действительно ли эти критерии учитываются при выборе человека? В прошлом молодые люди из деревень среднего размера могли выбирать среди примерно двадцати девушек школьного возраста, которых он мог рассмотреть для брака. Он знал их семьи, что побудило его принять решение, основанное на ряде общих характеристик. Сейчас, в эпоху онлайн-знакомств, всем нам доступны миллионы потенциальных партнеров. Исследования доказали, что мужской мозг перегружен огромным выбором потенциальных партнеров, и процесс их выбора сужается только до одного критерия: физической привлекательности. Вы, вероятно, хорошо знакомы с этим процессом отбора из своего личного опыта или из сообщений средств массовой информации.

Большой выбор может привести к недовольству. Как вы можете быть уверены, что делаете правильный выбор, когда вас бомбардируют и сбивают с толку 200 вариантов? Вы просто не можете. Чем больше вариантов выбора у вас под рукой, тем больше неопределенности и, в конечном итоге, неудовлетворенности.

Итак, что нужно делать? Тщательно подумайте о желаемых критериях, прежде чем искать доступные предложения, а затем твердо придерживайтесь их. Также имейте в виду, что идеальных решений не может быть, учитывая огромный выбор; Вместо этого стремитесь к достаточно хорошему, а не к перфекционизму! Вместо этого цените «достаточно хороший» выбор, который может включать в себя партнеров по жизни (но только мы с вами можем выбрать именно тех, кого хотим!).

См. «Усталость от принятия решений» (гл. 53); Альтернативная слепота (гл. 71) и Эффект по умолчанию (гл. 81) для дальнейшего чтения.

Я ТЕБЕ ОЧЕНЬ НРАВИТСЯ; НЕ ХОТИТЕ МНЕ ЭТО СКАЗАТЬ??!

Кевин недавно совершил импульсивную покупку двух коробок прекрасного вина Марго. Хотя он обычно не пьет вина Бордо, он был так очарован их продавцом; не фальшивый и не настойчивый, но по-настоящему доступный, поэтому он решил купить два футляра в качестве подарка кому-то особенному.

Джо Жирар широко считается лучшим в мире продавцом автомобилей. Его мантра успеха: «Нет ничего более эффективного в продаже чего-либо, чем убедить клиентов в том, что они важны и что вы действительно цените их как людей». Вместо того, чтобы просто говорить, Жирар использует карточки, на которых каждый месяц читается вслух одно предложение, чтобы показать свою мантру успеха. привязанность: ты мне нравишься'

Феномен предвзятости симпатий поразительно прост для понимания, однако мы часто становимся его жертвами. Проще говоря, это означает следующее: чем больше нам кто-то нравится, тем больше вероятность, что мы купим этого человека или окажем ему помощь. И все же можно спросить, что именно считается «симпатичным». Согласно исследованиям, мы воспринимаем людей как приятных, если они: А) обладают привлекательными чертами, Б) обладают схожим с нами прошлым или интересами и В) разделяют наши интересы. В рекламе часто фигурируют привлекательные люди. Уродливые люди кажутся недружелюбными и даже не подходят (см. А). В рекламе также работают «люди вроде нас», а именно те, кто похож по внешности, акценту или происхождению – чем больше похожи, тем лучше! Зеркальное отображение — эффективный метод продаж, используемый для достижения именно такого эффекта. Здесь продавец пытается отразить жесты, речь и мимику своего потенциального клиента, чтобы добиться максимального эффекта. Если покупатель говорит медленно и тихо, часто почесывая затылок, продавцу имеет смысл сделать то же самое, тем самым увеличивая свои шансы на заключение деловой сделки. Рекламодатели часто используют комплименты в своих рекламных предложениях: как часто вы слышали в рекламе что-то вроде: «Вы это заслужили!»? Опять же, здесь вступает в действие фактор С — люди находят нас более привлекательными, если мы им нравимся; Комплименты творят чудеса, даже если они кажутся фальшивыми.

Многоуровневый маркетинг (продажи через личные сети) опирается исключительно на свою способность привлекать клиентов. Несмотря на то, что на рынке существуют превосходные пластиковые контейнеры, многоуровневый маркетинг по-прежнему работает, используя симпатии.

Tupperware может похвастаться годовым оборотом в два миллиарда долларов благодаря доступным розничным ценам и дружеским вечеринкам, устраиваемым друзьями, которые идеально соответствуют обоим стандартам близости.

Агентства по оказанию помощи используют предвзятость симпатий в своих интересах. В кампаниях почти исключительно участвуют улыбающиеся дети или женщины; никогда вы не увидите раненого партизана с каменным лицом, смотрящего назад с рекламных щитов, хотя он тоже нуждается в вашей поддержке. Природоохранные организации используют аналогичные методы; Не ищите ничего, кроме любой брошюры Всемирного фонда дикой природы, в которой в качестве звезд изображены пауки, черви, водоросли или бактерии - даже несмотря на то, что эти находящиеся под угрозой исчезновения существа могут иметь такое же важное значение для экосистемы, как панды, гориллы, коалы или тюлени! Но мы ничего не чувствуем к этим существам - вместо этого мы сильнее связываемся с существами, которые действуют аналогично нам, чем вымерло что-то вымершее, например, костяная муха-прыгун... это очень плохо!

Политики являются мастерами создания атмосферы симпатии среди своей аудитории. Основываясь на демографическом анализе и анализе интересов, они адаптируют сообщения в зависимости от района проживания, социального происхождения или экономических проблем – и льстят нам: каждый потенциальный избиратель чувствует себя незаменимым, слыша слова вроде: «Ваш голос имеет значение!» и даже в этом случае только в самой ничтожной части – иногда граничащей с неуместностью!

Один из моих друзей, который занимается нефтенасосами, связанными с трубопроводами, рассказал мне о том, как он успешно закрыл восьмизначную сделку по трубопроводу в России, не прибегая к взяткам для ее закрытия. «Взяточничество?» Я спросил, на что мой друг ответил: «Нет»: они начали болтать о парусном спорте и внезапно обнаружили, что мы оба любим плавание на лодке 470! С этого момента их сделка была завершена, и дружелюбие было намного важнее взяточничества».

Поэтому, если вы продавец, заставьте своих покупателей думать, что они вам нравятся, лестью или другими способами. Что касается потребителя, всегда судите о продуктах объективно, независимо от того, кто им их продал – выбрасывайте из головы продавцов, притворяясь, что они вам не нравятся!
См. Взаимность (гл. 6); Олицетворение (гл. 87) для дальнейшего чтения по этим предметам.

НЕ цепляйтесь за вещи/не привязывайтесь к вещам крепко

Эффект вклада Я был ошеломлен, когда увидел BMW, который гордо стоял на стоянке автосалона по продаже подержанных автомобилей, сверкая как новый, проехав всего несколько миль на одометре, и выглядел как новый. Мне показалось, что это стоит около 40 000 долларов. Однако, к сожалению, его продавец хотел 50 тысяч долларов и не сдвинулся с места ни на дюйм. Я решил пойти на это, когда он перезвонил на следующей неделе и сказал, что вместо этого примет 40 000 долларов, вытащив их в первый раз в тот день и остановившись на заправке, где владелец вышел, любуясь моей машиной - только для того, чтобы затем он предложите мне 53 000 долларов наличными прямо здесь и сейчас! Излишне говорить, что я вежливо отказался. По дороге домой мне стало очевидно, насколько нелепым было мое решение: предмет стоимостью 40 000 долларов попал в мое владение и мгновенно стал стоить более 53 000 долларов! Однако, если бы мое мышление было чисто рациональным, автомобиль был бы продан немедленно - но, к несчастью для меня, из-за так называемого эффекта владения (когда предметы становятся более ценными, когда они принадлежат им), и поэтому мы склонны взимать более высокую цену. при продаже товара, чем если бы мы покупали его напрямую сами.

Психотерапевт Дэн Ариэли провел эксперимент, чтобы проверить эту теорию: на одном из занятий он разыгрывал билеты на крупный баскетбольный матч и опрашивал студентов, чтобы оценить их оценку; студенты с пустыми руками оцениваются примерно в 170 долларов; однако студенты-победители никогда не продадут свои билеты ниже средней цены продажи в 2400 долларов, поскольку право собственности связано с более высокими продажными ценами, чем ожидалось.

Недвижимость уже давно демонстрирует эффект владения. Продавцы становятся эмоционально привязанными к своим домам, что часто заставляет их переоценивать их стоимость и ожидать, что покупатели заплатят больше, чем позволяет рыночная цена - чего просто не может случиться, поскольку такое превышение представляет собой только сентиментальную ценность.

Ричард Талер провел поучительный эксперимент в Корнеллском университете, чтобы измерить эффект владения. Он случайным образом раздал кофейные кружки половине своих учеников, сказав им, что они могут либо взять, либо продать их по желаемой цене; тех, у кого его нет, затем спросили, сколько они готовы заплатить за него; Короче говоря, Талер измерил так называемый эффект владения.
Создайте рынок кофейных кружек. Можно предположить, что примерно 50% студентов будут торговать, продавая или покупая. Но результат был гораздо ниже;

только один из четырех владельцев продавал кружку по цене ниже 5,25 доллара, в то время как покупатели обычно не платили больше 2,25 доллара за кружку.

Можно с уверенностью сказать, что люди лучше собирают вещи, чем выбрасывают их, что объясняет, почему мы собираем так много беспорядка в наших домах и почему коллекционеры марок, часов и произведений искусства редко расстаются со своими ценными вещами.

Удивительно, но эффект владения распространяется не только на владение, но и на почти владение. Аукционные дома, такие как Christie's и Sotheby's, процветают благодаря этому явлению: люди, делающие ставки до последней минуты, чувствуют, что объект практически принадлежит им, и готовы заплатить гораздо больше, чем планировалось; любой отказ от торгов рассматривается как проигрыш, несмотря на всю логику. Крупные аукционы, например, аукционы по продаже прав на добычу полезных ископаемых или мобильных радиочастот, часто демонстрируют «проклятие победителя», когда первоначальный победитель фактически в конечном итоге проигрывает в экономическом отношении, когда его подхватывают пылкие ставки и завышенные ставки. Для получения более подробной информации по этой теме, пожалуйста, вернитесь к главе 35!

Аналогичное явление наблюдается и на рынке труда. Если вы подаете заявку на работу и не получаете никакой обратной связи или вам отказывают на этапе собеседования, ваше разочарование может еще больше усилиться, если вы будете эмоционально вовлечены в процесс отбора, который в противном случае мог бы быть рутинным. Либо вы получите работу, либо нет; все остальное не должно иметь значения.

Вывод: Не привязывайтесь к физическим объектам; рассматривайте их как временные подарки Вселенной, которые могут быстро исчезнуть без предупреждения. Помните об этом и наслаждайтесь тем небольшим временем, которое осталось.
См. также «Эффект домашних денег» (гл. 84); Заблуждение о невозвратных издержках (гл. 5); Проклятие победителя (гл. 35); Эффект контраста (гл. 10); Неприятие потерь (гл. 32); Когнитивный диссонанс (гл. 50); Синдром «не изобретено здесь» (гл. 74) и «Страх сожаления» (гл. 82)

Неизбежность маловероятных событий

Совпадение

1 марта 1950 г. в 19.15. в Беатрис, штат Небраска, на репетицию были назначены 15 членов церковного хора. По разным причинам все они отстали от графика; особенно потому, что семья министра задержалась с глажкой платья дочери. В 19:25 произошел взрыв церкви, прокатившийся по деревне ударной волной и разрушивший стены и крышу. Чудом никто не погиб в результате взрыва, который начальник пожарной охраны объяснил утечкой газа, хотя участники хора считали это божественным вмешательством или простым совпадением.

Что-то на прошлой неделе напомнило мне Энди, старого школьного друга, с которым я давно не общался. К моему изумлению и удивлению, в этот момент зазвонил мой телефон, и на нем не звонил никто, кроме Энди! — Вы, должно быть, телепат! - воскликнул я от волнения, когда взял трубку, чтобы ответить... Но было ли это совпадением или телепатией?

5 октября 1990 года газета The San Francisco Examiner сообщила, что Intel подаст в суд на своего конкурента AMD после того, как узнает, что они планируют выпустить компьютерный чип с аббревиатурой, известной как AM386, явно намекающей на чип Intel 386. Intel узнала о намерениях AMD только по чистой случайности: обе компании наняли некоего Майка Уэбба; оба мужчины выехали из одного и того же отеля в один и тот же день после совместного проживания; приемная получила пакет, предназначенный для Майка Уэбба, но вместо этого отправила его в Intel, где он был немедленно отправлен для юридического анализа и принятия мер против AMD немедленно юристами юридического отдела юридических отделов обеих компаний.

Насколько вероятны такие истории? Швейцарский психиатр К.Г. Юнг видел в них свидетельство невидимой силы, которую он назвал синхронистичностью; как рациональным мыслителям следует относиться к таким историям? Желательно с бумагой и карандашом; например, в случае со взрывом церкви рассмотрите возможность нарисовать четыре прямоугольника, чтобы представить возможные последствия, первый из которых представляет то, что произошло на самом деле: хор задерживается, и церковь взорвалась (на самом деле); эти четыре поля могут тогда представлять четыре возможных события: (1) задержка хора до того, как произошел взрыв церкви (2) возможные задержки хора без взрыва (3) возможные события отмены хора, происходящие между задержками хора перед взрывом церкви (на самом деле это было именно то, что потребовалось место) до его разрушения (задержка репетиции хора, взрыв церкви). Есть четыре возможных варианта работы с такими отчетами с

помощью бумаги и карандаша: 1) Хор задержал репетицию, после чего произошел взрыв в церкви (т.е.
Оцените частоту этих событий и запишите их в соответствующие ячейки, обращая особое внимание на то, как часто происходило «хор вовремя и церковь не взорвалась»; обратите внимание, как часто миллионы хоров собираются на репетиции и не сталкиваются с обстоятельствами, подобными тем, которые произошли в Беатрис, штат Небраска (что может происходить раз в столетие или чаще, исходя из статистических вероятностей), так что никакого божественного вмешательства быть не может (кроме того, оно кажется довольно глупым, что Бог захотел взорвать церковь!)

Примените это мышление к телефонным звонкам: подумайте обо всех случаях, когда «Энди» думает о вас, но не звонит; когда ты думаешь о нем, но он не звонит; или когда никто из вас не думает о них, но они все равно звонят?... Может быть сколько угодно случаев, когда никто из вас вообще не думает друг о друге - но в конце концов кто-то берет трубку и звонит, особенно если на выбор есть 100 друзей!

Оценка вероятностей может быть сложной задачей. Когда кто-то говорит «никогда», я обычно регистрирую это как оценку выше нуля, поскольку «никогда» никогда не может быть компенсировано отрицательными вероятностями.

Так что не будем увлекаться: маловероятные совпадения — это действительно маловероятные, но вполне возможные события; их появление не должно вызывать шока; было бы удивительно, если бы они никогда не материализовались.

См. также: Ложная причинность (гл. 37); Предвзятость подтверждения (главы 7–8); Регрессия к среднему значению (глава 19); Иллюзия контроля (глава 17) и иллюзии кластеризации (глава 3).

Соответствие не соблюдается в каждой ситуации

Испытывали ли вы когда-нибудь групповое мышление на собрании? Конечно. Сидеть и тихо кивать, надеясь не быть вечным голосом несогласия, сложно, когда все вокруг согласны, поэтому вы решаете не высказываться. К сожалению, здесь действует групповое мышление: когда все участники действуют таким образом, они принимают безрассудные решения, потому что все согласовывают свои мнения с тем, что кажется консенсусом, несмотря на то, что отдельные участники знают лучше; в свою очередь, это приводит к принятию предложений, которые в противном случае не были бы приняты без давления со стороны коллег – эффект, который мы подробно обсуждали в главе 4.

В марте 1960 года Секретная служба США начала вербовку изгнанников-антикоммунистов, проживающих в Майами с Кубы, в качестве оружия против режима Фиделя Кастро. Всего через несколько дней после вступления в должность президент Кеннеди был проинформирован об этом секретном плане вторжения на Кубу. Три месяца спустя, на решающем заседании в Белом доме, на котором присутствовали Кеннеди и его советники, все проголосовали за вторжение. 17 апреля 1961 года 1400 изгнанных кубинцев высадились в заливе Свиней на южном побережье Кубы при поддержке ВМС США, ВВС и сил ЦРУ. Поначалу все шло по плану в попытке свергнуть правительство Кастро. Однако в первый день ни один корабль снабжения не достиг Кубы; два были потоплены кубинскими военно-воздушными силами, прежде чем еще двое вернулись домой - все повернули назад, развернулись или вообще бежали обратно в Америку. На второй день Кастро окружил и полностью уничтожил их бригаду. На третий день все 1200 выживших были схвачены и помещены в военные тюрьмы. Вторжение президента Кеннеди в залив Свиней широко рассматривается как одна из худших ошибок в американской внешней политике; его концепция и реализация кажутся абсурдными даже сейчас. Все предположения в пользу вторжения оказались ложными; например, Кеннеди и его команда сильно недооценили ВВС Кубы. В рамках своей чрезвычайной стратегии также предполагалось, что в случае возникновения вспышки бригада сможет сбежать в горы Эскамбрай и оттуда вести подземную войну против Кастро. Беглый взгляд на карту показывает, что это потенциальное убежище находилось в 100 милях от Залива Свиней, что обеспечивало достаточное укрытие.
Но Кеннеди и его советники обладали выдающимся интеллектом для руководства американским правительством. Так что же пошло не так в период с января по апрель 1961 года?

Профессор психологии Ирвинг Дженис провел обширные исследования многочисленных фиаско. Он нашел общую тему: сплоченные группы развивают командный дух, (невольно) создавая иллюзии. Одним из таких заблуждений является чувство непобедимости: если и наш лидер [Кеннеди], и группа уверены в том, что наш план работает, тогда удача должна прийти к нам. Единогласие также помогает создать это заблуждение: когда все в чем-то согласны, любые расхождения во взглядах недействительны. Никому не нравится быть человеком, который нарушает единство команды. Люди обычно ценят участие, поэтому выражение возражений может означать исключение; такое изгнание, вероятно, означало бы смерть для нашего вида, отсюда и наш сильный инстинкт оставаться частью группы.

Групповое мышление в бизнесе не является чем-то новым, о чем свидетельствует Swissair. Здесь группа высокооплачиваемых консультантов сплотилась вокруг своего бывшего генерального директора и разработала высокорискованную стратегию расширения (которая включала покупку нескольких европейских авиакомпаний). Поскольку их рвение привело к подавляющему консенсусу внутри их команды, даже рациональные сомнения подавлялись до ее краха в 2001 году.

Если вы когда-нибудь окажетесь в среде, где все во всем согласны, высказывание следует не только терпеть, но и приветствовать; подвергать сомнению молчаливые предположения даже под угрозой исключения может также помочь разрушить застойное мышление и установить содержательный диалог. Будучи лидером, рассмотрите возможность назначения кого-нибудь адвокатом дьявола. Хоть она и не самая популярная участница, но может оказаться самой полезной.

См. также: Социальное доказательство (гл. 4); Социальная безделье (гл. 33); Предвзятость внутри группы и вне группы (гл. 79) и ошибка планирования (гл. 91).

ПОЧЕМУ ВЫ СКОРО БУДЕТЕ ИГРАТЬ В МЕГАТРИЛЛИОНЫ

ПРЕНЕБРЕЖЕНИЕ ВЕРОЯТНОСТЬЮ

Представьте себе две азартные игры, каждая из которых предлагает вам равные шансы выиграть 10 миллионов долларов; какой бы ты выбрал? Победа в первом матче изменит вашу жизнь; вы можете уволиться с работы, уволить начальника и жить за счет своего выигрыша; Напротив, выигрыш в 10 000 долларов даст вам возможность отдохнуть от работы и отправиться в незабываемый отпуск на Карибы, не опасаясь, что вскоре после этого ваша открытка вернется на работу - шансы на то, что и то, и другое составляют один к 100 миллионам соответственно - так что бы вы выбрали? Вероятность каждого — 1/10000! Какую игру вы выбираете?

Эмоции часто заставляют нас выбирать одну игру вместо другой, несмотря на объективную оценку их шансов (ожидаемая вероятность выигрыша). Таким образом, наблюдается тенденция к все более крупным джекпотам, таким как Мега Миллионы, Мега Миллиарды или Мега Триллионы, независимо от небольших коэффициентов.

В эксперименте, проведенном в 1972 году, участники были разделены на две группы; участникам одного из них сообщили, что они могут получить удар электрическим током, а участникам второго сказали, что риск того, что это произойдет, составляет всего 50%. Незадолго до начала исследователи измерили уровень физической тревожности (частота пульса, нервозность и потливость). То, что они обнаружили, было ошеломляющим: не было абсолютно никакой разницы в уровне стресса в обеих группах — все участники обеих были одинаково охвачены беспокойством. Впоследствии исследователи объявили о ряд снижений вероятности шока для второй группы: с 50% до 20%, затем до 10% и, наконец, до 5%. Но никакой разницы заметить не удалось! Однако когда обеим группам сказали, что они собираются увеличить силу ожидаемого тока, уровень тревоги снова поднялся — примерно в одинаковой степени. Это показывает, как мы реагируем на события, основываясь на ожидаемой величине, а не на их вероятности; нам не хватает интуитивного понимания вероятности.

Пренебрежение вероятностью приводит к ошибкам в принятии решений. Мы инвестируем в стартапы, потому что их потенциальная прибыль привлекает наш интерес, но пренебрегаем (или слишком ленимся) исследовать, действительно ли новые предприятия достигают такого роста. Или после широкого освещения в средствах массовой информации авиакатастрофы мы отменяем рейсы, полностью не обдумав возможные варианты.
Поскольку крах маловероятен (и, следовательно, не меняет их доходность), инвесторы-любители часто сравнивают инвестиции исключительно на основе

доходности - например, акции Google с ожидаемой доходностью 20% считаются в два раза более желательными, чем недвижимость с доходностью 10%. их умы. К сожалению, такой подход упускает из виду риски, которые наша естественная интуиция не подсказывает нам учитывать должным образом.

Вернемся к эксперименту с поражением электрическим током: в группе Б вероятность получения удара электрическим током постепенно снижалась с 5% до 4% и до 3%, пока его вероятность не достигла нуля; только тогда группа Б отреагировала иначе, чем группа А; это казалось бесконечно предпочтительнее, чем рисковать даже всего 1%!

Давайте проверим это, рассмотрев два подхода к очистке питьевой воды. Предположим, что у реки есть два одинаково крупных притока, оба из которых обрабатываются с использованием методов А и В, что снижает риск гибели людей из-за загрязнения на 5–2 процентных пункта соответственно; и В, который снижает его с 1 процентного пункта до нуля, полностью устраняя его, то есть полностью устраняя угрозу. Большинству людей кажется разумным выбрать вариант В; однако это было бы глупо, учитывая, что при мере А умирает в три раза меньше людей, чем при Б; а метод А в три раза лучше! Это заблуждение известно как предвзятость нулевого риска.

Ярким примером является Закон США о пищевых продуктах 1958 года, который запретил продукты, содержащие агенты, вызывающие рак, для достижения нулевого риска развития рака. Хотя поначалу этот запрет был эффективным, он привел к появлению более опасных (но неканцерогенных) пищевых добавок. Парацельс продемонстрировал в шестнадцатом веке, что отравление всегда зависит от дозировки, делая любой закон, запрещающий отравление, по существу неэффективным, поскольку не было бы способа исключить каждую запрещенную молекулу из пищевых продуктов. Каждая ферма должна будет функционировать как сверхстерильный завод по производству компьютерных чипов, и стоимость продуктов питания резко возрастет; с экономической точки зрения нулевой риск редко имеет смысл; за исключением смертельных вирусов, вырвавшихся из биотехнологических лабораторий, или сильных штормов, уничтожающих сельскохозяйственные культуры.

Людям не хватает интуитивного понимания риска, и поэтому они плохо различают угрозы. Мы воспринимаем увеличение риска как менее обнадеживающее, когда имеем дело с такой эмоциональной темой, как радиоактивность; два исследователя из Чикагского университета продемонстрировали этот вывод.
Страх перед загрязнением токсичными химическими веществами часто является иррациональной реакцией; тем не менее, это остается понятным.

См. также «Смещение доступности» (гл. 11); Пренебрежение базовой нормой (гл. 28), Проблема со средними показателями (гл. 55), Предвзятость выжившего (гл. 1), Иллюзия контроля (гл. 17), Экспоненциальный рост (гл. 34) и неприятие двусмысленности (гл. 80).

ПОЧЕМУ ОТ ПОСЛЕДНЕГО ПЕЧЕНЬЯ В БАНКЕ СТОИТ РТОТ?

Однажды вечером в доме моей подруги за кофе трое ее детей начали бороться на полу, и мы изо всех сил старались вовлечь их в разговор, в то время как их тела боролись за то, кто достанет последний шарик из моего мешка со стеклянными шариками - я вспомнил, что принес некоторые и разложили их в надежде, что они будут мирно играть вместе; К моему большому недоверию, разгорелся жаркий спор! То, что произошло, было совершенно неожиданным: среди всего множества синих шариков был только один синий, за которым карабкались дети; все остальные шарики имели одинаковый размер и яркость, но единственный синий шарик имел преимущество, поскольку был единственным в своем роде; заставило меня громко рассмеяться над тем, какими ребячливыми могут быть дети!

Как только я услышал, что Google запустит свою службу электронной почты в августе 2005 года, я понял, что хочу ее (что в конечном итоге и сделал). Однако в то время количество новых учетных записей было крайне ограничено и предоставлялось только по приглашению - это еще больше усилило мое желание! Не то чтобы мне нужна была еще одна учетная запись электронной почты (на тот момент у меня уже было четыре); не потому, что Gmail превосходил конкурентов; просто не у всех был к нему доступ, и это делало мою тягу к нему еще сильнее! Оглядываясь назад, это заставляет меня улыбаться; взрослые иногда могут вести себя по-детски!

Rara sunt cara, как говорили римляне. Редкость – это ценность. Действительно, люди уже давно страдают от этого неправильного восприятия дефицита. Мой друг, у которого трое детей, подрабатывает агентом по недвижимости; всякий раз, когда у нее появляются потенциальные покупатели, которые не могут сделать выбор между двумя вариантами недвижимости, она звонит и говорит, что «вчера ее посетил врач из Лондона». «Ему очень понравилось. А вам, еще интересно?» Доктор из Лондона (иногда это может быть и профессор или банкир) явно вымышленный; тем не менее, его эффект может быть вполне реальным: потенциальные клиенты видят, что перед ними исчезает возможность, и быстро действуют, чтобы заключить сделку, опять же из-за потенциального дефицита предложения; эта ситуация не может быть объяснена объективно, поскольку они либо хотят землю по установленной цене, либо нет; независимо от каких-либо фиктивных врачей из Лондона, которые могут появиться.

Профессор Стивен Уорчел разделил участников на две группы для проверки качества печенья: одна получила целую коробку, а вторая — только немного.
Подгруппа Б включала только два печенья; Когда их попросили оценить их качество, эти испытуемые значительно превзошли участников группы 1. Эксперимент повторялся несколько раз с одинаковыми результатами каждый раз.

В рекламе часто говорится: «Только пока есть в наличии». Плакаты часто предупреждают нас действовать быстро, когда возникают ошибки, связанные с нехваткой товаров. Владельцы галерей пользуются этой ошибкой, помещая красные точки «продано» под большинством картин, делая оставшиеся несколько редких и желанных произведений еще более желанными и, таким образом, создавая ошибки дефицита, которые следует быстро уловить, прежде чем они станут более редкими предметами, которые нужно будет раскупить. быстро. Коллекционеры марок, любители монет и любители старинных автомобилей часто коллекционируют марки, монеты и автомобили, даже если они больше не служат практическому использованию - привлекательность проистекает из ошибок дефицита, а не из чего-то практичного! Все это складывается.

Студентам было поручено расположить 10 плакатов по привлекательности – с пониманием, что впоследствии они смогут оставить один себе в качестве награды за участие. Через пять минут им сообщили, что один из них недоступен, а три были недоступны из-за того, что их вытащили сотрудники службы безопасности. После этого их попросили просмотреть все десять плакатов с нуля, причем один плакат, которого больше не существовало, внезапно стал самым красивым. Психологи называют это явление реактивным сопротивлением: когда мы сталкиваемся с выбором, которого у нас не может быть, наш мозг часто реагирует, придавая большую привлекательность альтернативам, которых больше не существует – акт неповиновения потере контроля над вариантом. Эффект «Ромео и Джульетты» хорошо известен: запретный роман между шекспировскими подростками приводит их к неуемной тоске, не знающей границ. Не обязательно романтического характера — в Америке студенческие вечеринки заполнены отчаявшимися пьяными студентами из-за того, что законы о запрете употребления алкоголя несовершеннолетними запрещены.

Вывод: В ответ на дефицит большинство людей склонны принимать решения, не обладая ясным мышлением. При совершении покупок и принятии решений исключительно на основе анализа затрат и выгод любые признаки того, что предмет может быстро исчезнуть, не должны иметь значения; и лондонским врачам не следует интересоваться.
Примечания об эффекте контраста (гл. 10); Страх сожаления (гл. 82) и Эффект денег на дом (гл. 84). Для дальнейшего понимания: услышав стук копыт, не ждите появления зебры!

Пренебрежение базовой ставкой

Представьте, что Марк — худощавый мужчина из Германии в очках, который любит слушать Моцарта. Скорее всего, он: А) водитель грузовика в Германии или Б) профессор литературы во Франкфурте? Большинство угадает Б, что было бы неверно, поскольку в Германии водителей грузовиков в 10 000 раз больше, чем профессоров литературы, а это означает, что он, скорее всего, должен быть дальнобойщиком! Наши умы были обмануты детальными описаниями, уводящими нас от статистической реальности; ученые называют эту логическую ошибку пренебрежением базовой ставкой, которое уводит нас от рассмотрения фундаментальных уровней распределения – одна из наших наиболее частых ошибок в рассуждениях! Многие журналисты, экономисты и политики регулярно становятся жертвами этого, что приводит к принятию неверных решений при принятии решений относительно того, какой результат может произойти, поскольку наши предположения относительно фундаментальных уровней распределения игнорируются при принятии решений, которые могут привести нас по этому пути!

Вот еще один сценарий, при котором молодой человек получает смертельное ранение: какой вариант более вероятен? А) Нападавшим может быть нелегальный российский иммигрант, незаконно ввозящий боевые ножи, или Б) Нападавший принадлежит к среднему классу Америки, незаконно ввозящему эти ножи - вариант Б гораздо более вероятен, учитывая, что американцев среднего класса на миллионы больше, чем русских ножей. импортеры.

Пренебрежение базовой ставкой играет ключевую роль в медицине. Например, мигрень может указывать на что угодно: от вирусной инфекции или опухоли головного мозга до проблем с сердцем; врачи обычно сначала проверяют наличие вирусных инфекций, а затем проверяют на опухоли, чтобы обеспечить благополучие пациента. Обучающиеся медицинских школ тратят много времени на борьбу с пренебрежением по базовому уровню; один из девизов, который часто повторяют будущим врачам в США: «Когда вы слышите топот копыт позади, вы не ожидаете увидеть зебру!» Это означает: сначала исследуйте более вероятные заболевания, прежде чем диагностировать экзотические, даже если эта специальность требует от вас.

Врачи – единственные профессионалы, имеющие доступ к такой обширной подготовке; к сожалению, мало кто в бизнесе получает такое представление. Я часто волнуюсь, когда читаю амбициозные бизнес-планы предпринимателей, которые могут стать следующим Google! Однако при ближайшем рассмотрении я понимаю, что вероятность того, что их фирма выживет в первые пять лет, составляет всего 20%; следовательно, их вероятность выживания также должна отражать эту реальность. Уоррен Баффет однажды объяснил, почему он не инвестирует в биотехнологические компании: «Сколько из этих фирм имеют оборот в несколько сотен миллионов долларов?» Этого просто не происходит?...?Наиболее вероятный сценарий для этих фирм, скорее всего, останется где-то посередине». Это ясное мышление, основанное на базовой ставке. Пренебрежение базовым уровнем большинства людей можно объяснить предвзятостью выжившего (глава 1): они склонны видеть только успешных людей и компании, поскольку о неудачных случаях обычно не сообщается (или занижается), что приводит к тому, что они упускают из виду те более «невидимые» случаи, которые существовать внутри.

Представьте себе: при дегустации вина в ресторане этикетку с каждой бутылки удаляют, оставляя только указание на его происхождение: Франция обычно представляет собой три четверти предлагаемых вин, поэтому, не зная лучшего, вы, скорее всего, предпочтете Францию. Чилийский или калифорнийский варианты.

Иногда я имею несчастье выступать перед студентами престижных бизнес-школ. Когда их спрашивают об их карьерных целях, многие отвечают, что в среднесрочной перспективе они видят себя в советах директоров глобальных компаний — аналогичные ответы давали мои сокурсники, когда мы присутствовали. Когда студенты получают эту информацию, они обычно отвечают, что с дипломом этой школы шансы получить место в совете директоров компаний из списка Fortune 500 составляют менее 0,1% - что, скорее всего, вместо этого они окажутся где-то в менеджерах среднего звена - что всегда вызывает шокированные взгляды. но я думаю, что я внес небольшой вклад в смягчение их будущего кризиса среднего возраста! См. также: хеситез 1 26 Заблуждение игрока (гл. 29); Ошибка соединения (гл. 41); Проблема со средними значениями (гл. 55) Информационная предвзятость (гл. 59); Отвращение к двусмысленности (глава 8) (Теория вздора 29 – Доказанный факт).

Балансирующая сила

Заблуждение игрока В 1913 году в Монте-Карло произошло нечто примечательное: большие толпы людей, собравшиеся вокруг стола с рулеткой, были поражены, увидев, как шарик двадцать раз подряд приземлился на черное! Игроки в полной мере воспользовались этим явлением, быстро поставив деньги на красное, но в очередной раз мяч остановился на черном, несмотря на то, что больше людей делали ставки на красное, чем раньше - до тех пор, пока, наконец, на двадцать седьмом вращении мяч наконец не остановился на красном - в результате чего на ставках стоят миллионы, а игроки становятся банкротами за считанные минуты.

Представьте себе: средний IQ учеников в большом городе равен 100. Чтобы исследовать это дальше, вы берете случайную выборку из 50 учеников, среди которых у одного ребенка был протестирован IQ 150, и наблюдаете за их прогрессом в течение нескольких месяцев. Большинство людей угадывают 100; возможно, мысль о том, что супер-умный ученик будет компенсирован либо кем-то, имеющим средний IQ 50, либо двумя студентами с IQ ниже среднего, имеющими 75 IQ соответственно - однако этот сценарий крайне маловероятен; скорее мы должны ожидать, что каждый из оставшихся 49 человек будет представлять свою популяцию, имея средний IQ 100, что даст нам средний балл 101 для ваших 50 учеников.

Эксперименты Монте-Карло и IQ демонстрируют, как люди склонны верить в существование невидимой «уравновешивающей силы Вселенной»; это известно как ошибка игрока. Однако в случае независимых событий такой силы нет: шары не могут запомнить, как часто они приземлялись на черное. Тем не менее, один из моих друзей вводит свои еженедельные цифры Mega Millions в электронную таблицу Excel, прежде чем играть в те, которые появляются реже всего - все это работает напрасно - он тоже становится жертвой заблуждения игрока!

Этот феномен иллюстрирует шутка: математик, который боится летать из-за риска террористической атаки, совершает каждый рейс с бомбой в ручной клади на случай, если что-то случится на борту; Благодаря этой мере вероятность наличия одного из них на борту значительно возрастает.
«Шансы на то, что две бомбы окажутся в одном самолете, крайне малы!» Далее он заявляет.

Представьте себе, что вы вынуждены потратить тысячи долларов собственных денег, делая ставки на результат следующего подбрасывания монеты, каждый раз выпадая орлом. Учитывая этот сценарий, многие люди, скорее всего, выберут решку, хотя вероятность выпадения орла столь же велика. Заблуждение игрока заставляет нас поверить, что что-то должно измениться!

И снова кто-то заставляет вас сделать ставку. Что вы выберете на этот раз: орел или решка? Теперь, когда вы увидели несколько примеров, вы знакомы с игрой; зная, что все может пойти в любую сторону. К сожалению, мы только что столкнулись с еще одной ловушкой профессиональной деформации математиков (профессионального надзора); логика подсказывает вам, что орел, вероятно, является более разумным вариантом, поскольку монета кажется сфальсифицированной против решки.

В недавних статьях рассматривалась регрессия к среднему значению. В качестве иллюстрации рассмотрим следующий сценарий: если в вашем районе рекордно холодно, скорее всего, в ближайшие дни температура вернется к нормальным значениям — как в казино! Сложные механизмы обратной связи в атмосфере гарантируют, что крайности со временем уравновешиваются, в то время как крайности иногда усиливаются - например, когда богатые люди становятся еще богаче, а взрывной рост акций создает дополнительный спрос из-за выделения, создавая что-то вроде обратного компенсационного эффекта.

Будьте внимательны как к независимым, так и к взаимозависимым событиям в вашем окружении. Чисто независимые события существуют только в казино, лотереях и теоретических условиях — они могут существовать на казино, лотереях или теоретических уровнях; реальная жизнь часто представляет нам взаимосвязанные события, которые влияют друг на друга — например, финансовые рынки или здоровье. Прошлые события оказывают влияние на будущие. Как бы утешительно ни звучала эта идея, просто не существует уравновешивающей силы, которая могла бы защитить независимые события от негативного влияния; такого понятия «что аукнется, то и произойдет» тоже не существует!
См. также: Средние значения (гл. 55); Пренебрежение базовой ставкой (гл. 28); Профессиональная деформация (гл. 92); Регрессия к среднему значению (гл. 19); Простая логика (гл. 63) для дополнительного обсуждения этих тем. 29

ПОЧЕМУ КОЛЕСО ФОРТУНЫ ДВИГАЕТ НАС СПИРАЛЬ?

Где родился Авраам Линкольн? Как бы вы ответили на такой вопрос, не имея немедленного доступа к ответу и когда батарея вашего смартфона только что разрядилась? Возможно, вам достаточно знать, что он занимал пост президента во время Гражданской войны в США 1860-х годов и что он стал первым когда-либо убитым президентом США? Осмотр Мемориала Линкольна в Вашингтоне вызывает в воображении образы не энергичного молодого человека, а скорее 60-летнего пожилого ветерана. Поскольку он был убит где-то между 1860-1864 годами (он умер в 1809 году), предполагаемым годом его рождения является 1805 год (на самом деле это должен быть 1809 год). Как мы это выяснили? Используя опорную точку, такую как 1865 год, в качестве отправной точки и двигаясь назад, чтобы сделать обоснованную оценку.

Когда нам нужно что-то угадать — например, длину реки Миссисипи, плотность населения в России или количество атомных электростанций во Франции — мы используем якоря. Начиная с чего-то знакомого, мы оттуда исследуем незнакомую территорию. Какой другой способ сделать это, если не выбивать из головы случайные числа? Это было бы совершенно иррационально!

К сожалению, якорями также можно злоупотреблять. Например, на одной из лекций профессор попросил своих студентов записать последние две цифры своих номеров социального страхования, прежде чем принимать решение о том, стоит ли делать ставки на бутылку вина на аукционе, основываясь на этих цифрах, что привело к тому, что они сделали ставку почти в два раза больше, если их число было выше по сравнению с меньшими! Таким образом, демонстрируя, как номера социального страхования действуют как якорь; даже если косвенным или обманным образом.

Психолог Амос Тверски провел эксперимент с использованием колеса фортуны. Участники раскручивали его, а затем их спрашивали, сколько государств-членов имеет Организация Объединенных Наций; их предположения подтвердили эффект якоря: люди, которые выкручивали на колесе большое число, давали более высокие оценки, чем люди, которые не выкручивали на нем такое же большое число.

Руссо и Шумейкер провели исследование, направленное на то, чтобы выяснить, когда Аттила Гунн потерпел поражение в Европе – это похоже на вопрос студентов, в каком году началось внедрение системы социального обеспечения.
Затем участникам были даны опорные точки на основе последних нескольких цифр их телефонного номера, причем те, у кого номера были выше, выбрали более поздние годы, и наоборот (Аттила был убит в 453 году).

Якорей предостаточно, и мы все цепляемся за них. Например, многие продукты содержат рекламируемую «рекомендованную розничную цену», служащую опорной точкой. Специалисты по продажам знают, что для обеспечения успеха продаж им необходимо устанавливать цены заранее, задолго до того, как будет представлено предложение. Более того, исследования показали, что знание прошлых оценок учащихся влияет на то, как учителя оценивают новую работу: последние оценки служат отправной точкой.

Мои первые годы прошли в консалтинговой фирме. Мой босс умел использовать якоря. В своем первом разговоре с любым клиентом он устанавливал начальную цену, которая по закону намного превосходила наши внутренние затраты: «Чтобы вы не удивлялись, получив ваше предложение, мистер Такой-то: недавно завершил аналогичный проект для одного из ваших конкурентов стоил около пяти миллионов долларов». Затем этот якорь был отброшен – переговоры о цене начались именно с этой суммы.

См. также Обрамление (гл. 42).

Как мы можем избавить миллионы от их горя

Поначалу пугливое животное настроено скептически; Однако со временем его сопротивление утихает, и они начинают регулярно питаться друг от друга. Однако в конце концов их подозрения утихают, и в конечном итоге их доверие становится сильнее, чем раньше. Через несколько месяцев гусь приходит к убеждению, что его фермер заботится о своих интересах, поскольку каждый дополнительный день кормления подтверждает это предположение. Она была ошеломлена, когда на Рождество он вытащил ее из вольера, а вместо этого зарезал ее! Дэвид Юм использовал аллегорию с участием рождественских гусей как предостережение против индуктивного мышления — тенденции выводить универсальные истины на основе индивидуальных наблюдений. Хотя его история может показаться актуальной только во время Рождества, ее уроки выходят далеко за рамки этой символической праздничной птицы. Но индуктивное рассуждение действует не только на гусей.

Инвестор покупает акции X и сначала начинает подозревать, что цена их акций стремительно растет, подозревая, что может существовать пузырь. Но со временем, когда цена продолжает расти, его подозрения уступают место волнению: эта акция, возможно, никогда не упадет! Всего через полгода он вкладывает в него все свои сбережения, не обращая внимания на кластерный риск, связанный с инвестированием в него своих сбережений, — лишь позже ему придется дорого заплатить за такие глупые решения, принятые из жадности и невежества.

Индуктивное мышление не обязательно должно вести вас по пути к катастрофе; на самом деле, вы можете превратить индуктивное мышление в источник прибыли, рассылая электронные письма с прогнозами как роста цен в следующем месяце, так и их снижения - один прогнозирует, что они могут упасть. Отправьте первое электронное письмо 50 000 человек, а затем отдельной группе из 50 000 человек через месяц, когда индексы значительно снизились. Теперь отправьте еще одно электронное письмо, но на этот раз только тем 50 000 человек, которые получили точные прогнозы в своем первом электронном письме. Через 10 месяцев у вас останется около 100 клиентов. С их точки зрения, вы доказали свои пророческие способности. Некоторые доверят вам свои деньги – возьмите их и снова начните жить жизнью в Бразилии.

Однако нас обманывают не только наивные незнакомцы; даже нас можно обмануть; те, кто редко болеет, считают себя бессмертными. Руководители компаний, которые кварталы подряд сообщают о повышении прибыли, склонны считать себя непобедимыми, равно как и их сотрудники и акционеры. Однажды у меня был друг, который любил бейсджампинг. Он прыгал со скал, антенн, зданий и т. д., дергая за веревку только в последний момент, прежде чем благополучно приземлиться на землю. Однажды я спросил об уровне риска, который представляет собой выбранный им вид спорта, и его ответ был весьма небрежным: «У меня за плечами более 1000 прыжков, и со мной никогда ничего не случается». Два месяца спустя он погиб при прыжке с особо опасной скалы в Южной Африке – это трагическое событие опровергло все теории, неоднократно подтверждавшиеся.

Индуктивное мышление может иметь катастрофические последствия, однако наше выживание зависит от него каждый день. Когда мы садимся в самолет, законы аэродинамики остаются в силе; мы верим, что на улице не произойдет случайных нападений; наши сердца должны продолжать биться и завтра — это важные гарантии, без которых жизнь не могла бы продолжаться — однако всегда следует помнить, что только такие вещи, как смерть и налоги, вечны; Лучше всего об этом сказал Бенджамин Франклин: «Ничто не является неизбежным, кроме смерти и налогов».

Индукция может убаюкать нас, заставив поверить в такие вещи, как: «Человечество всегда выживало, поэтому мы тоже сможем противостоять любым будущим вызовам». Хотя в теории это кажется логичным, многие не осознают, что подобные утверждения могут исходить только от видов, доживших до этого момента; Предположение о том, что наше выживание сегодня означает выживание в будущем, было бы грандиозной ошибкой и, возможно, самой серьезной ошибкой рассуждения за всю историю.

Ложная причинность (гл.37); Здесь также рассматривается ошибка выжившего (глава 1).

ПОЧЕМУ ЗЛО БУДЕТ СИЛЬНЕЕ, ЧЕМ ДОБРО?

Неприятие потерь Как вы себя чувствуете в настоящее время по шкале от 1 до 10? А теперь представьте, что приведет вас к 10, например, поездка на Карибы, о которой вы всегда мечтали, или рост карьерного роста? Продолжаем это упражнение: что может снизить ваш результат на такое же число? Паралич, болезнь Альцгеймера, рак, депрессия, война, голод, пытки, финансовый крах, ущерб, потеря репутации, похищение друга, слепота, смерть – вот лишь несколько доступных вариантов, которые могут вызвать большое неудовольствие; простое размышление над всеми этими возможностями позволяет нам осознать, сколько препятствий существует на пути поддержания спектра счастья по сравнению со всеми этими положительными влияниями; все эти списки подчеркивают, сколько существует препятствий и их гораздо более серьезные последствия, чем выгоды; неудивительно, что мы не ищем счастья, чем когда-либо думали раньше.

В какой-то момент нашего эволюционного прошлого это было еще более верно: одна маленькая ошибка могла мгновенно привести к смерти. Что угодно может стать причиной вашего быстрого ухода из жизни: неосторожная охота, воспаление сухожилий или исключение из группы. Люди, которые были неосторожны или безрассудны, часто умирали, прежде чем передать свои гены будущим поколениям; только осторожные выжили и являются нашими потомками сегодня.

Поэтому понятно, почему мы боимся потери больше, чем приобретения; потеря 100 долларов стоит нам гораздо большего счастья, чем любая радость, которую они могли бы принести нам, если бы я вместо этого дал нам их. Действительно, исследования доказали, что эмоциональная реакция весит вдвое больше, чем любая аналогичная выгода — социологи называют это явление неприятием потерь.

По этой причине, пытаясь убедить кого-то в чем-то, не сосредотачивайтесь на его преимуществах; вместо этого подчеркните, как это помогает им избежать недостатков. Кампания по самообследованию молочных желез (ГЭКРМ) использовала две разные брошюры, распространяемые среди женщин с целью распространения информации о ГЭ. В брошюре А говорилось: «Исследования показывают, что женщины, участвующие в ГЭКРС, имеют повышенный шанс обнаружить опухоли на ранней, более поддающейся лечению стадии». В брошюре В говорилось: «Исследования показали, что женщины, которые воздерживаются от проведения BSE, имеют повышенные шансы обнаружить раковые опухоли на ранних и более излечимых стадиях». Исследование показало, что повествование брошюры В (написанное на основе «рамки потери») создало значительно большую осведомленность и поведение меняется, чем в брошюре А (написанной в «рамке заработка»).

Страх потери мотивирует людей больше, чем перспектива получить что-то равноценное, поэтому, если ваш бизнес предлагает изоляционные материалы для дома, эффективный способ побудить клиентов к покупке — показать им, сколько денег они могут потерять без изоляции, а не сколько они могут потерять. с его помощью можно было бы сэкономить, хотя обе суммы остались бы прежними.

На фондовом рынке инвесторы часто игнорируют потери на бумаге, поскольку нереализованные потери менее болезненны, чем реальные; поэтому они остаются инвесторами, хотя шансы на восстановление или дальнейшее снижение могут быть невелики. Однажды я встретил мультимиллионера, который был очень расстроен тем, что в одно мгновение потерял 100 долларов; однако его портфель колебался как минимум на эту сумму каждую секунду! Я пытался объяснить ему, что эта эмоция необоснованна, поскольку его портфель колеблется каждую секунду как минимум на эту величину!

Менеджеры в крупных компаниях обычно призывают сотрудников быть смелее и предприимчивее, однако на самом деле многие сотрудники склонны избегать риска. С их точки зрения, это имеет смысл: зачем рисковать чем-то, что может принести либо увеличенный бонус, либо, что еще хуже, «розовый листок»? В большинстве случаев и ситуаций защита карьеры важнее любого потенциального вознаграждения – поэтому, если вы были озадачены тем, почему ваши сотрудники не склонны к риску, теперь вы знаете, почему (хотя, когда сотрудники действительно идут на значительный риск, это часто происходит под видом групповые решения — подробнее о социальной лености читайте в главе 33).

Зло более могущественно и распространено, чем добро; мы склонны реагировать сильнее, когда на нашем пути встречаются негативные вещи, чем когда происходят позитивные; страшные лица, как правило, больше выделяются на улице, чем улыбающиеся; мы дольше запоминаем плохое поведение – за исключением случаев, когда оно касается нас самих!
См. также «Эффект домашних денег» (гл. 84); Эффект владения (гл. 23), Социальная леность (гл. 33), Эффект дефолта, Ошибка невозвратных издержек и фрейминг, а также эвристика влияния в главе 42 для дальнейшего понимания. (CH 66) .

ПОЧЕМУ ЧЛЕНЫ КОМАНДЫ ЛЕНИВЫ

Социальная леность

В 1913 году французский инженер Максимилиан Рингельманн провел исследование производительности лошадей. К его изумлению, две лошади, тянущие карету, не равнялись вдвое больше, чем одна лошадь в отдельности. Озадаченный этим результатом, Рингельманн обратился к людям; попросив нескольких человек одновременно тянуть веревки вместе и измеряя силу, приложенную каждым из них в отдельности, он обнаружил, что, когда два человека тянутся вместе, они вкладывают в это в среднем 93% своей индивидуальной силы; если объединить три компании, то она упала до 86% инвестиций; когда трое сплотились всего 49%!

Наука называет это явление эффектом социального безделья. Это происходит, когда индивидуальная результативность не так заметна, когда индивидуальный вклад смешивается с коллективными усилиями и не виден непосредственно наблюдателям. Социальное безделье часто случается в гонках гребцов, но не в эстафетах, где индивидуальный вклад становится очевидным. Социальная безделье может быть рациональным поведением: зачем вкладывать всю свою энергию, если хватит и половины? Незаметно срезать путь - это тоже обычная практика - как лошади Рингельмана! В целом, социальное безделье можно рассматривать как форму мошенничества, в котором все мы бессознательно виноваты, точно так же, как это делал Рингельманн, когда работал против них против оппонентов!

Когда люди работают вместе, индивидуальные результаты имеют тенденцию снижаться — и это неудивительно, — но что должно выделяться, так это наш постоянный вклад, несмотря на снижение индивидуальных результатов. Что удерживает нас от того, чтобы просто полностью сдаться и оставить всю тяжелую работу другим? Последствия – отсутствие результатов будет замечено и может привести к серьезным последствиям, таким как исключение из группы или поношение; Эволюция дала нам тонко настроенные чувства, которые позволяют нам различать, насколько безделье может пройти незамеченным от нас самих или обнаружить его у других.

Социальная безделье выходит далеко за рамки физической работоспособности; мы также мысленно расслабляемся. Например, на собраниях, на которых присутствует слишком много участников, как правило, наблюдается более слабое индивидуальное участие, чем на собраниях, когда присутствует всего 20 или 100 человек; Однако как только этот порог будет преодолен, уровни производительности выходят на плато. Состоит ли группа из 20 или 100 человек, не имеет значения, поскольку мы достигли максимальной инерции и максимального потенциала производительности.

Остается один мучительный вопрос: кто придумал, что команды затмевают отдельных людей? Возможно, японский. Тридцать лет назад.

Экономисты-бизнесмены изучили промышленное чудо Японии и наблюдали, как ее фабрики организованы в группы. Затем экономисты-бизнесмены попытались скопировать эту модель с переменным успехом: некоторые команды работали исключительно хорошо, а другие — нет (возможно, потому, что там редко наблюдалось социальное безделье), в то время как в Европе команды, состоящие из разнообразных, но специализированных людей, в целом показывали лучшие результаты; внутри таких групп можно было легко выявить и отследить отдельные действия.

Социальная леность может иметь глубокие последствия. Члены группы склонны ограничивать как участие, так и ответственность за групповые проступки или неправильные решения. Никто не хочет брать на себя вину в одиночку. Одним из вопиющих примеров является судебное преследование нацистов на Нюрнбергском процессе; менее спорно, рассмотрите любой совет директоров или управленческую команду. Мы часто прячемся за командными решениями, чтобы избежать ответственности; эта практика известна как диффузия ответственности. Коллективная динамика также заставляет их идти на больший риск, чем если бы они шли по отдельности; члены склонны полагать, что они не будут нести личную ответственность, если что-то пойдет не так, что приводит к рискованным изменениям. Это явление особенно рискованно среди стратегов компаний и пенсионных фондов, где на кону стоят миллиарды, а также среди оборонных ведомств, где группы решают, когда следует развернуть ядерное оружие.

Вывод: люди ведут себя в группах иначе, чем в одиночку (иначе не было бы групп). Негативные аспекты групп можно компенсировать, делая индивидуальные выступления как можно более заметными – да здравствует меритократия! Да здравствует общество производительности!

Мотивационная скученность (гл. 56); Социальное доказательство (гл. 4); Групповое мышление (гл. 25); Неприятие потерь (гл. 32)

ОКРУЖЕНЫ БУМАГОЙ?

Экспоненциальный рост

Представьте себе, что вы складываете лист бумаги несколько раз пополам, только на этот раз снова складывая его на себя — всего 50 раз? Какова, по вашему мнению, будет его толщина после 50-кратного складывания? Запишите свое предположение, прежде чем продолжить чтение.

Второе задание. Выберите один из двух вариантов снизу. А) В течение следующих 30 дней я буду давать вам 1000 долларов в день. Б) Я буду давать по центу ежедневно, начиная с Дня 1, затем два цента в День 2, затем четыре цента и так далее, пока не наступит День 31, и после этого общая сумма вознаграждения не достигнет восьми центов каждый последующий день. Но быстро решить между А или Б?

Вы готовы? Если предположить, что лист копировальной бумаги имеет толщину примерно 0,004 дюйма, то после 50 сгибов его толщина составит более 60 миллионов миль; что равно расстоянию между Землей и Солнцем, измеренному калькулятором. При ответе на вопрос 2 выбор варианта Б может показаться менее привлекательным, но всего за 30 дней он принесет больше вознаграждений, чем вариант А; вариант А принесет вам 30 000 долларов, а вариант Б — более 5 миллионов долларов!

Линейный рост интуитивно понятен. Но у нас нет ощущения экспоненциального (или процентного) роста – вероятно, потому, что нашим предкам раньше это было не нужно! Их опыт, как правило, был линейным: трата двойного времени на сбор ягод приносила двойную прибыль, а убийство двух мамонтов вместо одного продлевало охоту вдвое. Но сегодня экспоненциальный рост уже не редкость! В каменном веке люди редко сталкивались с экспоненциальным ростом. Теперь все по-другому.

"Каждый год количество дорожно-транспортных происшествий увеличивается на 7%", - предупреждает политик. Чтобы интуитивно понять, что это означает, давайте воспользуемся простой формулой: 70 разделить на 7 = 10 лет, что указывает на то, что количество дорожно-транспортных происшествий удваивается каждое десятилетие (раздел примечаний для дальнейшего объяснения того, почему это число 70?). Это указывает на тревожный сценарий! Если эта цифра кажется вам незнакомой, обратите внимание на логарифм; его определение можно найти там).

Другой пример: инфляция составляет 5%, что заставляет многих думать, что она не представляет особой угрозы – пока не рассчитаешь время удвоения: 70 разделить на 5

= 14 лет, то есть через 14 лет один доллар будет стоить всего лишь стоить вдвое меньше — абсолютная катастрофа для любого, у кого есть сберегательные счета!

Представьте, что вы журналист и сообщаете, что количество зарегистрированных собак в вашем городе ежегодно увеличивается на 10%; как вы сообщите читателям эту новость? Никого это не волнует, поэтому вместо этого объявляем: «Собачий потоп: за 7 лет вдвое больше дворняг!» Никого это не будет волновать - людей не будет волновать и то, что количество регистраций увеличилось на 10%.

Ничто из того, что растет экспоненциально, не будет продолжаться вечно; многие политики, экономисты и журналисты забывают эту истину. Такой рост в конечном итоге достигает своего предела; например, Escherichia coli делится каждые двадцать минут и могла бы покрыть планету за несколько дней, но не может продолжаться, поскольку потребляет больше кислорода и сахара, чем доступно. Поэтому его рост в конечном итоге заходит в тупик и прекращается.

Древние персы понимали трудность, связанную с процентным ростом. Вот интересная местная сказка: один мудрый придворный преподнес королю в подарок шахматную доску и спросил, чем его отблагодарить; его ответ? Накройте его рисом, покрывая по одному зернышку на каждом квадрате, а затем добавьте еще два зерна дважды на каждый квадрат! Удивленный царь Дарий ответил, что для них действительно большая честь, что такие скромные просьбы исходят от таких достойных придворных!

Но сколько риса ему нужно? Сначала он прикинул примерно один мешок. Когда его слуги приступили к выполнению задачи — поочередно размещать по одному зерну на каждом квадрате, пока на квадрат не станет четыре зерна и так далее, — осознавал ли он, что ему нужно больше зерен, чем было доступно на земле?

Когда дело касается темпов роста, не полагайтесь на интуицию — ее у вас нет. Вместо этого примите это. Что действительно помогает, так это использование калькулятора, а в случаях низких темпов роста — использование 70 в качестве магического числа.

См. также: «Простая логика» (гл. 63); Пренебрежение вероятностью (гл. 26); Закон малых чисел (гл. 61)

Контролируйте свой энтузиазм

Проклятие победителя

Техас в 1950-е годы. Десять нефтяных компаний конкурируют за выставленный на аукционе участок земли стоимостью от 10 до 100 миллионов долларов; Когда во время торгов цены растут, все больше фирм отказываются от участия в торгах, пока, наконец, одна компания не предложит самую высокую цену и не выиграет аукцион с лопнувшими пробками от шампанского!

«Проклятие победителя» гласит, что победители аукционов часто оказываются проигравшими, о чем свидетельствуют отраслевые аналитики, отмечавшие, что компании, которые последовательно выходили победителями на нефтяных аукционах, переплачивали, а затем обанкротились – что не должно вызывать удивления, когда оценки различаются между 10 миллионов долларов и 100 миллионов долларов; оценки часто лежат где-то посередине; часто высокие ставки на аукционе превышают их истинную ценность; однако в Техасе нефтяные менеджеры праздновали победу, которая в конечном итоге стала дорогостоящей.

Сегодня это явление затрагивает всех нас. От eBay до Groupon и Google AdWords цены устанавливаются аукционами — от eBay до Groupon и Google AdWords; торги за частоты сотовой связи приближают телекоммуникационные компании к банкротству; аэропорты сдают свои коммерческие помещения в аренду по самой высокой цене; или когда Walmart планирует развернуть выпуск моющих средств, запрашивая тендеры у пяти поставщиков (по сути, аукцион с риском, связанным с победой и проклятием победителя!). Даже Walmart представляет продукцию через аукционы — запросить тендеры у пяти поставщиков — это всего лишь еще один аукцион, только на этот раз с риском быть проклятым!

Интернет-аукционы повседневной жизни распространились и на торговцев. Когда мне нужно было покрасить стены, вместо того, чтобы искать какого-нибудь маляра поблизости, я вместо этого разместил свое объявление в Интернете - 30 маляров со всего 300 миль боролись за него, предлагая такие низкие цены, что я стал невозможен принять - из доброты к торговый центр! Лучшее предложение поступило от человека настолько бедного, что я из сочувствия отклонил его, чтобы избавить его или ее от проклятия победителя!

Первичные публичные предложения (IPO) и слияния и поглощения, чаще называемые слияниями и поглощениями, также можно рассматривать как аукционы. К сожалению, согласно исследованию McKinsey, более половины приобретений уничтожили стоимость!

Почему мы поддаемся проклятию победителя? Есть несколько факторов, которые действуют. Во-первых, реальная ценность многих вещей остается неопределенной. Кроме того, чем больше заинтересованных сторон, тем выше вероятность того, что предложение будет подано с чрезмерным энтузиазмом. Во-вторых, это конкуренция среди поставщиков; Один друг, владеющий заводом по производству микроантенн, рассказал, как Apple спровоцировала ожесточенную тендерную войну за поставщиков при разработке iPhone – каждый хотел получить официальный контракт, даже несмотря на то, что это могло означать финансовые потери в будущем для победивших поставщиков.

Сколько бы вы предложили за 100 долларов? Предположим, вас и оппонента приглашают на аукцион, где побеждает тот, кто предложит самую высокую цену, и на этом этапе оба участника должны представить свои окончательные предложения - насколько высоко будет ваше предложение? С вашей точки зрения, имеет смысл предложить 20, 30 или 40 долларов; ваш оппонент делает то же самое, и даже 99 долларов кажутся разумными при обсуждении 100-долларовых купюр - однако теперь они предлагают вместо этого предложить 100 долларов! Если это останется самой высокой ставкой, он выйдет на уровень безубыточности (заплатив 100 долларов за 100 долларов), тогда как вам нужно будет выложить всего 99 долларов. Пока это самая высокая ставка, оба игрока останутся в выигрыше. Таким образом, вы продолжаете делать ставки. При цене 110 долларов вы гарантированно потеряете 10 долларов; вашему оппоненту нужно будет предложить 109 долларов (его последняя ставка), то есть оба будут продолжать играть до тех пор, пока один или оба полностью не прекратят игру - когда вы прекратите делать ставки и когда ваш конкурент прекратит делать ставки? Проверьте это с друзьями!

Уоррен Баффет дал несколько разумных советов относительно аукционов: «Не ходите». Если в вашей отрасли необходимы аукционы, установите максимальную цену и вычтите из нее 20 % в качестве компенсации против проклятия победителя; запишите это число и ни в коем случае не превышайте его.

Дополнительную информацию см. в разделе «Эффект владения» (гл. 23).

ПИСАТЕЛИ НИКОГДА НЕ ДОЛЖНЫ СПРОСИТЬ ПИСАТЕЛЯ, АВТОБИОГРАФИЧЕСКИЙ ЛИ ЕГО РОМАН

Основная ошибка атрибуции

Открывая газету, вы узнаете, что еще один генеральный директор был вынужден уйти из-за плохих результатов. Между тем, в спортивном разделе вы читаете, что игрок X или тренер Y внесли значительный вклад в победный сезон вашей команды, в то время как книги по истории говорят вам, что Наполеон был ответственным за то, чтобы так успешно руководить своей армией в начале 1800-х годов во Франции. «У каждой истории есть лицо» кажется неотъемлемым правилом любой редакции; журналисты (и их читатели) развивают этот принцип дальше, обращая внимание на любую возможную «человеческую точку зрения». В результате такого «человеческого подхода» многие журналисты (и читатели) становятся жертвами фундаментальной ошибки атрибуции: ошибки, вызванной переоценкой влияния отдельных лиц и недооценкой внешних, ситуативных факторов.

Исследователи из Университета Дьюка провели эксперимент в 1967 году: участники читали аргументы, восхваляющие или порочащие Фиделя Кастро, от назначенного автора, независимо от его реальных взглядов; тем не менее, большинство зрителей считали, что то, что он сказал, отражало его истинное мнение, и игнорировали внешние факторы, то есть профессоров, которые это создали.

Фундаментальная ошибка атрибуции особенно эффективна для упрощения негативных событий до управляемых единиц. Мы часто возлагаем вину за войны на отдельных людей (например, югославский убийца в Сараево взял на себя Первую мировую войну или Гитлер сам начал Вторую мировую войну), хотя войны — это непредсказуемые события со сложной динамикой, которую мы, вероятно, никогда полностью не поймем, как и финансовые рынки. и проблемы климата!

Когда компании объявляют о хороших или плохих результатах, все взгляды, как правило, сосредоточены на их генеральном директоре, несмотря на то, что они знают правду: экономический успех гораздо больше зависит от факторов, находящихся вне их контроля, таких как привлекательность отрасли. Примечательно, как часто фирмы в переживающих трудности отраслях заменяют своего генерального директора по сравнению с тем, как редко это происходит в более процветающих фирмах. Неужели отрасли, сталкивающиеся с трудностями, менее осторожны в своей практике найма? Подобные решения кажутся не менее иррациональными, чем те, которые происходят между футбольными тренерами и их клубами.

Мой родной город, Люцерн в Швейцарии, предлагает мне множество великолепных концертов классической музыки, которые никогда не перестают впечатлять. Однако во время антрактов разговоры, как правило, сосредотачиваются почти исключительно на дирижерах и солистах, а композиция редко попадает в заголовки; за исключением мировых премьер, когда композиторы могут обсуждать это открыто. Почему это? Настоящее чудо музыки заключается в композиции: она создает звуки, настроения и ритмы, казалось бы, из ничего; однако это часто недооценивается из-за нашей неспособности учитывать, что у партитур нет лиц, которые можно было бы сравнивать с дирижерами и солистами, хотя на самом деле эти два элемента составляют исполнение этой партитуры (в отличие от дирижеров, солистов или дирижеров/солистов).

Как писатель-фантаст, я сталкиваюсь с этой фундаментальной ошибкой атрибуции каждый раз после чтения (что само по себе может быть спорным), когда люди спрашивают: «Какая часть вашего романа автобиографична?» В такие моменты мне хотелось бы крикнуть в ответ: «Дело не во мне, а в этой книге, тексте, языке и истории!» но мое воспитание не позволяет часто совершать такие вспышки.

Ошибки атрибуции не следует оценивать строго. Наша озабоченность другими людьми проистекает из нашего эволюционного прошлого: членство в группе было необходимо для выживания - размножение, защита, охота на крупных животных были невозможны без помощи со стороны своего племени - изгнание означало верную смерть; те, кто выбрал сольную жизнь, также часто сталкивались с определенной гибелью.

Но даже те, кто выжил, в конечном итоге покинули генофонд, что еще больше усложнило жизнь последующим поколениям. Наша жизнь зависела и вращалась вокруг других; это объясняет, почему сегодня мы по-прежнему так озабочены ими - до такой степени, что тратим около 90% нашего времени на размышления о других людях и лишь 10% посвящаем рассмотрению других факторов и контекстов.

Вывод: хотя зрелище жизни нам кажется захватывающим, ее обитатели далеки от идеальных персонажей, которые принимают решения, не нуждаясь в посторонней помощи. Они бегают от ситуации к ситуации, а не действуют по собственной воле. Чтобы по-настоящему понять любую современную пьесу или мюзикл, посмотрите за рамки ее исполнителей и обратите пристальное внимание на то, как они влияют на характеры актеров.
См. также «Сюжетная предвзятость» (гл. 13); Иллюзия тела пловца (гл. 2), Эффект заметности (гл. 83), Иллюзия новостей (гл. 99), Эффект ореола (гл. 38) и Ошибка единственных причин (гл. 97)

ПОЧЕМУ НЕ СЛЕДУЕТ ВЕРИТЬ ТОМУ, ЧТО РАССКАЗЫВАЕТ РАССКАЗЧИК

Ложная причинность

Головные вши были неотъемлемой частью жизни на Гебридских островах к северу от Шотландии, и их отсутствие приводило к заболеванию и лихорадке. Чтобы бороться с болезнью и лихорадкой, больные люди намеренно добавляли вшей обратно в свои волосы, чтобы избавиться от лихорадки; как только эти новые вши укоренились и снова заняли свое место, у пациентов начались улучшения.

Исследования, проведенные в одном городе, показали, что чем больше пожарных вызывалось на тушение пожара, тем больше был ущерб. После этих результатов мэр немедленно ввел мораторий на прием на работу и соответственно сократил бюджет на пожаротушение.

Обе истории взяты из книги немецких профессоров физики Ганса-Петера Бека-Борнхольда и Ганса-Германа Дуббена (английской версии, к сожалению, нет). Обе истории иллюстрируют, как может запутаться причинно-следственная связь; когда вши покидают голову инвалида из-за лихорадки, их присутствие становится временным, поскольку начинаются горячие ноги; как только лихорадка спадает, они возвращаются! А более крупные пожары требуют большего количества пожарных, а не наоборот!

Ложная причинность часто вводит нас в заблуждение, и авторы бизнес-книг и консультанты часто используют это ошибочное мышление, чтобы продать нам ложные повествования о причинности. Возьмем, к примеру, заголовок: «Мотивация сотрудников ведет к увеличению корпоративных прибылей». Действительно ли это выдерживает критику, или же люди просто становятся более мотивированными, когда дела у их компании идут хорошо? Аналогичным образом, в другом утверждении говорится, что женщины в советах директоров коррелируют с увеличением прибыльности - но действительно ли это так, или эти фирмы просто с большей вероятностью нанимают больше женщин в советы директоров, чем менее прибыльные фирмы? Эти авторы и консультанты бизнес-книг часто используют подобные ложные (или, по крайней мере, нечеткие) причинно-следственные связи, когда пишут или консультируют по бизнес-книгам или дают советы.

Алан Гринспен почитался как глава Федеральной резервной системы в 90-е годы. Его неясные заявления придавали денежно-кредитной политике вид точной науки, которая удерживала Америку на пути к процветанию, вызывая похвалу со стороны как политиков, журналистов, так и лидеров бизнеса. Однако, к несчастью для этих комментаторов, тесные связи Америки с Китаем (дешевым производителем, который охотно покупал долги США) сыграли гораздо большую роль, чем предполагалось вначале; Гринспену просто повезло, что его политика сработала так хорошо. Так хорошо он отбыл свой срок.

Недавно ученые провели исследования, которые показали, что длительное пребывание в больнице вредно для здоровья пациентов. Эта информация порадовала страховщиков; кто хочет, оставайтесь краткими. Но более длительное пребывание не кажется вредным, поскольку пациенты, которые могут уйти немедленно, здоровее, чем те, кто нуждается в дальнейшем лечении - и, следовательно, длительное пребывание может действительно иметь положительные результаты!

Или возьмем такой заголовок: «Факт: у женщин, которые регулярно используют шампунь XYZ, волосы более сильные». Хотя научные данные могут поддержать такие утверждения, на самом деле это утверждение мало что нам говорит — и меньше всего то, что шампунь делает ваши локоны сильнее! Возможно, женщины с сильными локонами предпочитают использовать именно эту марку - возможно, потому, что на флаконе написано «специально разработано для густых волос».

Недавно я прочитал, что учащиеся, в чьих домах много книг, как правило, получают более высокие оценки в школе. Хотя это исследование, возможно, дало толчок книготорговцам, оно доказало ложную причинно-следственную связь: более образованные родители склонны придавать большее значение образованию своих детей, как и образованные люди, обычно имеющие больше книг дома; даже в этом случае один покрытый пылью экземпляр «Войны и мира» не изменит чьих-либо оценок; важен уровень образования обоих родителей, а также гены!

Ложная причинно-следственная связь была наиболее ярко выражена в Германии между рождаемостью и снижением числа пар аистов в период с 1965 по 1987 год. Обе тенденции казались почти коррелирующими; может ли это означать, что аист действительно приносит детей? Без сомнения, нет; скорее эта корреляция могла быть просто случайной.

Вывод: корреляция не тождественна причинно-следственной связи. Присмотритесь к событиям, связанным корреляцией: иногда то, что кажется причиной, оказывается следствием, и наоборот; в других случаях видимой причинно-следственной связи может даже не быть, как это было с аистами и младенцами.

См. также «Совпадение» (гл. 24); Ассоциативное предубеждение (гл. 48); Кластеризация иллюзий (гл. 3); Сюжетные предубеждения (гл. 13) * Индукция (гл. 31) и Удача новичка (гл. 49)

По своей сути все прекрасны

Фирма Cisco из Силиконовой долины когда-то была отмечена бизнес-журналистами как символ новой экономики, получив восторженные отзывы за фантастическое обслуживание клиентов, отличную стратегию, своевременные приобретения, яркую корпоративную культуру и харизматичного генерального директора. К марту 2000 года она стала самой дорогой компанией в мире.

Когда в следующем году акции Cisco упали на 80%, журналисты изменили свое мнение. Теперь ее конкурентные преимущества воспринимались как пагубные недостатки: обвиняли плохое обслуживание клиентов, неясную стратегию, неразумные приобретения, отстойную корпоративную культуру и скучного генерального директора - однако ни стратегия, ни генеральный директор не изменились; спрос просто снизился из-за краха доткомов, и это изменение не имело к ним никакого отношения.

«Эффект ореола» возникает, когда один аспект целого ослепляет нас и меняет то, как мы воспринимаем его целостность. Cisco была исключительным случаем проявления этого явления: журналисты были ошеломлены ценами на ее акции и считали весь ее бизнес столь же примечательным, не проводя дальнейшего тщательного расследования.

Эффект ореола обычно работает следующим образом: мы берем простые для понимания или поразительные детали о компании, например ее финансовое положение, и экстраполируем на их основе выводы о более сложных для оценки аспектах, таких как заслуги руководства или осуществимость стратегии. Отсюда мы делаем выводы, которые могут быть или не быть точными, например, о том, стоит ли это управленческая ценность или обоснованность стратегии. Иногда успех и превосходство даются там, где этого не должно быть, например, когда мы покупаем продукцию у производителей просто из-за их хорошей репутации - еще одним примером является вера в то, что руководители одной отрасли будут процветать в других секторах, будучи героями и в своей личной жизни!

Эдвард Ли Торндайк открыл «эффект ореола» почти 100 лет назад. Его наблюдение заключалось в том, что индивидуальное качество (красота, социальный статус или возраст) может создавать как положительное, так и отрицательное восприятие, которое подавляет все остальное, например внешний вид. Исследования подтвердили этот вывод посредством многочисленных исследований, подтверждающих нашу предвзятость к красивым людям как к более приятным, честным и умным; привлекательные люди также часто добиваются большего успеха в жизни в целом.

Эти результаты не коррелируют ни с каким мифом о том, что женщины спят на пути к успеху»; действительно, учителя непреднамеренно ставят привлекательным ученикам более высокие оценки, чем менее привлекательным.

Реклама нашла союзника в виде эффекта ореола: только подумайте обо всех знаменитостях, которых мы видим улыбающимися в ответ на телевизионной рекламе, рекламных щитах и журналах. Что делает профессиональных теннисистов, таких как Роджер Федерер, такими экспертами по кофемашинам, остается неясным; тем не менее, это не умаляет успеха их кампаний. Поскольку мы привыкли видеть, как знаменитости поддерживают произвольные продукты, не задаваясь вопросом, почему их поддержка может иметь такое большое значение; именно так работает эффект ореола: подсознательно. Все, что нужно запомнить, — это привлекательные лица, образ жизни мечты, связанный с этим продуктом, а затем бум-бум — успех!

С другой стороны, эффект ореола может привести к большой несправедливости и стереотипам, когда национальность, пол или раса становятся центром внимания. Не нужно быть расистом или сексистом: просто позвольте эффекту ореола затуманить наш взгляд; журналисты, преподаватели и потребители слишком легко становятся жертвами.

Вы когда-нибудь испытывали влюбленность? Если да, то вы понимаете волнение от того, что нашли «одного идеального человека». Они кажутся привлекательными, умными, симпатичными и дружелюбными, в то время как другие могут указать на очевидные недостатки; все, что вы видите, — это милые причуды!

Чтобы уменьшить этот эффект ореола и получить ясность в истинных характеристиках, не ограничивайтесь номинальной стоимостью и исключите самые яркие особенности, которые привлекают ваше внимание. Оркестры часто делают это, проверяя кандидатов перед экраном, чтобы пол, раса, возраст и внешний вид не влияли на их решения; Бизнес-журналисты должны поступить аналогичным образом и рассмотреть возможность выхода за рамки квартальных показателей (фондовый рынок уже обеспечивает это). Копайте глубже: вложение времени и энергии в исследования часто приводит к неожиданным, но зачастую познавательным результатам.

См. также: Фундаментальная ошибка атрибуции (гл. 36); Эффект заметности (гл. 83); Иллюзия тела пловца (гл. 2) Эффект контраста (гл. 10); Ожидания (гл. 62)

Альтернативные пути

Представьте, что вы договариваетесь о встрече с российским олигархом за пределами вашего города, в лесу неподалеку. Вскоре после этого он прибывает с чемоданом и пистолетом; поместив свой чемодан на капот своей машины, чтобы вы могли видеть его содержимое: всего 10 миллионов долларов пачками наличных! Когда его спросили, хотите ли вы сыграть в русскую рулетку, он предложил эту стратегию, предложив вам нажать на один спусковой крючок, чтобы выиграть все - одна пуля с пятью пустыми патронниками сделает все это вашим всего за одно нажатие на спусковой крючок! Вы рассматриваете все возможные результаты: 10 миллионов долларов изменят все; никогда больше не придется работать или переходить от коллекционирования марок к коллекционированию спортивных автомобилей!

Приняв вызов, вы приставили револьвер к виску и нажали на спусковой крючок, услышав слышимый щелчок, прежде чем почувствовать прилив адреналина по телу – но ничего не произошло; комната была пуста! Теперь с деньгами на руках вы переезжаете в один из самых живописных известных вам городов, где наверняка построят роскошные виллы, вызывающие недовольство местных жителей.

Один из ваших соседей, чей дом сейчас находится неподалеку, — опытный юрист, работающий по двенадцать часов в день более 300 недель в году по ставкам, весьма впечатляющим для юристов: 500 долларов в час. Его чистые годовые сбережения после уплаты налогов и расходов на проживание составляют полмиллиона с учетом всех расходов. Вы внутренне улыбаетесь всякий раз, когда он проходит мимо вашего дома: ему понадобится двадцать лет, чтобы догнать вас!

Представьте себе: за 20 лет ваш трудолюбивый сосед сумел накопить 10 миллионов долларов. Однажды приходит журналист и пишет статью о более богатых жителях вашего района, в которой представлены фотографии впечатляющих зданий и вторых жен, которых вы и ваш сосед приобрели, особенности дизайна интерьера и изысканные детали ландшафтного дизайна; но одно ключевое отличие остается скрытым от глаз: риск, который скрывается за каждым из их счетов на 10 миллионов долларов; чтобы эта часть имела смысл, им нужно будет признать альтернативные пути, доступные каждому.

Но не только журналистам не хватает этого навыка – мы все. Альтернативные пути относятся ко всем результатам, которые могли произойти, но не произошли. При игре в русскую рулетку четыре возможных пути ведут к выигрышу в

10 миллионов долларов, а пять других могут привести к вашей смерти, что приводит к резкой разнице. Напротив, для практикующих юристов их возможные пути, как правило, лежат ближе друг к другу; заработок 200 долларов в час в сельской местности; но в городском Нью-Йорке работа в одном из крупнейших инвестиционных банков могла бы приносить им 600 долларов в час, не рискуя пойти другим путем, который мог бы стоить им состояния или жизни.

Альтернативные пути не всегда могут быть видны, и мы редко их рассматриваем. Тем не менее, те, кто спекулирует на мусорных облигациях, опционах и кредитно-дефолтных свопах, чтобы заработать миллионы, должны помнить о многих альтернативных путях, ведущих прямо к краху. Рациональный разум мог бы утверждать, что стоимость 10 миллионов, заработанных более рискованными способами, будет меньше, чем стоимость, заработанная более обыденной работой (хотя бухгалтер может с этим не согласиться).

Недавно я присутствовал на ужине с другом-американцем, который предложил бросить монетку, чтобы узнать, кто должен оплатить счет. К несчастью для него, он проиграл, и эта неловкая ситуация стала еще более неприятной для меня, когда он был моим гостем в Швейцарии. «В следующий раз, — пообещал я, — будь то здесь или дома в Нью-Йорке, я сам покрою половину счета». Он подумал об этом и сказал мне: «Если рассматривать альтернативные пути, возможно, вы уже заплатили половину».

Вывод: риск часто может быть невидимым, поэтому всегда оценивайте возможные альтернативные пути, прежде чем принимать решения, связанные с рискованными сделками. Хотя успех, достигнутый такими рискованными способами, на первый взгляд может показаться привлекательным, для рационального ума он не должен сравниваться с успехом, достигнутым более трудоемкими способами (например, если вы станете юристом, дантистом, лыжным инструктором, пилотом, парикмахером или консультантом). Хотя рассматривать другие пути с внешней точки зрения сложно; заглянуть внутрь себя практически невозможно, поскольку ваш мозг будет работать сверхурочно, убеждая вас в своей ценности, несмотря на любые предполагаемые риски, и будет активно блокировать мысли о выборе путей, отличных от тех, которые рассматриваются в настоящее время.

См. также «Черный лебедь» (гл. 75); Отвращение к двусмысленности (гл. 80), страх сожаления (гл. 82) и предвзятость при самостоятельном выборе (гл. 47)

ЛОЖНЫЕ ПРОРОКИ

Прогноз Иллюзия

Ежедневные эксперты бомбардируют нас прогнозами, но насколько они на самом деле надежны? До недавнего времени никто не удосужился провести расследование; но затем появился Филип Тетлок. За 10-летний период он оценил 28 361 предсказание от 284 профессионалов-самозванцев; его результаты показали лишь незначительное улучшение точности по сравнению с генераторами случайных прогнозов; любимцы СМИ показали особенно плохие результаты, в то время как пророки гибели, такие как те, которые предсказывали крах Канады, Нигерии, Китая, Индии, Индонезии, Южной Африки, Бельгии или даже ЕС. Ни один не взорвался!

Джон Кеннет Гэлбрейт, как известно, заявил: «Есть только два типа прогнозистов: те, кто ничего не знает, и те, кто не осознает, что ничего не знает», заслужив широкую критику в своей профессии. Управляющий фондом Питер Линч далее красноречиво резюмировал это: «В Америке около 60 000 экономистов работают полный рабочий день, пытаясь прогнозировать рецессии и процентные ставки; если бы они сделали это дважды успешно, они бы уже все стали миллионерами; тем не менее, большинство из них продолжают иметь оплачиваемую работу, что нам о чем-то говорит. Это было опубликовано десять лет назад – сегодня это число может утроиться, совершенно не повлияв на качество прогнозирования!

Проблема заключается в том, что эксперты пользуются неограниченной свободой действий с минимальными последствиями. Если эксперт не соответствует ожиданиям или нарушает правила, его действия могут иметь серьезные последствия, которыми трудно управлять и управлять ими эффективно.
Когда они делают это правильно, эксперты получают рекламу, предложения консультационных услуг и сделки с публикациями; когда они его полностью пропускают, к ним не применяются никакие штрафы – финансовые или репутационные. Этот стимул побуждает их выдавать как можно больше пророчеств; действительно, чем больше прогнозов, которые они генерируют, случайно сбываются! В идеале эксперты должны платить в какой-то прогнозный фонд — например, 1000 долларов за прогноз; Если их прогноз сбудется, они получат обратно свои инвестиции плюс проценты, а любые деньги, потерянные из-за неточных прогнозов, вместо этого пойдут на благотворительность.

Так что же именно можно предсказать, а что нельзя? Некоторые вещи довольно легко предсказать; Я примерно знаю, какой вес буду весить в следующем году. Однако по мере увеличения сложности и временных рамок будет возрастать и наша способность предсказывать будущее – это включает в себя глобальное потепление, цены на нефть или обменные курсы; изобретения одинаково непознаваемы: если бы мы знали, какие технологии мы изобретем в будущем, мы бы уже создали их.

Будьте скептичны, встречая предсказания. Я всегда стараюсь улыбаться всякий раз, когда слышу это, а затем задаю себе два вопроса по поводу любых прогнозов, сделанных экспертами: 1) какой у них стимул продолжать делать неверные прогнозы? и 2) если эксперт работает в качестве наемного работника, может ли он рисковать своей работой, если его прогнозы и дальше не оправдаются? Являются ли они платными консультантами, имеющими полномочия в области книг и лекций, или самопровозглашенными гуру, которые зарабатывают на жизнь самостоятельными публикациями или публичными лекциями? Те, кто полагается на внимание средств массовой информации, склонны делать шокирующие предсказания, которые часто остаются незамеченными средствами массовой информации. Во-вторых, каков был их успех за пять лет – сколько прогнозов сделал прогнозист и сколько из них были успешными по сравнению с теми, которые были неправильными – эта информация никогда не должна оставаться незамеченной средствами массовой информации, поэтому, пожалуйста, не публикуйте прогнозы без предоставления послужных данных. от экспертов.

Тони Блэр однажды заявил об этом так: «Я не делаю прогнозов; никогда не было и никогда не будет.
См. также Ожидания (гл. 62); Ошибка планирования (гл. 91); Предвзятость авторитета (гл. 9); Предвзятость ретроспективного взгляда (гл. 14); Эффект самоуверенности (гл. 15); Иллюзия контроля (гл. 17); Гедоническая беговая дорожка (гл. 46) и Черные лебеди (гл. 75)

Крису 35 лет. В подростковом возрасте он изучал социальную философию и с тех пор у него появился интерес к развивающимся странам. После окончания университета Крис два года проработал в Красном Кресте в Западной Африке, а затем вернулся в штаб-квартиру в Женеве в качестве главы отдела помощи Африке еще на три года, прежде чем в конечном итоге получил степень MBA и написал диссертацию по корпоративной социальной ответственности. Теперь кажется вероятным, что либо А) Крис работает в одном из крупнейших банков, где он также курирует его фонд третьего мира, либо Б). Какой сценарий кажется наиболее вероятным?

Большинство людей склонны выбирать вариант Б, однако это неправильный ответ. Б сообщает, что Крис работает в крупном банке, а также что было выполнено дополнительное условие - сотрудники, работающие в фонде банка третьего мира, составляют небольшую группу банкиров; Поэтому вариант А будет более вероятным. Нобелевские лауреаты Дэниел Канеман и Амос Тверски тщательно изучали этот феномен.

Нас, людей, привлекают истории, которые кажутся приятными или правдоподобными; Убедительные или убедительные истории о Крисе, сотруднике гуманитарной организации, увеличивают риск ложных рассуждений. Если бы я поставил этот вопрос иначе, вы, возможно, признали бы все эти дополнительные подробности излишними; например: «Крису 35 лет, и он работает либо А) в банке в Нью-Йорке с офисом на двадцать четвертом этаже с видом на Центральный парк, либо Б) ни в том, ни в другом»

Опять же, возьмем пример закрытия аэропорта Сиэтла и отмены рейсов: какой сценарий наиболее вероятен? В данном случае вариант А более вероятен, поскольку вариант Б предполагает наличие дополнительного условия: плохой погоды. Рассмотрение других возможностей также может закрыть эту проблему, таких как угрозы взрыва, несчастные случаи или забастовки; но, скорее всего, мы не учитываем такие вопросы при рассмотрении правдоподобных историй, таких как А или Б. Теперь, когда вы лучше понимаете этот процесс, проделайте это с друзьями, чтобы увидеть, какой результат наиболее предпочтителен!

Даже эксперты могут стать жертвой ошибки конъюнкции. На международной конференции по будущим исследованиям в 1982 году эксперты – все ученые – на мероприятии, организованном Дэниелом Канеманом, были разделены на две группы: группа А получила его прогноз о том, что потребление нефти снизится на 30%; группа В услышала это как «Резкий рост цен на нефть приведет к снижению потребления на 30%». Затем обе группы должны были указать, насколько вероятным кажется каждый сценарий; быстро стало очевидно, что группа Б чувствовала себя гораздо увереннее в своем прогнозе, чем группа А.

Канеман верит в два типа мышления. Один тип — интуитивный, автоматический и прямой; второй сознательный, рациональный, медленный, трудоемкий и логичный. К сожалению, интуитивное мышление делает выводы задолго до того, как это делает сознательный разум; Я лично испытал это после терактов во Всемирном торговом центре 11 сентября, когда искал полисы туристической страховки с добавлением специального «защиты от терроризма». Хотя другие полисы охватывали все возможные инциденты, включая террористические акты (но я все равно согласился на их предложение!). Еще более нелепой была моя готовность платить больше за то, что казалось привлекательным, но ненужным дополнением!

Вывод: не путайте левое и правое полушарие мозга; интуитивное и сознательное мышление различаются значительно сильнее. Принимая важные решения, помните об этом различии: подсознательно мы склонны предпочитать правдоподобные истории; ищите удобные детали и счастливые концовки, которые кажутся вам правдоподобными, а не те, для выполнения которых требуются дополнительные условия. Помните: дополнительные условия скорее уменьшат, чем повысят вероятность.

См. также «Игнорирование базовой ставки» (гл. 28); Предвзятость истории (гл. 13) 42

ВАЖНО НЕ ТО, ЧТО МЫ ГОВОРИМ, А ТО, КАК МЫ ЭТО ГОВОРИМ

При составлении кадра примите во внимание эти два утверждения:

«Эй, мусорное ведро переполнено!»

«Было бы просто замечательно, если бы ты могла вынести мусор, дорогая».

Тональность создает музыку: важно то, как передается сообщение; Сообщения, переданные по-разному, также будут по-разному восприняты их получателями - на психологическом языке этот метод известен как фрейминг.

Канеман и Тверски провели эксперимент в 1980-х годах, в котором представили два варианта стратегии борьбы с эпидемией; их участникам сказали, что на карту поставлено 600 жизней, причем вариант А или вариант Б спасли 200 из них. Вариант В предлагал только 33% вероятность того, что все 600 человек выживут, и 66% вероятность того, что никто не выйдет живым, при этом ожидалось, что 200 выживших пройдут через оба сценария; большинство респондентов предпочли вариант А варианту Б из-за его более высоких шансов на выживание, веря в мудрость о том, что лучше иметь что-то осязаемое, чем потом проиграть. Переосмысление одних и тех же вариантов стало чрезвычайно увлекательным: «Вариант А убивает 400 человек», а «Вариант Б дает 33%-ную вероятность того, что никто не умрет, и 66%-ную вероятность того, что все 600 человек умрут». На тот момент лишь меньшинство выбрало А, а большинство выбрало Б; исследователи отметили заметный разворот среди почти всех участников; в зависимости от того, изменила ли формулировка («выжить или умереть») полностью принятие решений.

Один пример: исследователи предложили группе людей два вида мяса с маркировкой: на 99% обезжиренное и на 1% обезжиренное, а затем спросили их, какой из них полезнее. Сможете ли вы угадать, что они выбрали? Вы угадали – респонденты выбрали первый вариант, несмотря на его более высокую жирность!

Глянцевое покрытие становится все более популярным видом обрамления. По его правилам, падающая цена акций становится предметом коррекции, а переплаченная цена приобретения становится «гудвилом».
Каждый курс по менеджменту волшебным образом превращает проблемы в возможности или вызовы; увольнение становится возможностью «переоценить свою карьеру», а общение с павшими солдатами рассматривается как шанс создать возможности или решить проблемы.

Смерть на поле боя становится эквивалентом статуса героя войны; независимо от его причины и характера. Геноцид становится «этнической чисткой», а экстренные посадки, например, на реке Гудзон, празднуются как триумф авиации (хотя, конечно, посадка по учебнику могла бы считаться таким триумфом еще больше!). Успешная вынужденная посадка, например, на реке Гудзон, широко отмечается как такое достижение (разве взлетно-посадочная полоса в аэропорту не должна считаться еще большим триумфом авиации?)

Вы когда-нибудь внимательно изучали проспекты и брошюры ETF (биржевых фондов)? Обычно брошюра иллюстрирует недавнюю статистику производительности с достаточным количеством исторических подробностей, чтобы создать привлекательную восходящую кривую, которая известна как фрейминг. Простой кусок хлеба может служить еще одним прекрасным примером — в зависимости от его представления как символического, так и реального тела Христа, он может вызвать разногласия внутри религии, как это наблюдалось в период Реформации 16-го века.

Обрамление также можно эффективно использовать в торговле. Возьмем, к примеру, продавцов подержанных автомобилей: их сообщения побуждают потребителей сосредоточиться только на определенных факторах при рассмотрении вопроса о их покупке, будь то посредством сообщений, передаваемых продавцами, вывесок, рекламирующих определенные характеристики или их собственных критериев. Например, рассматривая подержанные автомобили с небольшим пробегом и хорошими шинами как аргументы в пользу продажи (часто без учета состояния двигателя, состояния тормозов, состояния салона и т. д.) уделяйте больше внимания пробегу/шинам, чем любым другим аспектам. К сожалению, при принятии решения о покупке может быть сложно учесть все возможные плюсы и минусы; Если бы при продаже автомобиля использовались другие рамы, мы, возможно, сделали бы другой выбор, чем сделали.

Авторы – искусные создатели. Криминальный роман быстро стал бы утомительным, если бы на всех его страницах каждое убийство было просто показано так, как оно произошло - «удар за ударом». Несмотря на то, что мы постепенно обнаруживаем мотивы и орудия убийства, кадрирование добавляет в историю драматизма и напряжения.

Вывод: помните, что любое сообщение содержит в себе некоторую степень фреймирования; на любой факт, предоставленный надежными друзьями или опубликованный в заслуживающих доверия газетах, также может повлиять эффект фрейма – даже на содержание этой главы!

См. также Эффект контраста (гл. 10); Контрастная аверсия (гл. 21); Страх сожаления (гл. 82); Неприятие потерь (гл. 32); Взаимность (гл. 6); Эффект якоря (гл. 30) и Эффект спящего (гл. 70).

НАБЛЮДАТЬ И ЖДАТЬ ОЧЕНЬ БОЛЬНО

Предвзятость действий

В ситуациях с пенальти в футболе мячу требуется менее 0,3 секунды, чтобы пройти путь от первоначального бьющего игрока до вратаря; тем самым ограничивая его время для наблюдения за его траекторией, прежде чем принять решение о том, когда его следует снова выбросить. Футболисты, выполняющие пенальти, как правило, одну треть времени наносят удары по центру, одну треть в обе стороны и треть вне центра своих ворот, что не осталось незамеченным для вратарей, которые ныряют либо влево, либо вправо в зависимости от откуда игроки стреляют. Редко игроки остаются стоять в центре, хотя именно туда попадает примерно треть всех мячей. Зачем им рисковать экономить на штрафах, не стоя на месте? Просто потому, что это улучшает качество телевидения; внешний вид играет важную роль. Ныряние в сторону, а не замирание на месте, может выглядеть более впечатляюще и вызывать меньше смущения; это называется предвзятостью действий: выглядеть активным, даже если из этого не следует ничего конкретного.

Это исследование принадлежит израильскому исследователю Михаэлю Бар-Эли, который провел обширные исследования серии пенальти. Не только вратари подвержены предвзятости действий: представьте себе, что группа молодых людей выходит из ночного клуба и начинает кричать и жестикулировать друг на друга, прежде чем начать спорить и втягиваться в споры между собой. Ситуация балансирует на грани полномасштабного насилия, и молодые, и старшие офицеры полиции остаются в режиме ожидания, наблюдая на расстоянии до тех пор, пока не появятся жертвы, и вмешиваясь, когда это необходимо. Если эту ситуацию оставить в руках молодых, неопытных офицеров, она может быстро перерасти в насилие; молодые, нетерпеливые офицеры, поддающиеся предвзятости к действиям, могут немедленно отреагировать и броситься вперед, что часто приводит к жертвам. Согласно результатам исследования, более позднее вмешательство при содействии старших офицеров может привести к снижению потерь.

Предвзятость к действию усиливается, когда человек сталкивается с чем-то незнакомым или неясным. Поначалу многие инвесторы ведут себя подобно молодым, чрезмерно нетерпеливым полицейским возле ночного клуба: их неопытность означает, что они не могут оценить фондовый рынок, поэтому они компенсируют это гиперактивностью; к сожалению, это трата драгоценного времени; Чарли Мангер классно резюмировал этот подход, сказав: «Нам нужна дисциплина, чтобы избегать каких-либо действий только потому, что бездействие становится невыносимым».

Предвзятость к действию существует даже среди высокообразованных кругов. Когда болезнь поражает пациента, даже врачи с учеными степенями часто реагируют отрицательно и затягивают обращение к нему за соответствующим лечением. Как только состояние не может быть правильно диагностировано и врачам приходится выбирать между вмешательством (т. е. назначением чего-либо) или ожиданием и осмотром, их решения о вмешательстве склонны к немедленным действиям, а не к сидению и ожиданию, пока не произойдет что-то окончательное. Такие решения не отражают спекуляцию, а отражают человеческую склонность действовать, а не оставаться в спячке перед лицом неопределенности.

Так что же движет этой тенденцией? В нашей прежней среде охотников-собирателей (которая нас идеально устраивала) действия преобладали над размышлениями. Молниеносная реакция была необходима для выживания; обсуждение может оказаться фатальным. Когда наши предки видели на опушке леса что-то похожее на силуэты саблезубых тигров, они быстро принимали меры; вместо того, чтобы размышлять о том, могло ли что-то быть там, они просто стремились к безопасности, быстро убегая, а не слишком долго задерживаясь на потенциальных угрозах - в отличие от нас сегодня, когда наши инстинкты могут говорить нам об обратном.

Хотя наше общество все больше признает ценность созерцания, прямое бездействие остается серьёзным грехом. Если вы примете правильное решение, выжидая, вас не ждет никакая медаль или статуя с вашим именем; напротив, демонстрация решительности и быстроты принятия решений в случае улучшения ситуации может принести похвалу со стороны работодателей, государственных деятелей или даже мэров; Необдуманные действия, как правило, чаще приводят к победе в обществе в целом, чем разумные выжидательные стратегии.

Вывод: когда мы сталкиваемся с новыми или неопределенными обстоятельствами, наш инстинкт может побуждать сделать что-нибудь, что угодно — независимо от последствий — просто чтобы не чувствовать себя беспомощным или расстроенным. К сожалению, эта тенденция часто имеет неприятные последствия, уводя нас по пути, который ухудшает ситуацию, а не улучшает ее. Хотя ожидание само по себе может не попасть в заголовки газет, если ситуация остается неясной, возможно, было бы разумнее сидеть сложа руки, пока не будет сделана более четкая оценка ваших вариантов; По мнению Блеза Паскаля, «все человеческие проблемы проистекают из того, что человек не может спокойно сидеть в одной комнате в одиночестве» в своем домашнем кабинете.

См. также «Смещение за упущение» (гл. 44); Переосмысление (гл. 90); Прокрастинация (гл. 85); Прежде чем станет лучше, станет хуже. Заблуждение (гл. 12); и неспособность закрывать двери (гл. 68) как возможные факторы неправильного решения проблем с общением.

Почему ВЫ — решение или часть проблемы?

Ошибка упущения

Представьте себе, что вы находитесь на леднике с двумя альпинистами. Один поскользнулся и упал в расщелину; призыв о помощи, возможно, спас его, но вы этого не делаете - вместо этого толкаете их обоих в овраги, где они оба быстро умирают после этого - смерть кого из них больше тяготит вашу совесть?

Рациональное рассмотрение показывает, что оба варианта одинаково отвратительны и ведут к смерти ваших товарищей. Однако что-то заставляет нас оценивать пассивный вариант более благосклонно; это явление известно как «предвзятость бездействия» и возникает, когда как действия, так и бездействие приводят к фатальным последствиям; мы склонны предпочитать бездействие, потому что его результаты кажутся менее тревожными.

Представьте, что вы глава Федерального управления по лекарственным средствам и должны решить, одобрить или нет препарат для неизлечимо больных пациентов с потенциально смертельными побочными эффектами — эти таблетки немедленно убили 20% людей, а за короткий промежуток времени спасли еще 80% жизней. . Каким будет ваше решение?

Большинство, скорее всего, откажут в одобрении; для них прием препарата, убивающего одного из каждых пятых пациентов, кажется гораздо худшим, чем неспособность вылечить от него остальные 80%. Подобные решения прекрасно иллюстрируют предвзятость упущения. Представьте себе, что вы осознаете такую предвзятость, но все равно решаете одобрить это во имя разума и порядочности, только потому, что, когда один из ваших пациентов умирает, начинается возмущение, и вы оказываетесь без работы! Для них, как для государственных служащих или политиков, было бы разумнее – и даже существенно – серьезно отнестись к этой широко распространенной форме предвзятости, одновременно даже поощряя ее!

Прецедентное право показывает глубину такого «морального искажения». Эвтаназия, даже если ее желают умирающие, является незаконной, в то время как преднамеренный отказ от мер по спасению жизни (например, следуя приказам ДНР - приказам не реанимировать) остается законным.

Подобные рассуждения объясняют, почему так много родителей считают вполне приемлемым не прививать своих детей, хотя доказано, что вакцинация существенно снижает риски, связанные с передачей заболеваний.

Хотя вакцинация несет в себе очень небольшой риск побочных эффектов, в целом вакцинация имеет смысл; не только ради самих людей, но и ради общества в целом: люди с иммунитетом не могут заразить других людей своей болезнью и, в свою очередь, распространить ее дальше. Конечно, если бы непривитые дети заболели какой-либо болезнью, они могли бы обвинить своих родителей в том, что они причинили им вред, отказавшись от вакцинации – но это выглядело бы менее серьезно, чем если бы они сами намеренно заразили своих детей!

Предвзятость упущения лежит в основе заблуждений: мы предпочитаем ждать, пока это сделают другие, вместо того, чтобы самим предпринимать шаги, чтобы действовать в соответствии с этим. Инвесторы и бизнес-журналисты более снисходительны к компаниям, которые не производят новую продукцию, чем к тем, которые производят некачественную продукцию, хотя оба пути ведут к краху. Пассивно сидеть на плохих акциях лучше, чем активно покупать плохие; отсутствие фильтров выбросов на угольных электростанциях кажется более выгодным, чем такие шаги, как их удаление из соображений экономии; неспособность изолировать дома кажется предпочтительнее, чем сжигать все это лишнее топливо; недекларирование подоходного налога менее неприятно, чем подача фальшивых налоговых документов, хотя оба пути в любом случае приводят к потерям государства.

Мы рассмотрели предвзятость действия в главе 7. Однако является ли она противоположностью предвзятости бездействия? Не совсем; Предвзятость действий заставляет нас компенсировать отсутствие ясности бесполезной гиперактивностью, когда вещи кажутся неясными или противоречивыми; в то время как предвзятость упущения часто проявляется там, где информация легко различима: понимание может раскрыть будущие несчастья, которых мы могли бы избежать с помощью прямых действий, но это понимание не создает в нас такой большой мотивации, чтобы выступить против него.

Предвзятость упущения может быть трудно обнаружить; действие обычно более заметно, чем бездействие. Студенческие движения 1960-х годов выдвинули против этого эффективный лозунг: «Если вы не являетесь частью решения, то вы являетесь частью проблемы».

Заметки о добровольной ошибке (гл. 65); Предвзятость действия (гл. 43); Промедление (гл. 85).

НЕ ВИНИ МЕНЯ

Корыстная предвзятость

Читаете ли вы регулярно годовые отчеты, уделяя особое внимание тому, что сказал генеральный директор? Если нет, то это прискорбно, поскольку здесь можно найти множество примеров ошибки, которая слишком часто проявляется – корыстной предвзятости. Всякий раз, когда компания добивается успеха, генеральный директор находит время, чтобы подчеркнуть все свои усилия, такие как принятие разумных решений, неустанная работа и развитие инновационной корпоративной культуры. Если у компании был неудачный год, мы читаем о множестве факторов, которые способствовали ее упадку: колебания обменного курса, государственное вмешательство, китайская торговая практика, нарушающая западные стандарты интеллектуальной собственности, скрытые тарифы, снижающие доверие потребителей и т. д. Вкратце: наш разум приписывает успехи и неудачи внешнему, а не внутреннему — это корыстная предвзятость на работе!

Даже если вы никогда не слышали этот термин, средняя школа научила многих учеников значению корыстной предвзятости. Если они получали пятерку, их успех отражался исключительно на них, тогда как неудача означала, что администраторы и преподаватели использовали несправедливые процедуры тестирования.

Но оценки, похоже, больше не имеют значения: возможно, их место занял фондовый рынок. Когда ваш портфель приносит прибыль, вы аплодируете себе; когда он работает плохо, вина возлагается непосредственно на «рынок» (что бы это ни значило) или, возможно, на надоедливого инвестиционного консультанта. Я сам являюсь искусным пользователем корыстной предвзятости: когда мой новый роман стремительно достигает статуса списка бестселлеров, я отмечаю его как свою лучшую книгу; если он проваливается среди новых изданий, это должно означать, что читатели просто не признают его или критики завидуют мне и не признают хорошую литературу в моих книгах!

Исследователи провели личностный тест и случайным образом распределили участников с высокими или низкими баллами; те, кто получил высокие оценки, нашли его тщательным и справедливым; те, кто получил низкие оценки, сочли это совершенно бесполезным. Почему мы приписываем успех себе, а неудачи другим? Существуют различные теории, и, возможно, одно простое объяснение заключается в следующем: это приятно! Более того, эволюция, вероятно, обратилась бы к этому гораздо раньше.
За сто тысяч лет эгоистическая предвзятость была искоренена по мере развития человеческого общества, но в нашем современном мире со множеством скрытых

рисков она может проявиться вновь и быстро привести к катастрофе. Ричард Фулд, которого часто называют самопровозглашенным «повелителем вселенной», вполне мог бы поддержать эту точку зрения; будучи генеральным директором Lehman Brothers до момента подачи заявления о банкротстве в 2008 году, он вполне может по-прежнему претендовать на этот титул, обвиняя в этом действия правительства.

Студенты, сдающие тесты SAT, обычно набирают от 200 до 800 баллов. Когда через год их просят обновить свои оценки, многие склонны увеличивать их примерно на 50 пунктов, никогда не лгая и не преувеличивая цифры, а просто «улучшая» их до тех пор, пока сами не поверят новым цифрам.

В моем доме проживают пять студентов, которых я часто вижу в лифте. Один сказал, что выносил мусор каждый второй или третий раз; другой: каждый третий или четвертый раз; в то время как сосед по комнате №3 утверждал, что делает это примерно в 90% случаев! Их ответы должны были в сумме составлять 100%, но вместо этого сумма составила впечатляющие 320%! Каждый мальчик переоценил свою роль — это свойственно всем людям. Исследования также продемонстрировали это явление среди супружеских пар, каждая из которых предполагает, что они вносят более 50% вклада в здоровье брака.

Так как же нам преодолеть корыстную предвзятость? Есть ли у вас друзья, которые говорят правду без каких-либо ограничений? Если это так, считайте, что вам повезло. Если нет, пригласите хотя бы одного врага на кофе и спросите его честное мнение о ваших сильных и слабых сторонах; вы всегда будете благодарны, что сделали это!

См. также «Предвзятость ретроспективного взгляда» (гл. 14); Эффект самоуверенности (гл. 15); Синдром «не изобретено здесь» (гл. 74); Предвзятость выжившего (гл. 1), Удача новичка (гл. 49), Когнитивный диссонанс (гл. 50); Эффект Форера (гл. 64); «Иллюзия самоанализа» (гл. 67) и «Сбор вишни» (гл. 96), с которыми нужно ознакомиться.

СМОТРИТЕ ВСЕ, ЧТО ЖЕЛАЕТЕ!

ГЕДОНИЧЕСКАЯ БЕГОВАЯ ДОРОЖКА

Представьте себе, что однажды зазвонит телефон и восторженный голос сообщит вам, что вы выиграли лотерейный джекпот в размере 10 миллионов долларов! Какие чувства это вызовет у вас и как долго это продлится? Или может разыграться другой сценарий: кто-то звонит вам и сообщает о потере лучшего друга; еще раз, как бы вы отреагировали и как долго продлится эффект?

В главе 40 мы рассмотрели низкую точность прогнозов в различных областях, таких как политика, экономика и социальные события. Мы пришли к выводу, что самопровозглашенные эксперты не лучше генераторов случайных прогнозов обеспечивают точные прогнозы. Теперь давайте перейдем к другой области: насколько точно мы можем предсказать свои чувства? Являемся ли мы экспертами в себе? Сделает ли выигрыш в лотерею нас счастливее на долгие годы? Гарвардский психолог Дэн Гилберт предполагает иное; его исследования победителей лотереи показывают, что любой положительный эффект быстро рассеивается в течение нескольких месяцев, оставляя людей такими же довольными или недовольными, как и раньше после получения чека - это явление он называет «аффективным прогнозированием»; наша неспособность правильно предсказывать собственные эмоции.

Один банковский руководитель, имея богатый доход, решил построить себе новый дом за городом, мечтая построить виллу с десятью комнатами, бассейном и потрясающим видом на озеро и горы. Его план стал реальностью. Через несколько недель после покупки он сиял от волнения. К сожалению, этот энтузиазм вскоре исчез, и шесть месяцев спустя он был еще более несчастен, чем когда-либо. Почему это произошло? Что ж, исследования показывают нам, что счастье быстро рассеивается всего через несколько месяцев, и вилла больше не олицетворяет его мечты; приходя каждый день домой в нежеланную реальность: открывая дверь и не зная, куда она его привела... Бедняга: его чувства к вилле были безразличны по сравнению с тем, как они относились к его однокомнатной студенческой квартире. Кроме того, теперь им приходилось совершать две одночасовые поездки на работу в день! Исследования показывают, что вождение автомобиля может стать огромным источником недовольства и стресса, и что большинство людей никогда не привыкнут к этому опыту. Таким образом, те, у кого нет естественной склонности к поездкам на работу, скорее всего, будут вынуждены совершать две длительные поездки на работу каждый день (как минимум). Таким образом, вилла мечты моей подруги в целом отрицательно повлияла на ее счастье.

У многих других дела обстоят не лучше: людей, которые меняют свою карьеру или продвигаются по карьерной лестнице, часто постигает та же участь.
Ученые называют это явление гедонистической беговой дорожкой: мы много работаем, развиваемся в финансовом отношении и приобретаем больше богатства, но ничто из этого не делает нас счастливее.

Так как же на нас влияют негативные события, такие как травмы спинного мозга и потеря друзей? Обычно мы переоцениваем их продолжительность и интенсивность - например, когда отношения заканчиваются, может показаться, что жизнь никогда не будет прежней, но примерно через три месяца они снова вернулись к свиданиям и обретению счастья.

Разве не было бы замечательно, если бы мы точно знали, насколько счастливыми нас сделают новая машина, карьера или отношения? К счастью, это то, что мы можем частично измерить. Возьмите эти научно обоснованные рекомендации в качестве руководства при принятии более эффективных и ярких решений: 1) Избегайте негативных вещей, к которым вы не можете адаптироваться со временем, таких как поездки на работу, шумовое загрязнение или хронический стресс. 2) Не слишком полагайтесь на материальные блага, такие как автомобили, дома, лотерейные выигрыши, бонусы или призы, как на источники долгосрочного счастья. 3) Стремитесь к как можно большей свободе и автономии, поскольку длительные позитивные изменения часто возникают в результате позитивных действий по собственной инициативе. Следуйте своим увлечениям, даже если это означает отказ от некоторого дохода; инвестируйте в дружбу; большинство людей обретают прочное счастье благодаря профессиональному статусу, пока он не меняет сразу группы сверстников - другими словами, если вы поднимаетесь на должность генерального директора, одновременно общаясь только с другими руководителями, эффект быстро уменьшается.

Прогноз иллюзий (гл. 40); Неоманию (гл. 69) и зависть (гл. 86) следует рассматривать как признаки опасности, и к ним нельзя относиться легкомысленно.

НАМ ВСЕМ СЛЕДУЕТ ПОМНИТЬ, ЧТО НЕЛЬЗЯ УДИВЛЯТЬСЯ СОБСТВЕННОМУ СУЩЕСТВОВАНИЮ И ЖИТЬ СООТВЕТСТВЕННО!

Когда я ехал из Филадельфии в Нью-Йорк, я застрял в пробке. «Почему это всегда должен быть я?», - сокрушался я, глядя на водителей, едущих на юг, мчащихся на впечатляющей скорости мимо меня с противоположной стороны. Проведя час, ползя вперед черепашьим шагом с частыми остановками для торможения и ускорения, мои мысли блуждали. Действительно ли мне не повезло в жизни или это просто мое восприятие? Очереди в банках, почтовых отделениях и продуктовых магазинах, казалось бы, выбирали меня чаще, чем других, или это было просто восприятие?

Представьте себе, что на этой трассе 10% времени образуется пробка; мои шансы застрять не превышают ее вероятность, но моя вероятность застрять в какой-либо точке моего путешествия превышает эту цифру из-за ограничения моего движения вперед в таких ситуациях; более того, как только один из них возникает и я застреваю, он становится для меня гораздо более заметным, чем если бы он продолжал двигаться с нормальной скоростью.

Аналогичная логика применима к банковским стойкам или светофорам: на средней поездке между А и Б с 10 светофорами один всегда будет красным, а остальные - зелеными; однако вы можете потратить более 10% времени в пути на красный свет светофора, хотя это может показаться неправильным; представьте себе, что вы путешествуете со скоростью, близкой к скорости света: вы, скорее всего, потратите 99,99% (а не 10%) времени в ожидании и проклиная красный сигнал светофора!

Как только мы жалуемся на невезение, разумно опасаться предвзятости при самостоятельном выборе. Когда мои друзья-мужчины жалуются на нехватку женщин в их компаниях, а подруги жалуются на слишком мало мужчин, это не имеет ничего общего с невезением — эти ворчливые люди составляют часть выборки, которая показывает вероятность того, что большинство работников-мужчин работают в отраслях, где доминируют в основном мужчины (или наоборот для работниц). Более того, если вы живете в таких странах, как Китай или Россия, где большая доля представителей обоих полов, это означает, что вы можете стать частью этой более крупной группы и почувствовать себя обделенным. Когда голосование происходит во время выборов, это явление становится наиболее очевидным;
Во время голосования весьма вероятно, что ваш голос будет соответствовать голосу большинства победившего большинства.

Маркетологи часто становятся жертвами предвзятости в отношении самостоятельного выбора. Маркетологи могут попасть в него с помощью маркетинговых опросов, которые пытаются оценить ценность их информационного бюллетеня для клиентов, но охватывают только нынешних подписчиков, которые полностью удовлетворены, имеют время и не отказались от подписки. Таким образом, эти опросы оказываются неэффективными.

Замечания, сделанные моим довольно печальным другом недавно, затронули распространенную предвзятость в отношении самоотбора; только живые существа могут производить такие наблюдения; ничтожества часто не особо задумываются о своем несуществовании. Однако это же заблуждение лежит в основе многих философских работ, которые из года в год удивляются развитию языка; Я сочувствую их изумлению, но считаю их изумление неоправданным; язык просто не существовал бы, если бы мы не поклонялись его чуду; его чудо становится осязаемым только тогда, когда оно подвергается воздействию его окружения - его чудо становится осязаемым только благодаря его существованию в окружающей среде - подобно чуду сотворения или разрушения человеческим разумом!

Забавным является недавний телефонный опрос: компания провела его, чтобы выяснить, сколько в среднем телефонов (стационарных и сотовых) имеется в каждом доме. Они были поражены, узнав, что ни одна семья не утверждала, что у них их нет! Действительно поразительное достижение.

См. также Альтернативные пути (гл. 39); Характеристика-Положительный эффект (гл. 95); Иллюзия тела пловца (гл. 2) для дальнейшего обсуждения.

Предвзятость ассоциации

Кевин трижды представлял совету директоров компании результаты своего подразделения, и каждый раз все прошло безупречно. Кевин считает, что эти зеленые боксеры в горошек — его счастливые трусы!

Кевин не мог удержаться от покупки потрясающего обручального кольца, которое она ему показала; хотя эта сумма в 10 000 долларов значительно превышала его бюджет на второй брак, что-то в этой женщине делало его неотразимым; возможно, ассоциация этого прекрасного предмета с кем-то вселит будущим невестам надежду на то, что она тоже может быть потрясающе красивой?

Каждый год Кевин посещает своего врача для осмотра, и ему обычно говорят, что в 44 года его здоровье в хорошей форме. Однако дважды он уходил с тревожными новостями: один раз из-за аппендикса (который был быстро удален); и еще один из-за первоначально опухшей простаты, которая при дальнейшем осмотре оказалась всего лишь воспалением, а не раком - оба раза Кевин уходил с чувством беспокойства, и оба дня были необычайно жаркими; с тех пор, когда температура во время одного из его посещений осмотра начинает повышаться, он сразу же отменяет его!

Наш мозг — это машина связи. Например, когда мы съедаем неизвестный фрукт и после этого испытываем тошноту, наш разум создает знания. Однако этот метод также создает ложное знание. Русский ученый Иван Павлов первым изучил это явление, используя колокольчики для измерения слюноотделения у собак; позже, однако, один только звук вызывал слюноотделение; создание связей между двумя, казалось бы, несвязанными функциями, такими как звон колоколов и выработка слюны в мозгу животных — например, одного звука достаточно, чтобы вызвать у них слюноотделение.

Метод Павлова одинаково хорошо применим и к людям. Реклама создает связи между продуктами и эмоциями, как, например, Coca-Cola. В результате в рекламе люди с кока-колой появляются со счастливыми лицами, а не с хмурыми лицами или морщинистыми телами, которых вы можете увидеть где-нибудь в реальной жизни. По сравнению с реальной жизнью кокаиновые люди появляются большими группами.

Ложные ассоциации вызваны ассоциативной предвзятостью, которая также снижает качество принятия решений. Мы можем автоматически ассоциировать носителей плохих новостей с их содержанием (так называемый синдром «стреляй в посланника»).

Некоторые руководители и инвесторы могут сознательно или неосознанно избегать негативных новостей, что приводит к неточной картине реальности. Чтобы не стать жертвой ложных связей и не стать жертвой ложных наводок при руководстве группой людей, попросите своих сотрудников как можно быстрее сообщать только плохие новости, чтобы противодействовать синдрому «стрелять в посланника» - верьте, что будет достаточно позитивных новостей. еще придешь! Преодолеть ложные связи путем сверхкомпенсации синдрома «стреляй в посланника» посредством сверхкомпенсации позитивными сообщениями – сверхкомпенсации посредством сверхкомпенсации хорошими новостями!

До появления электронной почты и телемаркетинга коммивояжеры использовали методы продаж от двери до двери. Однажды Джордж Фостер наткнулся на пустой дом, где невидимая утечка наполняла его газом в течение нескольких недель - без его ведома, поврежденный звонок вызвал искру, когда Джордж нажал на него, что вызвало взрыв, который отправил Джорджа прямо в больницу, хотя в конечном итоге он быстро выздоровел. К сожалению, его страх перед дверными звонками остался настолько сильным, что даже спустя годы он не смог вернуться к работе; изо всех сил старался, поскольку мог лишь создать еще одну эмоциональную привязанность, которая не могла измениться, несмотря на то, что он знал, что это маловероятно.

Марк Твен прекрасно выразил это важное послание: «Мы должны извлекать из каждого опыта только те уроки, которые содержатся в нем; чтобы мы не уподобились коту, который сел на горячую крышку печи и обжегся, — никогда больше не садясь ни на горячую, ни на холодную».

Будьте осторожны, когда дела начинаются хорошо; обратите внимание на предвзятость к заражению (гл. 54); Ложная причинность (гл. 37); Удача новичка (гл. 49), а также ошибка доступности и эвристика влияния. (Для получения дополнительной информации по этим темам см. главу 54).

БЕРЕГИТЕСЬ, КОГДА ВСЕ НАЧИНАЕТ ПРОИСХОДИТЬ БЫСТРО

НОВИЧКАМ ВЕЗЕТ

Недавно мы исследовали ассоциативную предвзятость или нашу склонность видеть связи там, где их нет. Например, несмотря на все успехи Кевина с большими презентациями в зеленых трусах в горошек, они не могут гарантировать ему успех каждый раз.

Теперь мы подходим к одной из наиболее сложных форм ассоциативной предвзятости: созданию искусственной связи с прошлым. Игроки казино хорошо знают эту тактику: они называют ее удачей новичка. Новички в игре, которые проигрывают в первых раундах, часто мудро сбрасывают карты, в то время как тот, кому повезло, имеет тенденцию продолжать. Однако, когда новичкам везет, их уверенность может заставить их еще больше увеличить ставки - только для того, чтобы позже они обнаружили, что вскоре после этого вероятности вернулись к средним уровням!

Удача новичка играет важную роль в экономическом успехе. Представьте себе компанию A, которая последовательно без происшествий приобретает более мелкие компании B, C и D и успешно завершает каждое приобретение, укрепляя свою уверенность, поскольку каждое слияние оказывается слишком сложным для управления, а предполагаемый синергический эффект невозможно реализовать, несмотря на объективные доказательства, указывающие в этом направлении из предыдущих приобретений - только для того, чтобы новичкам посчастливилось скрыть их от этой реальности.

Аналогичные тенденции произошли и с фондовой биржей. Привлеченные первоначальным успехом, многие инвесторы в конце 90-х годов вложили свои сбережения и даже кредиты в интернет-акции, не подозревая, что их замечательные прибыли в то время были обусловлены не какими-либо способностями к выбору акций, основанными на знаниях, а просто восходящей рыночной тенденцией. ; даже те, кто не имел каких-либо предварительных знаний об инвестировании, часто получали огромные выигрыши, когда дела, наконец, пошли вниз. Однако когда этот импульс наконец угас, многие остались перед горами долгов доткомов.

Как было видно во время недавнего жилищного бума в США, многие люди попались в эту ловушку: дантисты, юристы, учителя и таксисты бросили свою карьеру, чтобы «перепродать» дома с целью получения прибыли – скупая их по выгодным ценам, а затем немедленно продавая их обратно по более высокой цене. цены - ведут их по опьяняющему пути к огромным прибылям, но на самом деле они мало связаны с реальной жизнью или их карьерой.

Жилищный бум позволил процветать даже брокерам-любителям; инвесторы взяли на себя огромные долги, поскольку они покупали все больше и больше особняков, и когда пузырь в конце концов лопнул, у них осталась только непродаваемая недвижимость в качестве активов.

История предоставляет нам множество свидетельств удачи новичка: ни Наполеон, ни Гитлер не начали бы военные действия против России без предыдущих побед в более мелких сражениях, подкрепляющих их.

Но как отличить удачливость новичка от настоящего таланта? Хотя не существует четкого правила, помогающего принять такое решение, два совета могут оказаться эффективными: во-первых, если ваши результаты постоянно превосходят результаты других в течение длительного периода, вероятно, определенную роль играет талант. Во-вторых, когда за ваш бизнес конкурирует больше конкурентов, увеличиваются шансы на то, что кто-то добьется успеха и станет лидером рынка на несколько лет - возможно, вы! Когда это произойдет среди десяти конкурентов, гордитесь тем, что вы являетесь лидером рынка! Однако попадание в число ведущих игроков (на финансовых рынках) можно рассматривать как свидетельство таланта; но если вы окажетесь лидером среди 10 миллионов игроков в один конкретный год - что может произойти достаточно легко с участием самых разных игроков - не начинайте пока визуализировать империю, подобную Баффету; скорее всего, вам просто повезло!

Посмотрите и подождите, прежде чем делать какие-либо окончательные выводы. Удача новичка может быть разрушительной; Чтобы защититься от заблуждений и опровергнуть теории, как это сделал бы успешный ученый, я отправил свой роман «Тридцать пять» в одно издательство, где он был немедленно принят; на мгновение это показалось гениальным успехом (шансы на то, что этот издатель возьмется за это, составляли 1/15 000. Чтобы проверить свою теорию дальше, я затем разослал копии еще 10 крупным издателям... и получил 10 писем с отказом, в которых излагалась моя идея). быстро вернуться на землю.

См. также: Предвзятость выжившего (гл. 1); Корыстная предвзятость (гл. 45); Предвзятость ассоциации (гл. 48); Ложная причинность (гл. 37); Иллюзия мастерства (гл. 94)

СЛАДКАЯ МАЛЕНЬКАЯ ЛОЖЬ

Когнитивный диссонанс

Лиса медленно подкралась к виноградной лозе и с тоской посмотрела на обильный пурпурный виноград. Он прижал передние лапы к его стволу, вытянул шею и попытался дотянуться до них, но они были слишком высоко. Раздраженный, он предпринял еще одну попытку – его челюсть щелкнула только на воздухе. Наконец он прыгнул изо всех сил и снова приземлился на землю со слышимым стуком; ни один лист не сдвинулся с места. Высоко подняв голову, он направился обратно в лес – по крайней мере, так думала лиса.

Эзоп, греческий поэт, создал эту басню, чтобы подчеркнуть одну из самых распространенных ошибок в логике. Несоответствие возникло, когда лис намеревался что-то сделать, но потерпел неудачу, создав несоответствие, которое можно разрешить только одним из трех способов: А) каким-то образом заполучить виноград Б) признать, что его навыков может быть недостаточно В) признать свои некомпетентность

в) ретроспективно интерпретируя произошедшее. Этот подход представляет собой когнитивный диссонанс или его разрешение.

Представьте себе, что вы купили новую машину и быстро пожалели о своем выборе: ее двигатель звучит так, будто он взлетает, а водительское сиденье неудобно. И что ты тогда делаешь? Возврат будет означать признание ошибки и, скорее всего, не вернет вам все деньги; так что в качестве альтернативного подхода вы можете убедить себя, что громкие двигатели и неудобные сиденья являются частью его функций безопасности, не давая вам заснуть за рулем; без сомнения, эти умные решения были хорошо продуманными покупками, которые принесли с собой радостные впечатления!

Леон Фестингер и Меррилл Карлсмит из Стэнфордского университета однажды попросили своих студентов выполнить один час утомительной, монотонной работы, а затем разделили их на две группы. Члены группы А получили в качестве компенсации 1 доллар (это был 1959 год); участники группы В получили 20 долларов; позже им пришлось рассказать, как они на самом деле все это нашли – как ни удивительно, те, кто получил всего один доллар, нашли это гораздо более приятным и увлекательным! Почему они это сделали? Просто потому, что одного жалкого доллара не было для них достаточным стимулом для откровенной лжи; поэтому вместо этого они убедили себя, что работа не так уж и плоха; в том же духе, что лиса Эзопа переосмыслила ситуацию иначе, как и эти студенты. Более того, тем, кто получил больше, не нужно было оправдывать то, что они сделали, поскольку они уже совершили ложь, получив при этом компенсацию в размере 20 долларов в качестве справедливой выплаты. Эти студенты не испытывали когнитивного диссонанса.

Представьте себе, что вы подаете заявку на работу и проигрываете другому кандидату. Вместо того, чтобы признать, что они, возможно, были более квалифицированы для этой роли, чем вы, вы убеждаете себя, что на самом деле вы не заинтересованы в этой конкретной роли; Все это время это был просто эксперимент, целью которого было выяснить, позволит ли ваша «рыночная стоимость» принести вам приглашение на собеседование.

Недавно я испытал нечто подобное, когда столкнулся с выбором между инвестированием в две акции. Тот, который я выбрал, быстро упал в цене вскоре после покупки, в то время как акции другого, неинвестированного, взлетели до небес – я просто не мог заставить себя признать свою ошибку! На самом деле, как раз наоборот: я хорошо помню, как убеждал друга, что, хотя акции испытывают проблемы с прорезыванием зубов, в целом у них все равно больший потенциал. Когнитивный диссонанс может объяснить эту, казалось бы, иррациональную реакцию. Как напомнил мне мой друг, «потенциал» был бы еще больше, если бы я отложил покупку акций до сегодняшнего дня. Эзоп предостерег от такого сценария: «Можешь сколько угодно стараться быть умным, но в конечном итоге ты не добьешься ни капли винограда».

См. также «Эффект владения» (гл. 23); Корыстная предвзятость (гл. 45); Предвзятость подтверждения (гл. 7-8); «Потому что оправдание» (гл. 52) и оправдание усилий (гл. 60).

Наслаждайтесь каждым моментом, как будто он последний; но только по воскресеньям!

Гиперболическое дисконтирование

Слышали ли вы поговорку: «Живи каждый день так, как будто он последний»? Кажется, оно появляется как минимум трижды в журналах, посвященных образу жизни, и в пособиях по самопомощи; но, несмотря на такую проницательную пословицу, она никак не влияет на ваш ум! Представьте, что произошло бы, если бы вы последовали этому совету буквально: вы бы больше не чистили зубы, не мыли голову, не убирались в квартире, не приходили на работу и вовремя не оплачивали счета? Несомненно, в мгновение ока вы обанкротитесь, заболеете и, возможно, даже попадете за решетку - однако смысл этого слова остается по своей сути благородным; он выражает стремление и стремление к непосредственности, которые слишком часто отдаются приоритету над рациональным мышлением; жить полной жизнью сегодня, не беспокоясь о завтрашнем дне, — это просто неразумный жизненный совет.

Вы бы предпочли получать 1000 долларов в течение одного года или 1100 долларов в течение двенадцати и месяца? Большинство людей, скорее всего, выберут последнее – с ежемесячной процентной ставкой 10% годовых! Кроме того, дополнительные две недели ожидания могут принести большую прибыль, и это будет более разумное решение, чем слишком долгое ожидание!

Еще два вопроса. Вы бы предпочли получить 1000 долларов наличными сегодня или подождать месяц и получить еще 1100 долларов? Скорее всего, сегодня большинство людей предпочли бы наличные; тем не менее, это удивительно, потому что даже ожидание на один месяц приносит в обоих случаях дополнительные 100 долларов; в одном случае это кажется достаточно очевидным, тогда как в другом может потребоваться терпение и размышление, прежде чем ответить соответствующим образом. «Какой еще год?» возможно, вы спрашиваете себя. Не в этом случае; Однако когда мы говорим «сейчас», наш мозг часто принимает непоследовательные решения, и наука называет это явление гиперболическим дисконтированием. Проще говоря, по мере того, как награды становятся ближе, наша «эмоциональная процентная ставка» увеличивается, и мы готовы отдать больше в обмен на них. К сожалению, большинство экономистов до сих пор не понимают, что люди непоследовательно и субъективно реагируют на процентные ставки; следовательно, их модели полагаются на постоянные процентные ставки, что весьма сомнительно.

Гиперболическое дисконтирование или наше стремление к мгновенному вознаграждению проистекает из нашего животного прошлого. Животные никогда не откажутся от немедленной награды, которая поможет им быстрее выжить.
Ваши крысы плохо поддаются дрессировке; они не откажутся сегодня от одного куска сыра, чтобы завтра получить больше. Да, белки собирают пищу и сохраняют ее для последующего употребления; однако такое поведение не имеет ничего общего с контролем импульсов или обучением.

А что насчет детей? В 1960-х годах Уолтер Мишель провел эксперимент по отложенному удовлетворению, который вы можете найти, выполнив поиск на YouTube по запросу «зефирный эксперимент». Каждой группе четырехлетних детей давали по одному зефиру, чтобы они либо съели сразу, либо подождали несколько минут и получили еще один; к сожалению, для большинства детей ожидание было невозможным; Однако еще более впечатляюще Мишель обнаружил, что способность откладывать удовлетворение является показателем будущего успеха в карьере, показывая тем самым, что терпение действительно является добродетелью.

С возрастом приходит больший самоконтроль, и становится легче откладывать вознаграждение. Вместо того, чтобы ждать двенадцать месяцев, чтобы принести домой дополнительные 100 долларов, мы могли бы с радостью подождать тринадцать месяцев, если бы возникла немедленная награда; например, непомерные банковские процентные ставки по долгам по кредитным картам или краткосрочные потребительские кредиты, которые охотятся на наше желание мгновенного удовлетворения.

Вывод: хотя мгновенное вознаграждение может быть очень заманчивым, гиперболическое дисконтирование остается недостатком. Когда мы обретаем контроль над своими импульсами – например, при употреблении алкоголя – тем лучше нам удается избежать этой ловушки; в противном случае мы становимся уязвимыми. С другой стороны, если вы продаете потребительские товары, предоставьте клиентам доступ к ним немедленно, поскольку некоторые могут доплатить, чтобы им не приходилось ждать, и Amazon в полной мере этим пользуется; часть надбавки за доставку на следующий день идет прямо в их казну! Напоминание каждую неделю поможет избежать этой ловушки.

См. «Усталость от принятия решений» (гл. 53); Простая логика (гл. 63) и прокрастинация (гл. 85).

Причина и оправдание

Пробка между Лос-Анджелесом и Сан-Франциско из-за ремонта наземного покрытия заняла тридцать минут моей поездки, прежде чем в конечном итоге превратилась в хаос в моем зеркале заднего вида - по крайней мере, я так думал. Однако через полчаса снова начались работы по техническому обслуживанию, но, как ни странно, уровень моего разочарования значительно снизился, поскольку обнадеживающие знаки вдоль дороги гласили: «Мы ремонтируем это шоссе для вас!»

Варенье напомнило мне эксперимент, проведенный гарвардским психологом Эллен Лангер в 1970-х годах. Для этого она пошла в библиотеку и подождала возле копировального аппарата, пока вокруг него не выстроится очередь, прежде чем подойти к первому пользователю и сказать: «Извините, мне нужно скопировать пять страниц; могу ли я воспользоваться вашим ксероксом? Ее успех составил 60%. Чтобы увеличить его до 94%, она повторила эксперимент, оправдываясь: «Извините. Мне нужно напечатать пять экземпляров сейчас. Могу ли я воспользоваться вашим ксероксом из-за нехватки времени? Почти в каждом случае ей разрешали продолжить. Это было понятно: спешащие люди часто выходили в начало очереди, даже не понимая, почему. Она попробовала еще раз, на этот раз сказав: «Извините, могу ли я пойти раньше вас, потому что мне нужны копии?» К ее изумлению, это почти всегда оказывалось успешным (93%).

Оправдание нашего поведения повышает терпимость и готовность помочь. Использование оправдания типа «потому что» кажется достаточным; неважно, хорошее ли оправдание, которое вы даете, почему они так себя ведут, или нет; это так же эффективно! Табличка с надписью «Мы ремонтируем шоссе для вас» только запутает ситуацию; В любом случае любая ремонтная бригада с таким же успехом могла бы выполнять свою работу в другом месте на шоссе! Видение того, что происходит, успокаивает и успокаивает, а не держит в неведении. В конце концов, нет ничего более расстраивающего, чем быть в неведении!

У выхода A57 аэропорта имени Джона Кеннеди я с нетерпением ждал рейса 1234, когда по громкоговорителю прозвучало объявление: «Внимание, пассажиры. Рейс 1234 в настоящее время задерживается на три часа. Я решил подойти к стойке регистрации, чтобы узнать причину, и вернулся через 15 минут, не получив ни ответа, ни объяснений по поводу его задержки.
Я был в ярости; как они посмели оставить нас ждать в неведении! Другие авиакомпании, по крайней мере, имели совесть сообщить своим пассажирам: «Рейс

5678 задержан на три часа по оперативным причинам» — такое неубедительное оправдание, по крайней мере, обеспечило бы достаточный комфорт.

Кажется, люди одержимы использованием слова «потому что» даже тогда, когда в этом нет необходимости; как лидеры мы, несомненно, стали свидетелями этой тенденции; без эффективного призыва к сплочению мотивация сотрудников быстро ослабевает. Простое заявление о том, что ваша обувная компания существует для производства обуви, больше не производит впечатления: сегодня свою роль должны играть и более высокие цели и истории, стоящие за вашей историей – например, вы хотите, чтобы ваша обувь произвела революцию на рынке (что бы это ни значило); Обеспечение поддержки лучшего мира (или заявление Zappo о том, что он занимается бизнесом счастья) — все это важные части осмысления бизнес-решений сегодня, если мы хотим успеха (что бы это ни значило).

Если фондовый рынок вырастет или упадет на полпроцента, комментаторы рынка не предложат никакого правдоподобного объяснения – что это было вызвано белым шумом или бесконечной серией рыночных движений. Вместо этого людям нужны веские причины, и комментаторы выберут кого-то, кого можно обвинить; их объяснения часто кажутся бессмысленными, поскольку в них часто упоминаются заявления президентов Федерального резервного банка как виновников.

Если кто-нибудь спросит, почему вы еще не выполнили задачу, простой ответ может быть: «Потому что я еще не дошел до этого». Хотя на первый взгляд это может показаться смешным, но обычно это помогает, без необходимости придумывать более правдоподобные причины, чтобы не завершать задачу немедленно.

Однажды я наблюдал, как моя жена кропотливо отделяла черное белье от синего. Мне это показалось ненужным, поскольку оба темных цвета одинаково важны, однако благодаря этой практике моя одежда не протиралась на протяжении многих лет. "Зачем ты делаешь это?" Я спросил ее; на что она ответила: «Потому что я предпочитаю стирать их отдельно». Для меня этого было достаточным объяснением.

Никогда не выходите из дома, не употребив «потому что». Это простое, но эффективное слово помогает облегчить человеческое взаимодействие, и его следует использовать свободно.

См. также «Когнитивный диссонанс» (гл. 50); Предвзятость истории (гл. 13) и заблуждение единой причины (гл. 97)

Усталость от принятия решений

В течение нескольких недель вы неустанно работали над этой презентацией. Ваши слайды PowerPoint отполированы до блеска; каждая цифра в Excel оказалась точной; презентация демонстрирует кристально чистую логику. Все зависит от этого шага — в случае успеха все зависит от него — получение одобрения генерального директора будет означать повышение до должности исполнительного директора; в противном случае это может привести к назначению пособия по безработице или немедленному увольнению! Помощник вашего начальника предлагает три возможных временных интервала: 8.00 утра, 11.30 утра. или 18:00 – где это должно произойти?

Психолог Рой Баумейстер и Джин Твендж однажды заполнили целый стол сотнями недорогих предметов — от теннисных мячей и свечей до футболок, жевательной резинки и банок из-под кока-колы. Затем они разделили своих студентов на две группы; те, кого считали лицами, принимающими решения, были выделены отдельно, а те, кто не участвовал, были названы не принимающими решения. Он сказал первой группе: «Я покажу вам наборы, содержащие по два случайных предмета одновременно, и каждый раз вам придется выбирать между двумя вариантами — в конце моего эксперимента я подарю один из них вам на память». Они считали, что от их решений будет зависеть, какой предмет из каждого набора они оставят. Он дал указание второй группе: «Запишите, что вы думаете о каждом предмете, и я случайным образом выберу один предмет и подарю вам в конце». Вскоре после этого он поручил каждому ученику опустить руку в источник ледяной воды как можно дольше и сохранять это положение до тех пор, пока его не отпустят. Психология использует этот тест как классический показатель силы воли или самодисциплины; те, кому не хватает силы воли, быстро выдернут руку из ледяной воды, при этом лица, принимающие решения, отдернутся быстрее, чем те, кто не принимает решения, поскольку их интенсивное принятие решений истощило их силу воли - эффект, подтвержденный во многих других экспериментах.

Принятие решений может быть утомительным. Любой, кто настраивал свой компьютер онлайн или исследовал длительные поездки (включая перелеты, отели, мероприятия, рестораны и погоду) слишком хорошо это знает: после сравнения, рассмотрения и выбора можно почувствовать утомление после всего, что потребовалось для сравнения, рассмотрения и выбора. место — наука называет это явление усталостью от принятия решений.

Усталость от принятия решений может быть опасной: как потребитель вы становитесь более восприимчивыми к рекламным сообщениям и импульсивным покупкам; Как руководитель, принимающий решения, ваша способность принимать здравые решения может значительно снизиться.

Сила воли может быть подобна аккумулятору: через некоторое время он разряжается и требует подзарядки. Один из способов сделать это — сделать перерыв, чтобы расслабиться и что-нибудь съесть; в противном случае сила воли резко упадет, когда уровень сахара в крови упадет слишком низко; ИКЕА знает это лучше, чем кто-либо; именно поэтому его рестораны удобно расположены в магазинах, поскольку во время путешествия по лабиринтам витрин и высоким складским полкам наступает усталость от принятия решений, и быстро наступает усталость от принятия решений; пожертвуйте некоторой прибылью ради шведских угощений, которые могут помочь пополнить уровень сахара в крови, прежде чем продолжить поиск идеальных подсвечников перед возобновлением!

Четверо заключенных в израильской тюрьме обратились в суд с ходатайством о досрочном освобождении, начиная со случая 1 в 8.50 утра: араб приговорен к 30 месяцам заключения за мошенничество; Случай 2 (назначенный на 13.27) касается еврея, отбывающего 16 месяцев наказания за нападение; Случай 3 был назначен на 15:10). Дело 1 (назначенное на 16.35) касалось еврея, которому дали 16 месяцев за нападение; В четвертом случае араб был приговорен к 30 месяцам заключения за мошенничество. Как судьи принимали свои решения? Более важным, чем лояльность или строгость задержанных, была их усталость от принятия решений. Судьи удовлетворили ходатайства 1 и 2, поскольку уровень сахара в крови у них еще не нормализовался после завтрака или обеда, но отклонили ходатайства 3 и 4 из-за недостаточного запаса энергии, чтобы рисковать досрочным освобождением. Они выбрали простой вариант (статус-кво), оставив мужчин в тюрьме. Изучение сотен приговоров показывает, что только в течение одного заседания процент «смелых» решений постепенно падает с 65% почти до нуля, а затем возвращается обратно после перерыва - вот и все для Леди Справедливости! Однако не все потеряно: теперь вы знаете, когда лучше представить свой проект генеральному директору.

См. также: Парадокс выбора (гл. 21); Гиперболическое дисконтирование (гл. 51); Простая логика (гл. 63) и Эффект по умолчанию (гл. 81).

ВЫ НОСИТЕ СВИТЕР ГИТЛЕРА?

Предвзятость к заражению

После падения Каролингской империи во Франции в девятом веке Европа погрузилась в анархию. Графы, полководцы, рыцари и другие местные правители часто участвовали в кровопролитных сражениях; их воины грабили фермы, насиловали женщин, топтали поля, похищали пасторов с церковных служб, захватывали пасторов в заложники и поджигали монастыри; и церковные власти, и фермеры были бессильны против непрекращающихся войн этих дворян.

В десятом веке французский епископ придумал впечатляющий план. Он пригласил всех принцев и рыцарей Франции собраться на одном поле, в то время как священники, епископы и аббаты собирали все реликвии, которые они могли найти в этом регионе, и выставляли там на обозрение. На первый взгляд это было захватывающее зрелище: кости, пропитанные кровью лохмотья, кирпичи и плитки со следами общения между святыми. Тогда епископ, как человек, пользующийся уважением, обратился к дворянам, присутствовавшим у святых мощей, горячо с призывом отказаться от насилия над безоружными жертвами и нападений на безоружных мирных жителей. Чтобы еще больше подчеркнуть свои требования, он размахивал перед ними окровавленной одеждой и священными костями в качестве еще одного доказательства. Дворяне, должно быть, относились к таким символам с большим почтением; Уникальный призыв епископа Григория к их совести распространился по всей Европе, призывая к «миру и перемирию Божиему». По мнению американского историка Филипа Дейлидера, никогда не следует недооценивать страх, связанный со святыми в этот период или с реликвиями святых.

Вам, как образованному человеку, может быть легко посмеяться над этими суевериями, посчитав их глупыми. Однако подумайте вот о чем: стали бы вы носить то, что когда-то носил Гитлер? Вряд ли – возможно, это покажет, что ваше уважение к невидимым силам все еще осталось. Свитер больше не олицетворяет никакой связи с Гитлером; на нем нет ни капли его пота – однако его ношение все равно вызывает чувство стыда и уважения к тому, что представляет его автор. Без сомнения, мы хотим создать идеальный образ как для наших собратьев, так и для самих себя; однако сама по себе эта мысль может оттолкнуть нас, даже когда мы одни, и мы убеждаем себя, что прикосновение к такой одежде никоим образом не поддерживает Гитлера. К сожалению, подобные эмоциональные реакции сложно преодолеть даже тем, кто считает эту тему важной, например, политикам.
Даже людям, считающим себя в высшей степени рациональными, иногда трудно развеять любую веру в таинственные силы (включая меня).

Пол Розин и его коллеги-исследователи из Пенсильванского университета обнаружили, что мистифицирующие способности нельзя просто отключить. Испытуемые приносили фотографии своих близких, по которым затем нужно было стрелять дротиками, не причиняя вреда изображенным; хотя их выдержка и точность по сравнению с обычными мишенями оказались гораздо ниже - как будто какая-то невидимая сила мешала им поразить эти драгоценные фотографии.

Предвзятость заражения относится к нашей неспособности отделить себя от определенных объектов — будь они давними или более косвенно связанными (как в случае с фотографиями). Моя подруга работала военным корреспондентом на французском общественном телеканале France 2. Как и пассажиры круиза по Карибскому морю, моя подруга также собирала сувениры из своих приключений - например, соломенные шляпы или раскрашенные кокосы с каждого острова, который она посетила - в качестве напоминания о каждом приключении. в том числе один в Багдад в 2003 году. Вскоре после того, как американские войска штурмовали правительственный дворец Саддама Хусейна, она пробралась в его личные апартаменты. Оказавшись внутри, она быстро заметила в обеденной зоне шесть позолоченных бокалов для вина и быстро сбежала с ними. Недавно на одном из ее званых обедов в Париже мое внимание привлекли кубки, занимавшие почетное место на обеденном столе - один гость спросил ее, не из Лафайета ли они; когда я упомянул ей о Саддаме Хусейне, она небрежно ответила: «Нет, они от Саддама». Чрезвычайно расстроенный гость был шокирован и начал бесконтрольно кашлять, что заставило меня прокомментировать: «Вы осознаете, сколько молекул Саддама уже являются частью вас, дыша в одиночестве?» Я спросил. Его кашель усилился.

См. также Предвзятость ассоциации (гл. 48); Более подробную информацию можно найти в разделе «Эвристика влияния» (гл. 66).

ПОЧЕМУ НЕТ СРЕДНЕЙ ВОЙНЫ

Представьте себе, что вы едете на автобусе с 49 другими людьми, когда на одной остановке садится самый тяжелый человек в Америке; в то время, на какой процент с тех пор увеличился средний вес пассажиров? Может быть, четыре процента? Пять? Напротив, на другой остановке на борт садится Билл Гейтс; теперь наше внимание должно быть сосредоточено не на весе, а на богатстве - насколько увеличилось богатство с четырех процентов и пяти процентов соответственно? Ни один из сценариев не верен!

Давайте быстро посчитаем наш второй пример. Первоначально каждый человек с активами в 54 000 долларов представляет собой статистическое среднее значение, или медиану. Теперь добавьте к этой смеси Билла Гейтса, состояние которого оценивается примерно в 59 миллиардов долларов, и посмотрите, как быстро среднее богатство увеличилось более чем на два миллиона процентов, увеличившись почти на два миллиарда процентов; делая любое понятие «среднего» совершенно бессмысленным.

Нассим Талеб в своих работах по теории вероятностей советует не пересекать реки, средняя глубина которых составляет четыре фута, из-за риска, который они представляют при их пересечении, если их глубина превышает четыре фута. Реки могут казаться мелкими (всего несколько дюймов) на длительных участках, а затем внезапно превращаются в потоки глубиной двадцать футов, которые угрожают вашей жизни при переходе через них. Средние значения часто могут маскировать детали распределения — они не позволяют понять, как значения складываются с течением времени.

В среднем уровень УФ-облучения в июньские дни не представляет угрозы для здоровья. Но если бы вы провели все лето в офисе в помещении, а затем отправились на Барбадос и целую неделю лежали на солнце без защиты, не используя солнцезащитный крем, даже несмотря на то, что в целом вы, вероятно, получали меньше воздействия ультрафиолетового излучения, чем тот, кто регулярно выходил на улицу. - это создаст проблемы.

Все это уже должно быть для вас достаточно очевидно; возможно, даже себя. Скажем, например, вы выпиваете один стакан красного вина каждый вечер во время ужина — это не создаст проблем со здоровьем и рекомендуется многими врачами. Однако, если 31 декабря вы ничего не выпьете в течение всего года и внезапно выпьете 356 стаканов (что эквивалентно шестидесяти бутылкам), у вас, скорее всего, возникнут осложнения со здоровьем, независимо от среднего показателя за год.

Обновление: В сегодняшнем сложном мире распределение становится все более нерегулярным; поэтому мы будем наблюдать результаты, подобные Биллу Гейтсу, в большем количестве областей. Когда дело доходит до онлайн-распространения и посещений веб-сайтов, среднее количество посетителей веб-сайта не существует: ни один веб-сайт не получает одинаковый уровень трафика. Математики часто называют это явление так называемым степенным законом: определенные сайты (например, New York Times, Facebook или Google) получают наибольшее количество посещений, в то время как другие страницы получают относительно мало посещений. Возьмите города в качестве примера. Токио — единственный город на земле с предполагаемым населением более 30 миллионов человек, в то время как есть 11 городов с населением от 20 до 30 миллионов, 15 от 10 до 20 миллионов, 48 от 5 до 10 миллионов жителей и тысячи от 1 до 5 миллионов. это распределение подчиняется степенному закону, при котором некоторые крайние случаи доминируют в общем распределении, не оставляя после себя значимого среднего значения.

Каков средний размер компании, население города, количество смертей во время средней войны (с точки зрения как смертности, так и продолжительности), среднее ежедневное колебание индекса Доу-Джонса, средний перерасход строительных проектов, сколько экземпляров средней книги? продается за копию, проданную издателем; средний размер ущерба, нанесенного ураганом; премия, выплачиваемая банкиру в среднем; успех маркетинговой кампании в среднем зависит от количества загрузок приложений для iPhone и зарплаты актеров? Вы можете вычислить эти ответы, но это будет бесполезно, поскольку и здесь применим степенной закон.

Возьмите этот последний пример в качестве иллюстрации: немногие избранные актеры зарабатывают более 10 миллионов долларов в год, в то время как тысячи и тысячи живут за чертой бедности. Посоветовали бы вы своему ребенку или дочери поступить в актерское мастерство, если средняя заработная плата кажется вам приемлемой? Наверное, нет – это был бы глупый совет.

Вывод: прежде чем делать поспешные выводы, основанные на использовании кем-то термина «средний», найдите время и оцените его основное распределение. Если аномальные случаи (такие как феномен Билла Гейтса) оказывают минимальное влияние, мы можем продолжать использовать эту концепцию; но когда преобладают крайние случаи (такие как Билл Гейтс) (например, его успех в Microsoft), мы должны вообще игнорировать его полезность и обесценивать этот термин. Писатель Уильям Гибсон советовал всем нам: «Будущее уже здесь, просто оно распределено неравномерно».

См. также «Игнорирование базовой ставки» (гл. 28); Простая логика (гл. 63); Регрессия к среднему значению (гл. 19); Пренебрежение вероятностью (гл. 26) и заблуждение игрока (гл. 29)

БОНУСЫ РАЗРУШАЮТ МОТИВАЦИЮ

Мотивация

Недавно мой друг из Коннектикута решил переехать в Нью-Йорк. Его переезд включал в себя перевозку впечатляющей коллекции антиквариата, такой как редкие старые книги и муранские очки ручной выдувки прошлых поколений - я знал, насколько он был бы рад передать их транспортной компании; поэтому в последний раз, когда я был там, я предложил сам нести некоторые хрупкие предметы по возвращении в Коннектикут из Нью-Йорка. Две недели спустя пришло благодарственное письмо с вложенной купюрой в пятьдесят долларов!

Швейцария потратила годы на поиск подходящего подземного хранилища для хранения своих радиоактивных отходов, при этом рассматривались несколько мест, включая Вольфеншиссен недалеко от Берна в центральной Швейцарии. Экономист Бруно Фрей из Цюрихского университета приехал туда с коллегами, чтобы собрать мнения людей на собрании сообщества; к их изумлению, 50,8% поддержали их предложение! Их положительный ответ можно объяснить различными факторами: национальной гордостью, общей порядочностью, социальными обязательствами и перспективой новых рабочих мест среди других. Команда провела еще один опрос, на этот раз предложив каждому жителю города принять это предложение, если в случае его принятия швейцарские налогоплательщики получат гипотетическое вознаграждение в размере 5000 долларов. Что в результате? Результаты резко снизились: с этим согласились лишь 24,6%.

С аналогичными трудностями сталкиваются и детские сады: родители забирают детей после закрытия. Сотрудники детского сада не могут посадить оставшихся детей в такси или оставить их на обочине, пока всех оставшихся детей не заберут из школы. Чтобы препятствовать опозданиям родителей, многие детские сады ввели плату за опоздания; но исследования показывают, что это на самом деле увеличивает опоздания, а не уменьшает их. Конечно, они могли бы ввести суровые штрафы, такие как 500 долларов в час, которые предлагались каждому жителю швейцарской деревни, но это упустило бы суть; небольшие, но неожиданные финансовые стимулы имеют тенденцию вытеснять другие формы стимулов, которые предлагают гораздо большую отдачу с точки зрения прибыли для всех участников по сравнению с более крупными денежными стимулами - в отличие от этого случая.

Эти три истории иллюстрируют одну важную истину: деньги не всегда мотивируют. Иногда деньги приносят больше вреда, чем пользы. Мой друг дал мне пятьдесят в качестве компенсации за свой плохой поступок; вместо этого он подорвал его, поставив под угрозу нашу дружбу. Предложение компенсации ядерному хранилищу было воспринято некоторыми как взятка и снижение патриотического духа в целом; Плата за просрочку в детском саду изменила их отношения с родителями с личных на денежные, по сути узаконив опоздания родителей.

В науке есть термин для обозначения этого явления: скученность мотивации. Когда люди делают что-то из неденежных, благотворительных целей, так сказать, из добрых дел, но повышение оплаты препятствует этим намерениям, и любые другие мотивы от его присутствия уменьшаются. Вместо этого движущей силой их действий становится финансовое вознаграждение.

Представьте, что вы управляете некоммерческой организацией. Ваши сотрудники могут получать скромную заработную плату; тем не менее, они очень мотивированы, потому что верят, что вносят значительный вклад. Однако если вы решите внедрить систему бонусов — например, небольшое повышение заработной платы за каждое полученное пожертвование — мотивация быстро угаснет, поскольку ваша команда сместит фокус с задач, которые не приносят дополнительного вознаграждения; творчество, репутация компании или передача знаний больше не имеют значения — вместо этого все усилия будут сосредоточены на как можно более быстром сборе пожертвований.

Так кто же должен быть застрахован от перенасыщения мотивацией? Быстрый тест может показать, кто может быть от этого застрахован: знаете ли вы каких-нибудь частных банкиров, страховых агентов или аудиторов, которые со страстью выполняют свои обязанности и верят в великую миссию? Нет? Финансовые стимулы и премии за производительность лучше всего работают в отраслях с скучной работой; где сотрудники не особо заботятся о продуктах или компаниях, а просто завершают работу, получая зарплату. Однако владельцам стартапов было бы полезно использовать энтузиазм сотрудников как часть продвижения начинания, а не предлагать стимулы, которые они все равно не смогут выплатить.

И последний совет для тех из вас, у кого есть дети: опыт научил нас, что молодых людей нельзя купить. Если вы хотите, чтобы ваши дети делали домашнее задание, играли на музыкальных инструментах или время от времени косили газон, чтобы ваш кошелек не был пустым, вместо этого предложите фиксированное еженедельное пособие, поскольку это позволит им быть честными, не злоупотребляя ими и не отказываясь идти спать без какой-либо формы компенсация.

См. также Стимул Суперреакция Тенденция (гл. 18); Взаимность (гл. 6); Социальная леность (гл. 33) за дополнительное обсуждение этих тем.

Если вам нечего сказать, не говорите ничего

Тенденция к болтовне

На вопрос вращающихся камер, почему пятая часть американцев не может найти свою страну на карте мира, Мисс Тин из Южной Каролины дала такой ответ перед вращающимися камерами: «Я лично считаю, что американцы США не могут это сделать, потому что некоторые люди там в нашей стране нет карт; и я убежден, что наше образование, такое как в Южной Африке и Ираке, должно помочь этим странам развивать наше будущее как одно сплоченное глобальное общество». Видео стало вирусным.

Катастрофа, согласитесь; но вы не тратите слишком много времени на прослушивание королев красоты. Возможно, было бы достаточно чего-то вроде этого предложения: «Конечно, нет требования, чтобы эта все более рефлексивная передача культурных традиций была связана с субъектно-центрированным разумом и ориентированным на будущее историческим сознанием. Когда мы осознаем интерсубъективное конституирование свободы, собственнически-индивидуалистический иллюзия автономии распадается».

Помните Юргена Хабермаса? Он выдающийся немецкий философ и социолог, известный автором книги «Между фактами и нормами».

Оба являются примерами так называемой тенденции к болтовне, когда слова используются для маскировки интеллектуальной лени, глупости или неразвитости идей. Иногда это работает, а иногда нет; для королевы красоты эта стратегия с треском провалилась, тогда как для Хабермаса она могла сработать; чем красноречивее становится язык, тем легче мы становимся жертвами его очарования; в сочетании с предвзятостью к авторитету это становится еще более опасным, поскольку мы принимаем его послание, не ставя под сомнение его истинность.

Я тоже поддался склонности к пустой болтовне. Когда я был моложе, мое воображение захватил французский философ Жак Деррида; Я читал его книги запоем, но не нашел в них ясности даже после долгих размышлений и интенсивного анализа. Впоследствии его сочинения приобрели почти магический характер, что в конечном итоге вдохновило меня на тему моей диссертации по философии — оба тома в конечном итоге оказались бесполезной болтовней; в неведении оба стали пустой тратой места в моем сознании.
Я превратился в человека, говорящую дымовую машину.

Особенно распространенной может быть болтовня в спорте. Запыхавшиеся интервьюеры вынуждают столь же запыхавшихся футболистов разбирать каждый аспект игры, когда все, что они на самом деле хотят сказать, это: «Мы проиграли, это так просто», но ведущим нужно чем-то заполнить эфирное время - и, очевидно, один из способов эффективно сделать это - через оттоваривание и принуждение спортсменов и тренеров присоединиться к ним; в любом случае такая риторика служит лишь маскировке невежества и сокрытию невежества от общественности.

Академическая среда также стала свидетелем этого явления: когда публикуется меньше результатов из какой-либо области науки, экономисты становятся особенно уязвимыми в своих комментариях и прогнозах. Это справедливо и в коммерции: когда финансовое положение компаний ухудшается, разговоры их генеральных директоров становятся громче – часто для того, чтобы прикрыть трудности или замаскировать трудные обстоятельства. Заметным исключением в этом отношении был бывший генеральный директор General Electric Джек Уэлч; в интервью он отметил ее сложность: люди боятся, что их сочтут простаками, но на самом деле это не так!»

Словесное выражение — зеркало нашего разума; ясные мысли становятся утверждениями, а смутные концепции превращаются в смутный бред. К сожалению, нам часто не хватает очень ясных мыслей; жизнь сложна, поэтому понимание только одной ее грани требует значительных умственных усилий, и для появления ясности может потребоваться прозрение; пока этот момент не наступит, разумнее было бы последовать совету Марка Твена: «Если вам нечего сказать… ничего не говорите». Простоту следует рассматривать не как начало, а как конечный пункт.

См. также Предвзятость авторитета (гл.9); Зависимость от домена (гл.76); и «Знание шофера» (гл. 16), чтобы получить более глубокое понимание этого вопроса.

Как два государства могут увеличить средний коэффициент интеллекта

Представьте себе, что вы управляете небольшим частным банком, который управляет средствами богатых и в основном пенсионеров, как, например, в «Феномене Уилла Роджерса».

Два ваших финансовых менеджера – А и Б – подчиняются непосредственно вам; Денежный менеджер А обслуживает только людей со сверхвысоким состоянием, в то время как Мани-менеджер Б обслуживает более богатых клиентов, но не настолько экстравагантно богатых клиентов, как Мани-менеджер А. Теперь представьте, что правление попросило вас увеличить оба средних денежных фонда в течение шести месяцев, чтобы они получили солидные бонусы; иначе они найдут кого-то другого. С чего начать?

Простой! Просто переместите одного клиента со средним управляемым богатством между А и В, чтобы компенсировать разницу, одновременно увеличивая оба средних показателя управляемого богатства - без необходимости привлечения новых клиентов! После завершения остается решить только: где и как я потрачу свой бонус.

Представьте себе, что вы меняете карьеру и возглавите три хедж-фонда, которые инвестируют в основном в частные компании. Фонд А приносит поразительную прибыль, в то время как фонды Б и С испытывают трудности. Ты хочешь показать себя вдохновителем, так каков твой план? Чтобы создать видимость того, что все три фонда значительно улучшились без каких-либо комиссий за внутреннюю трансформацию, переместите несколько акций из А в В или С; выбирать инвестиции, которые отрицательно влияют на среднюю доходность А, но могут помочь укрепить В или С; вы должны увидеть, как все три фонда внезапно стали здоровее, не неся при этом никаких комиссий за трансформацию – люди обязательно узнают вас за это!

Этот эффект известен как сценическая миграция или феномен Уилла Роджерса в честь американского комика из Оклахомы, который знаменито пошутил, что переезд жителей Оклахомы в Калифорнию повышает средний IQ в обоих штатах. Поскольку большинство людей не осознают такие ситуации достаточно часто, давайте исследуем эту тему глубже и углубим ее значение в ваши воспоминания.

Рассмотрим автомобильную франшизу: вы можете взять на себя управление двумя небольшими филиалами в одном городе с шестью продавцами: продавцы под номерами 1, 2, 3, 4, 5 и 6 из филиала А обычно более успешны в продажах, чем их коллеги из филиала Б. В среднем Продавец 1 склонен продавать больше. Каждый продавец в филиале А продает одну машину в неделю; Продавец 2 сменяет две смены, за ним следует лучший продавец № 6, который сменяет шесть раз в неделю. Подсчитав, становится очевидным, что в филиале А в среднем еженедельно продают автомобили два продавца, тогда как в филиале Б значительно лидирует: в среднем пять продавцов на одного продавца в неделю! Ваше решение перевести продавца номер 4 из филиала А в филиал Б приведет к увеличению среднего объема продаж на человека в обоих филиалах; средний объем продаж филиала А увеличивается с 2,5 единиц на человека до 2,5, тогда как в филиале Б теперь работают только два продавца - номера 5 и 6, что увеличивает средний объем продаж до 5,5 единиц на человека. Стратегии Switcheroo в целом ни на что не влияют; скорее они создают впечатляющую иллюзию. Поэтому журналистам, инвесторам и членам советов директоров следует с осторожностью слышать о росте средних показателей по странам, компаниям, департаментам, центрам затрат или линейкам продуктов.

Медицина представляет нам особенно обманчивый пример феномена Уилла Роджерса. Опухоли обычно делят на четыре стадии; те, которые наиболее поддаются лечению, попадают в стадию I, в то время как более агрессивные опухоли проходят еще четыре стадии, прежде чем достигнут статуса стадии IV, что приводит к переходу на стадию миграции по мере их продвижения по своему пути. Показатели выживаемости у больных раком первой стадии самые высокие, а показатели выживаемости больных раком четвертой стадии самые низкие. Каждый год появляются новые методики, позволяющие поставить более точный диагноз; методы скрининга теперь выявляют даже крошечные опухоли, которые раньше никто не замечал. В результате пациенты, ранее ошибочно диагностированные как здоровые, теперь причисляются к пациентам с первой стадией, и, следовательно, средняя продолжительность жизни для этой группы людей увеличилась. Можем ли мы считать это выдающимся медицинским подвигом? К сожалению нет; скорее поэтапная миграция.

См. также: Ошибка намерения лечить (гл. 98); Закон малых чисел (гл. 61);

Если у вас есть враг, предоставьте информацию

Хорхе Луис Борхес в своем рассказе «Del Rigidit en La Ciencia» описывает страну, в которой картография достигла таких высот, что можно использовать только самые подробные карты; то есть карты масштаба 1:1, представляющие всю страну, приемлемы. Однако вскоре граждане понимают, что такие карты не дают никакой реальной информации и просто повторяют информацию, которой они уже обладают; Крайний случай информационной предвзятости: вера в то, что больше данных означает лучшие решения.

Недавно, когда я искал отели в Майами, я составил список из пяти потенциальных предложений, которые сразу же поразили меня. Один сразу выделился; однако, чтобы убедиться, что я нашел лучшее соотношение цены и качества, я продолжал исследования дальше - читал отзывы клиентов и сообщения в блогах, просматривал фотографии и видео в Интернете и звонил в службу поддержки до тех пор, пока через два часа не стало ясно, какой действительно мой идеальный отель: этот тот, который бросился мне в глаза с первого взгляда; дополнительные исследования не привели меня на правильный путь и вместо этого могли бы привести к тому, что я остался бы в Four Seasons!

Джонатан Бэрон из Пенсильванского университета задал врачам такой вопрос: у пациента наблюдаются симптомы, которые с 80% вероятностью указывают на то, что у него или нее болезнь А; в противном случае вероятность смещается в сторону наличия либо заболевания X, либо заболевания Y. Как вам, как врачу, следует выбирать между этими заболеваниями и методами лечения, вызывающими аналогичные побочные эффекты? Логично, что я бы предложил выбрать болезнь А и предложить соответствующую терапию в качестве лечения. Представьте себе, что существует диагностический тест, который указывает на наличие болезни X и обнаружение болезни Y, но не во всех случаях точно отражает реальную болезнь А; в половине случаев результаты будут положительными, а в другой половине — отрицательными. Однако если у кого-то действительно есть болезнь А, половина результатов его анализов, скорее всего, будет положительной, а 50% — отрицательными. Посоветуете ли вы провести тест? Большинство врачей сказали «да», хотя результаты, скорее всего, не будут иметь значения. Даже если в результате тестирования был получен положительный результат, вероятность того, что болезнь А перевешивает болезнь X, поэтому никакая дополнительная информация не добавляла никакой реальной ценности с точки зрения принятия решений.

Врачи — не единственные профессионалы, желающие предоставить дополнительную информацию.

Менеджеры и инвесторы, похоже, очарованы информационной перегрузкой. Исследования часто проводятся тогда, когда основные факты легко доступны — дополнительные данные могут привести лишь к пустой трате вашего времени и денег, потенциально даже поставив вас в невыгодное положение. Рассмотрим такой вопрос: в каком городе больше жителей — в Сан-Диего или Сан-Антонио? Герд Гигеренцер из немецкого Института Макса Планка представил это студентам университетов Чикаго и Мюнхена, и 62% угадали правильно: Сан-Диего. Удивительно, но каждый немецкий студент ответил правильно! Их рассуждения? Все слышали о Сан-Диего, но не обязательно о Сан-Антонио; таким образом, выбрав Сан-Диего, а не Сан-Антонио, как более знакомый город. Напротив, чикагцы думали об обоих городах одновременно, предоставляя больше информации и потенциально искажая ответы.

Подумайте обо всех экономистах, работавших в банках, аналитических центрах, хедж-фондах и правительствах в период с 2005 по 2007 год, которые опубликовали официальные документы с многочисленными прогнозами и комментариями - для банков, аналитических центров, хедж-фондов и правительств - опубликованные в этот период времени - с 2005 года. -2007; все их опубликованные официальные документы; обширная библиотека исследовательских отчетов и математических моделей; огромное количество сделанных комментариев; сделаны безупречные презентации PowerPoint; терабайты информации, доступные через новостные службы Bloomberg/Reuters, и поклонение богу информации... Все это оказалось бессмысленным, когда финансовый кризис ударил по мировым рынкам, сделав их прогнозы и комментарии бессмысленными; делая эти прогнозы бесполезными!

Избегайте сбора всех доступных данных — вместо этого сосредоточьтесь на сборе только самого важного. Это позволит вам принимать более правильные решения; избыточное знание бесполезно, независимо от того, кто о нем знает. Лучше всех об этом сказал Дэниел Дж. Бурстин: «величайшим препятствием на пути к открытию является не невежество, а, скорее, иллюзия знания»; Столкнувшись с конкурентами, рассмотрите возможность их уничтожения с помощью анализа данных, а не мягких слов.

См. также «Переосмысление» (гл. 90); Новости Иллюзия (гл. 99); Пренебрежение базовой ставкой (гл. 28) для дополнительного чтения.

ТАК БОЛЬНО

Джон, солдат армии США, недавно закончил курсы парашютистов и с нетерпением ждет получения значка с парашютом от своего вышестоящего офицера. Наконец, в последний решающий момент истины, его старший офицер стоит перед ним, прижимает булавку к его груди и стучит по ней с такой силой, что она пронзила плоть Джона, заставив ее войти в контакт и оставить вмятину на его коже - с тех пор затем, когда представляется возможность, он расстегивает верхнюю пуговицу рубашки, чтобы продемонстрировать небольшой шрам. Спустя десятилетия все памятные вещи, кроме этой крошечной булавки, все еще живут в специальной рамке на стене его гостиной.

Марк кропотливо восстановил ржавый «Харлей-Дэвидсон» без посторонней помощи, тратя каждые выходные и праздники на его запуск, в то время как его брак был на грани распада. Наконец, после нескольких месяцев работы, он был готов к дороге и блестяще сиял под солнечными лучами. Однако два года спустя, когда Марк отчаянно нуждался в деньгах, он продал все свое имущество, включая телевизор, машину и дом... но не свое ценное имущество; даже если потенциальные покупатели предлагают двойную реальную стоимость!

И Джон, и Марк страдают от оправдания усилий: тратя на что-то много энергии, вы склонны переоценивать результаты. Джон испытал физическую боль из-за булавки парашюта; «Харлей» Марка стоил ему многих часов – почти его жены! - настолько, что он ее высоко ценит и никогда не продаст.

Оправдание усилий — классический пример когнитивного диссонанса. Пробивать дыру в груди ради чего-то вроде значка за заслуги кажется абсурдным. Чтобы компенсировать это, разум Джона переоценивает его, повышая его статус из чего-то обыденного в нечто полусвященное. К сожалению, все это происходит неосознанно и предотвратить это сложно.

Группы используют оправдание усилий, чтобы связать членов вместе, например, посредством обрядов инициации. Банды и братства инициируют новых членов, подвергая их болезненным или неприятным испытаниям. Исследования показывают, что чем сложнее сдать вступительный экзамен, тем больше члены гордятся своей принадлежностью. Школы MBA аналогичным образом используют обоснование усилий: выпускники MBA часто получают баллы за сдачу строгих вступительных экзаменов на программы MBA.
Студенты программ MBA часто устают во время изучения этой квалификации; тем не менее, когда они получат степень MBA, многие сочтут их необходимыми для своей

карьеры просто из-за требований, предъявляемых к ним курсовой работой, которая часто была бесполезной или неуместной.

Более простой формой оправдания усилий является эффект ИКЕА: мебель, которую мы собираем сами, может показаться более ценной, чем любая дорогая дизайнерская вещь, точно так же, как носки ручной вязки, на создание которых мы тратим часы, часто кажутся более ценными, чем любой дорогой дизайнерский предмет. Даже носки ручной работы могут показаться трудными для того, чтобы расстаться; Выбросить устаревшую пару, сделанную бережно, сложно. Менеджеры, вкладывающие долгие часы напряженной работы в разработку предложения по стратегии, могут оказаться неспособными к объективной оценке; Точно так же виноваты дизайнеры, копирайтеры, разработчики продуктов и любые другие профессионалы, которые переживают из-за своих творений.

В 1950-х годах на рынок были представлены смеси для тортов быстрого приготовления, которые, по мнению производителей, мгновенно стали хитом среди домохозяек. К сожалению, хозяйки сразу же невзлюбили их, доказав неправоту производителей.

Реагируя на их легкость, фирмы увеличили сложность приготовления пищи (самостоятельное взбивание яиц). Это создало повышенное чувство достижения среди женщин, которые готовили его сами, и повысило их понимание полуфабрикатов.

Теперь, когда вы понимаете обоснованность усилий, вы можете оценивать проекты более объективно. Поэкспериментируйте: всякий раз, когда вы вкладываете во что-то много времени и сил, сделайте шаг назад, чтобы оценить результат — только результат. Тот роман, который вы писали пять лет и который никто не хочет публиковать? Может быть, это все-таки недостойно Нобелевской премии? А те женщины, за которыми ты гонялся годами? Примут ли они вас с большей готовностью, если им дадут еще один шанс?

См. также: Ошибка невозвратных затрат (гл. 5); Когнитивный диссонанс (гл. 50)

ПОЧЕМУ МАЛЕНЬКИЕ ВЕЩИ РАЗМЕЩАЮТСЯ ВМЕСТЕ?, ПОЧЕМУ ЭТИ ЧАСТИ ЯРКО СВЕТЯТ

Предположим, вы входите в совет директоров розничной компании с 1000 магазинов; половина из них расположена в городах, а половина – в сельской местности. Ваш генеральный директор попросил консультанта провести исследование по магазинным кражам; теперь их результаты были представлены. На стене перед ним были вывешены названия 100 филиалов, в которых наблюдался высокий уровень краж по сравнению с объемом продаж, а также его поразительный вывод: «Филиалы с более высоким уровнем краж, как правило, расположены преимущественно в сельской местности». Не веря своим глазам, генеральный директор напрямую обратился к своим сотрудникам: «После долгих размышлений и тщательного рассмотрения наши следующие шаги ясны. В дальнейшем мы установим дополнительные системы безопасности во всех сельских филиалах, чтобы мы могли наблюдать, как эти деревенские жители снова пытаются у нас украсть. Мы все согласны?

Ну... не совсем. Попросив консультанта составить список из 100 отделений с наименьшим уровнем воровства, вы удивляетесь, когда в ваш список попадают сельские магазины! «Местоположение не является определяющим фактором», — с гордостью восклицаете вы, глядя на своих коллег из-за стола. 'Размер имеет значение; в сельских магазинах один инцидент часто оказывает огромное влияние на уровень краж, чем в крупных городских филиалах, - вот почему здесь показатели различаются более существенно, чем в городских филиалах. - Дамы и господа, я знакомлю вас всех с законом малых чисел - и это только что застало тебя врасплох!»

Людям трудно понять закон малых чисел интуитивно, поэтому журналисты, менеджеры и члены советов директоров часто попадаются в его ловушку. Возьмем крайний пример. Вместо уровня воровства мы будем смотреть на средний вес сотрудников в каждом филиале. В нашем примере мы будем рассматривать два магазина вместо 1000: мегафилиал с 1000 сотрудников и мини-филиал с двумя сотрудниками; в обоих магазинах средний вес примерно соответствует среднему весу населения (например, 170 фунтов); при найме или увольнении персонала это среднее значение существенно не меняется. Но в небольшом магазине он изменится значительно сильнее из-за изменений, влияющих на то, есть ли у менеджера магазина коллеги с избыточным или худым весом, что влияет на этот средний вес значительно больше, чем в крупных филиалах, где любые решения менеджеров магазина о приеме на работу или увольнении влияют на его средний вес. более. В небольших магазинах менеджеры магазинов могут влиять на его средний вес, нанимая/увольняя сотрудника или менеджера, у коллег которого либо избыточный вес, либо худой (в этих случаях это существенно влияет на средний вес).

Давайте на мгновение вернемся к нашей проблеме с кражей в магазинах и изучим ее более подробно. Как выясняется, в небольших филиалах, как правило, наблюдаются большие колебания уровня краж: от очень высокого до чрезвычайно низкого - чего не может отразить ни одна таблица консультантов. При перечислении всех показателей краж по размерам сначала внизу отображаются небольшие магазины, затем вверху следуют крупные магазины, а затем более мелкие; Это означает, что заключение генерального директора, возможно, было бесполезным, но, по крайней мере, им больше не нужна дорогая система безопасности в небольших офисах.

Представьте себе, что вы читаете в газете: «Стартапы, как правило, нанимают более умных сотрудников. Исследование Национального института ненужных исследований подсчитало средний IQ в американских компаниях; стартапы наняли материал MENSA!» Какой была бы ваша первая реакция? Надеюсь, бровь поднимется. Этот феномен является примером того, как небольшие компании склонны нанимать меньше работников; таким образом, их средний IQ колеблется чаще, чем у крупных корпораций, давая малым и новым предприятиям высокие и низкие оценки; Таким образом, исследование Национального института не имеет реального значения и подтверждает случайность.

Будьте осторожны, когда слышите замечательную статистику относительно любых небольших предприятий, таких как предприятия, домашние хозяйства, города, центры обработки данных, муравейники, приходы или школы; то, что может показаться поразительным открытием, на самом деле может быть безобидным результатом случайного распределения. Лауреат Нобелевской премии Дэниел Канеман в своей недавней книге показал, что даже опытные учёные поддаются этому закону малых чисел; что можно считать только утешением.

См. также: Экспоненциальный рост (гл. 34);

Ожидания

31 января 2006 года Google опубликовала свои финансовые результаты за последний квартал 2005 года: выручка увеличилась на 97%, а чистая прибыль выросла на 82% в годовом исчислении - рекордный квартал по выручке и чистой прибыли соответственно. Как и ожидалось, сразу же после этих невероятных цифр акции упали на 16%; торговлю пришлось приостановить, а затем возобновить, при этом акции упали еще на 15%, что вызвало панику у трейдеров на всех торговых платформах, которые задавались вопросом в блогах: «С какого небоскреба лучше всего прыгать?» '

Что пошло не так? Аналитики Уолл-стрит ожидали еще лучших результатов, поэтому, когда они не оправдались, из стоимости медиа-гиганта было вычтено 20 миллиардов долларов.

Каждый инвестор знает, что невозможно точно спрогнозировать финансовые результаты. Хотя можно было бы ожидать, что инвесторы будут игнорировать плохие прогнозы как «неверное предположение, моя ошибка», инвесторы часто реагируют более резко; как это произошло в январе 2006 года, когда компания Juniper Networks неожиданно опубликовала данные о прибыли на акцию, которые оказались на одну десятую ниже прогнозов аналитиков; Цена их акций упала на 21%, а стоимость компании упала на 2,5 миллиарда долларов, поскольку ожидания, предшествовавшие их объявлению, были высокими, и любое несоответствие, каким бы незначительным оно ни было, было встречено быстрым наказанием со стороны инвесторов.

Многие компании изо всех сил стараются оправдать прогнозы аналитиков. Чтобы избежать своих страхов, некоторые начали публиковать прогнозные оценки доходов; это было ошибкой, поскольку теперь рынок рассматривает только эти внутренние прогнозы, которые он часто анализирует более тщательно, как инструменты прогнозирования. Финансовые директора должны точно достичь этих целей; используя все имеющиеся в их распоряжении методы бухгалтерского учета для достижения максимального успеха.

Ожидания также могут привести к появлению похвальных стимулов. Американский психолог Роберт Розенталь провел поучительный эксперимент в различных школах. Учителя были проинформированы о (фальшивом) новом тесте, который мог выявить учащихся, находящихся на грани интеллектуального роста; так называемые «блумеры». Двадцать процентов случайно выбранных студентов были случайно отнесены к группе с высоким потенциалом; Учителя считали, что они добиваются высоких результатов.

Розенталь проводил эксперименты на студентах в течение года, после чего обнаружил, что у этих учеников значительно более высокий IQ по сравнению с детьми контрольной группы — это стало известно как эффект Розенталя (или эффект Пигмалиона).

Однако, в отличие от генеральных директоров и финансовых директоров, которые сознательно адаптируют свою работу к ожиданиям, действия учителей обычно были бессознательными. Незаметно для себя учителя, возможно, подсознательно уделяли больше времени «блумерам», что, в свою очередь, приводило к более качественному групповому обучению. Более того, блестящие ученики настолько впечатлили учителей, что они приписывали им не только более высокие оценки, но и улучшение личностных качеств – явление, известное как эффект ореола.

Но как нам реагировать на личные ожидания? Одним из решений является эффект плацебо – таблетки и методы лечения, которые, казалось бы, вряд ли улучшат здоровье, но на самом деле все равно улучшают. Треть пациентов зарегистрировали этот эффект, хотя его точное действие остается неизвестным; все, что мы знаем наверняка, это то, что ожидания влияют на биохимию мозга и, следовательно, всего тела - однако пациенты с болезнью Альцгеймера не могут получить от этого пользы, поскольку их состояние ухудшает область мозга, отвечающую за обработку ожиданий.

Ожидания могут показаться неосязаемыми, но они имеют реальные последствия. Ожидания способны изменить реальность, и полностью избавиться от них невозможно; но с ожиданиями можно поступить более разумно: повысить их для себя и близких, чтобы повысить мотивацию; одновременно снижая ожидания в отношении вещей, находящихся вне вашего контроля, таких как фондовый рынок. Предвкушение поможет избежать неприятных сюрпризов!

См. также «Черный лебедь» (гл. 75); Прогноз Иллюзии (гл. 40); Эффект ореола (гл. 38)

СКОРОСТЬ ЛОВУШКИ НА БОРТУ!

Простая логика

Три простых вопроса. Быстро возьмите ручку и быстро запишите ответы на полях. Первый вопрос: в универмаге ракетка для пинг-понга и пластиковый мяч стоят 1,10 доллара. Если один предмет стоит на один доллар дороже, сколько стоит другой? Второй вопрос: на текстильной фабрике пять машин производят пять рубашек ровно за пять минут; сколько времени понадобится 100, чтобы произвести 100? В-третьих: в пруду обитают кувшинки, которые размножаются в геометрической прогрессии каждый день, занимая все больше площади каждый день, пока полностью не покроют его поверхность (48 дней для полного покрытия! Не читайте дальше, пока не будут записаны все ответы! Не читайте дальше, пока не будут записаны все ответы). все ответы записаны! Не читайте, пока не запишите.

Каждый вопрос содержит как интуитивное, так и точное решение; быстрые, интуитивные ответы могут включать 10 центов, 100 минут и 24 дня; однако это неправильные ответы, и вместо этого для решения требуется пять центов, пять минут и 47 дней. На сколько вы ответили правильно?

Профессор Шейн Фредерик разработал и провел тест на когнитивную рефлексию (CRT), тысячи людей прошли его и получили хотя бы один балл. На данный момент студенты Массачусетского технологического института (MIT) в Бостоне показали лучшие результаты, набрав в среднем 2,18 правильных ответов; Принстонский университет занял второе место с результатом 1,63, тогда как студенты Мичиганского университета в среднем набрали лишь 0,83. Но средние баллы в данном случае мало о чем говорят: интересно то, чем те, кто набрал высокие баллы, отличаются от остальных.

Фредерик обнаружил, что люди с низкими результатами ЭЛТ склонны выбирать более безопасный вариант; что-то всегда лучше, чем ничего! В то время как те, кто набрал хотя бы 2 или выше, часто предпочитали более рискованные варианты, такие как азартные игры, - это было особенно заметно среди мужчин.

Одна вещь, которая отличает группы, — это их способность контролировать импульсы. Мы подробно обсуждали гиперболическое дисконтирование в главе 5, где обсуждалась соблазнительная сила «сейчас». Затем Фредерик задал участникам вопрос: «Вы бы предпочли получить желаемый предмет сейчас или в будущем?» «Должен ли я выбирать между получением 3400 долларов сейчас или через месяц?» часто отвечают в пользу немедленного получения; люди с более низкими показателями CRT, как правило, быстрее принимают решения о покупке из-за своей большей импульсивности. Напротив, те, у кого высокие результаты ЭЛТ, обычно предпочитают подождать еще несколько недель и проявляют сильную силу воли, чтобы отказаться от мгновенного удовлетворения - и получают вознаграждение в свое время».

Думать утомительно; Другими словами, рациональное рассмотрение требует большей силы воли, чем потакание интуиции. Так, гарвардский психолог Амитай Шенхав и его коллеги-исследователи провели исследование, чтобы выяснить, как результаты ЭЛТ коррелируют с их религиозной принадлежностью; те, кто набрал высокие баллы, часто были атеистами, тогда как участники с более низкими баллами CRT верили в Бога и переживали божественный опыт чаще, чем атеисты - это имеет смысл, поскольку интуитивные лица, принимающие решения, склонны не подвергать сомнению религиозные доктрины столь же рационально.

Если ваш показатель CRT оставляет желать лучшего и вы хотите его повысить, начните с недоверчивого ответа даже на простые логические вопросы. Помните: не все, что кажется правдоподобным, является правдой! Итак, попробуйте еще раз: вы путешествуете из А в Б; в одну сторону вы едете со скоростью 100 миль в час, а обратно - только 50. Какова была ваша средняя скорость в обеих поездках? 75? Замедлять!

См. также Гиперболическое дисконтирование (гл. 51); Усталость от принятия решений (гл. 53); Экспоненциальный рост (гл. 34); «Заблуждение игрока» (гл. 29) и «Проблема средних значений» (гл. 55) в качестве дополнительных ресурсов.

Как разоблачить шарлатанов (Пошаговая инструкция)

Дорогой читатель: К моему крайнему удивлению, я знаю вас близко. Вот как я бы вас охарактеризовал: «У вас сильная потребность в том, чтобы другие люди ценили вас и восхищались вами; однако вы также часто склонны критиковать себя». Ваш потенциал значительно недоиспользован и еще не раскрыт до максимума. Несмотря на то, что у вас есть некоторые личностные недостатки, их обычно можно устранить с помощью некоторых корректировок; однако ваша сексуальная адаптация создала для вас проблемы. Хотя внешне вы дисциплинированы и контролируемы, внутри вы часто чувствуете неуверенность. Иногда вы можете сомневаться в том, приняли ли вы правильное решение или выполнили ли необходимые действия. Ваше чувство перемен и разнообразия доставляет вам дискомфорт и вызывает неудовлетворенность, когда мир становится застойным или ограничительным. Как независимый мыслитель, вы не принимаете высказывания других без адекватных доказательств. Ваш опыт научил вас, что неразумно быть слишком открытым, раскрывая себя другим. Ваш характер варьируется от общительного и дружелюбного, временами до замкнутого и сдержанного; некоторые из ваших стремлений могут даже показаться высокими! Безопасность — одна из ваших главных целей в жизни».

Вы узнаете себя? Как моя оценка изменится с 1 (плохо) до 5 (отлично)

Бертрам Форер провел эксперимент в 1948 году, используя астрологические колонки из различных журналов, чтобы составить точный отрывок, который затем можно было раздать своим ученикам для чтения и оценки, предполагая, что каждый человек получил индивидуальную оценку. В среднем его студенты дали Фореру оценку точности 86%, что привело к повторным испытаниям на протяжении десятилетий с практически идентичными результатами.

Скорее всего, вы оценили текст на четыре или пять звезд. Люди склонны узнавать многие свои черты, читая универсальные описания – явление, называемое эффектом Форера (или эффектом Барнума). Это объясняет, почему псевдонауки, такие как астрология, астротерапия, анализ почерка, анализ биоритмов, хиромантия, чтение карт Таро и сеансы с умершими людьми, работают так эффективно.

Почему существует эффект Форера? Во-первых, Форер сделал большую часть высказываний в своей книге на эти темы.
Во-вторых, эти утверждения применимы ко всем: «Иногда вы серьезно сомневаетесь в своих действиях». Этого никто не будет отрицать! В-третьих, мы склонны принимать лестные высказывания, не относящиеся непосредственно к нам: «Вы гордитесь своим независимым мышлением». Кто бы не стал? В-четвертых, предвзятость

подтверждения: мы принимаем информацию, которая подтверждает то, что мы о себе воспринимаем, отфильтровывая при этом все противоречивое; остается связный портрет.

Консультанты и аналитики могут творить подобное волшебство: «Эта акция имеет значительный потенциал роста даже в очень конкурентной среде; однако менеджменту не хватает стимула для полной реализации и реализации идей своей команды разработчиков. Менеджмент состоит из опытных профессионалов отрасли, однако налицо признаки бюрократизации». очевидны; в отчете о прибылях и убытках существуют возможности экономии, и мы советуем компании более пристально сосредоточиться на развивающихся странах, чтобы обеспечить себе будущую долю рынка». Звучит достаточно правдоподобно?

Как можно оценить астролога? Для беспристрастной оценки выберите двадцать человек и присвойте каждому номер. Попросите гуру охарактеризовать каждого человека индивидуально на карточках, чтобы они не узнали, какой у него номер, до тех пор, пока не получат все копии. Только когда большинство участников идентифицируют «свое» описание как точно описанное, может проявиться настоящий талант – я все еще жду!

См. также: Характерно-положительный эффект (гл. 95); Предвзятость подтверждения (гл. 7-8);

ПОЧЕМУ ВОЛОНТЕРСКАЯ РАБОТА ДЛЯ ПТИЦ

Добровольческая глупость

Джек, фотограф модных журналов, с понедельника по пятницу проводит, путешествуя между Миланом, Парижем и Нью-Йорком, выполняя задания модных журналов в поисках красивых девушек с интересным дизайном в условиях безупречного освещения. Хорошо известный в социальных кругах, он хвастается перед друзьями, что его гонорар в размере примерно 500 долларов в час выгодно отличается от ставок по коммерческому праву; «И мои снимки выглядят намного лучше, чем у любого банкира!»

Джек ведет завидный образ жизни, но в последнее время стал более философски настроенным. Что-то заставило его усомниться в своем отношении к моде: теперь эта индустрия кажется ему эгоистичной и заставляет его беспокоиться по ночам, жаждя более приносящей удовлетворение работы, которая позволит ему вернуть обществу что-то значимое - каким бы маленьким оно ни было.

Однажды у него звонит телефон. Это был Патрик, его бывший одноклассник, а теперь президент местного клуба птиц: «В следующую субботу у нас будет ежегодная поездка по скворечникам — нам нужны добровольцы, чтобы построить скворечники для исчезающих видов, а затем разместить их в лесу после того, как мы построимся. Пожалуйста, присоединяйся к нам! Мы начинаем встречаться в 8 утра; надеюсь, мы закончим до обеда»

Что должен сказать Джек, если он действительно заботится о создании лучшего мира? Просто ему следует отказаться. Почему? Джек зарабатывает 500 долларов в час, а плотники обычно зарабатывают 50 долларов. Вместо того, чтобы самому пытаться построить качественные скворечники (чего никогда не произойдет), почему бы не поработать дополнительный час фотографом, а затем нанять профессионального плотника на шесть часов, чтобы построить высококачественные дома, которые не сможет сделать сам любитель? Его налоговая декларация покроет разницу в 200 долларов, которую затем можно будет пожертвовать непосредственно клубу птиц? Таким образом, его вклад пойдет гораздо дальше.

Джек, скорее всего, появится рано утром в следующую субботу, чтобы собрать скворечники, что экономисты называют глупостью волонтера. Хотя волонтерство является популярной тенденцией; более четверти американцев посвящают свое время волонтерам. Тем не менее, экономисты предостерегают от волонтерства по любому поводу - волонтерство может отнять работу у торговцев, которые в противном случае могли бы продуктивно использовать эти часы, строя скворечники самостоятельно, вместо этого отнимать время у них самих или собрать несколько скворечников вручную, вероятно, более эффективно - предоставить ему возможности, которые принесут вознаграждение, намного превосходящее любой ощутимый вклад такого рода, который может обеспечить любая волонтерская деятельность.

Джек знает, что его навыки могут принести реальную пользу только при непосредственном применении. Например, если птичий клуб планировал почтовую кампанию по сбору средств и нуждался в профессиональных фотографиях членов для включения в свою почтовую кампанию, он мог либо снять их сам, либо поработать дополнительный час, чтобы нанять другого лучшего фотографа, а оставшиеся средства от найма другого пожертвовать. лучший фотограф.

Теперь мы подходим к спорной теме альтруизма: существует ли вообще самоотверженность или это просто способ облегчить наше эго? Хотя волонтерство часто служит средством помощи своему сообществу, личные выгоды, такие как развитие навыков и возможности налаживания связей, также играют важную роль. Внезапно мы больше не действуем чисто альтруистически; многие волонтеры занимаются тем, что можно было бы назвать «управлением личным счастьем», причем выгоды далеки от того, что изначально предполагалось при волонтерстве - строго говоря, любой, кто получает выгоду или чувствует какое-либо удовлетворение от волонтерства, не является чистым альтруистом.

Сделал ли Джек неверный шаг, вызвавшись волонтером в субботу утром? Не обязательно; одна группа, которая может противостоять этой тенденции, — это такие знаменитости, как Боно, Кейт Уинслет или Марк Цукерберг; они обеспечивают столь необходимую рекламу, когда принимают участие в волонтерских проектах, связанных со строительством скворечников, очисткой пляжей или оказанием помощи при землетрясении. Поэтому Джек должен тщательно оценить, принесет ли их участие что-нибудь ценное; в противном случае лучшим способом для отдельных лиц внести свой вклад, вероятно, были бы деньги, а не каторжный труд.

См. также «Профессиональная деформация» (гл. 92); Предвзятость бездействия (гл. 44);

ПОЧЕМУ ВЫ СЛУГА СВОЕГО

Что вы думаете о генетически модифицированной пшенице? Это эмоциональная тема, и слишком быстрый ответ может привести к печальным решениям; применение объективного подхода потребует отдельного учета как его преимуществ, так и недостатков. Запишите все возможные выгоды, взвесьте их по важности и умножьте их вероятность на вероятность — это даст список ожидаемых значений. Теперь примените тот же процесс при рассмотрении потенциальных недостатков. Перечислите все недостатки, оцените их потенциальный ущерб и умножьте эту цифру на их вероятность. Вычитание положительных сумм из отрицательных сумм дает чистое ожидаемое значение — если это число больше нуля, вы сторонник ГМ-пшеницы; в противном случае это означает, что вы против этого. Несомненно, вы знакомы с таким подходом к теории принятия решений, который называется ожидаемой ценностью и широко представлен в литературе по принятию решений. И все же велика вероятность, что вам никогда не пришло в голову провести такую оценку - и уж точно ни один из профессоров, писавших учебники, не использовал этот метод при выборе своих супругов!

Никто по-настоящему не полагается на этот метод принятия решений. Во-первых, наше воображение просто недостаточно далеко; наше понимание может достичь лишь того, что уже пришло через опыт. Представить эпический шторм, если вам всего 30 лет, сложно, а рассчитать малые вероятности практически невозможно из-за отсутствия данных о редких событиях. В-третьих, малые вероятности часто требуют меньшего количества точек данных и приводят к большим ошибкам в точных вероятностях, создавая неумолимый круг ошибок. Наш мозг тоже не предназначен для таких вычислений; такие расчеты требуют времени и усилий – это не наше естественное состояние! В нашем эволюционном прошлом те, кто слишком много думал, часто встречали безвременную кончину от хищников. Сегодняшние лица, принимающие решения, в значительной степени полагаются на умственные методы, известные как эвристика, для быстрого принятия решений.

Одной из наиболее часто используемых эвристик является эвристика аффекта. Аффект — это немедленная реакция: что-то вам нравится или не нравится; например, слово «выстрел» вызывает негативные ассоциации, а слово «роскошь» — положительные; этот автоматический одномерный импульс мешает учитывать риски и выгоды при принятии решений.
Вместо того, чтобы рассматривать риски и выгоды как независимые переменные, которыми они, безусловно, являются, эвристика аффекта связывает их через сенсорные каналы.

Ваша эмоциональная реакция на такие вопросы, как атомная энергетика, органические овощи, частные школы и мотоциклы, определяет вашу оценку рисков и выгод, связанных с ними. Если что-то вызывает у вас эмоциональный отклик, риски кажутся меньшими, а преимущества кажутся большими, чем они есть на самом деле; и наоборот, если что-то, что вам не нравится, вызывает сильные эмоции против этого; риски и выгоды кажутся зависимыми, хотя реальность показывает обратное.

Представьте себе, что у вас есть Harley-Davidson. Если исследование покажет, что вождение автомобиля может быть более рискованным, чем считалось ранее, ваше подсознание может отреагировать, оценив его преимущества по-другому и предоставив этому опыту еще большую свободу.

Но как возникает первоначальная спонтанная эмоция, такая как счастье или гнев? Исследователи из Мичиганского университета предоставили участникам одно из трех изображений менее чем на одну сотую секунды; Раньше ненадолго были показаны либо улыбающиеся лица, либо злые лица, либо нейтральные фигуры. Затем испытуемые должны были выбрать, понравился ли им случайный китайский иероглиф, который им показали (не зная китайского языка), причем большинство участников отдавали предпочтение тем, которые непосредственно предшествовали символу улыбающегося лица. Даже, казалось бы, незначительные факторы могут оказать глубокое влияние на наши эмоции. Хиршляйфер и Шамвей исследовали, как несущественный в других отношениях фактор сыграл роль в рыночных показателях 26 крупнейших фондовых бирж в 1982–1997 годах, проверив их взаимосвязь между количеством солнечных часов в утреннее время и рыночными показателями на каждой бирже. Они обнаружили интригующую корреляцию, которая напоминает поговорку старого фермера: если утром ярко светит солнце, запасы имеют тенденцию увеличиваться в течение дня – не всегда, но достаточно часто. Кто бы мог подумать, что солнечный свет может переместить миллиарды людей? Утреннее солнце, кажется, оказывает такое же положительное влияние, как и улыбающиеся лица!

Независимо от наших намерений, наши эмоции контролируют нас. Решения часто принимаются на основе чувств, а не мыслей; вопреки всем благим намерениям мы заменяем «Что я об этом думаю?» с «Как я к этому отношусь». Так улыбнитесь! От этого зависит ваше будущее!

См. также Предвзятость ассоциации (гл. 48); Неприятие потерь (гл. 32), Эффект значимости (гл. 83) и Предвзятость заражения (гл. 54)

Чтобы создать своего собственного Еретика!

Брюс работает в витаминном бизнесе. Его отец начал это в эпоху, когда добавки еще не были частью повседневной жизни; врачи должны будут их прописать. Когда Брюс занял пост генерального директора в начале 90-х, спрос резко возрос, что побудило его взять огромные кредиты для увеличения производства. Сегодня он является одним из самых успешных людей в своей отрасли и президентом национальной ассоциации производителей витаминов; почти ежедневно с детства он принимает как минимум три поливитамина. В интервью журналистам о его эффективности; На вопрос журналиста, сделали ли они что-нибудь, Брюс ответил: «Я в этом уверен» — вы можете ему поверить?

Вот еще один вызов для вас. Подумайте о любой идее или убеждении, в которых вы уверены; возможно, золото вырастет в ближайшие пять лет, Бог существует, или ваш дантист завышает с вас цену — запишите все это в одном предложении и посмотрите, действительно ли вы верите себе!

Разве вы не убеждены, что ваше убеждение более обоснованно, чем убеждение Брюса? Ну, вот почему: у вас — внутреннее наблюдение, а у Брюса — внешнее; другими словами, вы можете заглянуть в их душу, но не в свою.

В случае с Брюсом вы можете подумать: «Ну, конечно, в его интересах верить, что витамины полезны — его богатство и социальный статус зависят от их успеха; он всю жизнь принимает таблетки, чтобы никогда не признаться, что они были пустой тратой времени». Но лично для вас все по-другому: вы провели обширное исследование внутри себя и выступили совершенно беспристрастными наблюдателями.

Но может ли внутреннее отражение действительно быть чистым и честным? Шведский психолог Петтер Йохансон провел исследование, в ходе которого испытуемые просматривали две портретные фотографии случайных людей и выбирали, какое лицо им больше нравится; затем попросил их описать его самые привлекательные черты вблизи. Но с помощью гениальной уловки (большинство участников не заметили, что он поменял изображения на полпути) большинство продолжило оправдывать, почему они так тщательно отдали предпочтение тому или иному изображению! Результаты его исследования: самоанализ ненадежен: когда мы проводим поиск души, мы часто делаем субъективный выбор - это означает, что самоанализ ненадежен: когда мы проводим внутренний самоанализ
Изобретение результатов для достижения желаемых результатов известно как иллюзия самоанализа. Эта вера в то, что размышление ведет к истине или точности, представляет собой нечто большее, чем софизм, поскольку из-за наших твердых

убеждений мы склонны испытывать три реакции, когда кто-то не разделяет нашу точку зрения: Реакция 1, 2 или 3.

Первый ответ: предположение о незнании. Вы предполагаете, что другая сторона не обладает достаточными знаниями; если бы они получили ваши знания, они вполне могли бы разделить вашу точку зрения. Политические активисты склонны думать в следующем направлении: они верят, что просвещение убедит других присоединиться к их лагерю. Реакция 2: предположение об идиотизме. Реакция 3: предположение о злом умысле. Когда кто-то не делает очевидных выводов из доступной информации и, следовательно, не может сделать очевидные выводы, он может показаться нам всем невежественным и глупым. Этот подход особенно нравится бюрократам, поскольку он защищает «глупых» потребителей от самих себя. Ответ 1: Отсутствие надлежащей правовой процедуры. Ваш коллега обладает всей необходимой информацией и даже понимает ход дискуссии, но ведет себя намеренно воинственно, вынашивая злые намерения. Многие религиозные лидеры и последователи смотрят на неверующих в том же свете: если они не согласны с ними, то они, должно быть, агенты сатаны!

Вывод: нет ничего более убедительного, чем ваши собственные убеждения, поэтому самоанализ может дать настоящее самопознание. К сожалению, самоанализ часто фальсифицируется или фальсифицируется слишком большим доверием к внутренним наблюдениям, слишком большим и слишком длительным; во-вторых, наше восприятие себя зачастую выше, чем других, и это создает иллюзию превосходства; средство от обоих — стать более критичным по отношению к себе — относиться к внутренним наблюдениям с таким же скептицизмом, как и к заявлениям третьих лиц; станьте вашим самым жестким критиком!

См. также «Иллюзия контроля» (гл. 17); Корыстная предвзятость (гл. 45); Предвзятость подтверждения (главы 7–8) и синдром «не изобретено здесь» (глава 74) — подробнее по этим темам.

Почему вам следует поджигать свои корабли

Рядом с моей кроватью лежат 24 книги, сложенные высокой стопкой. Хотя я погружаюсь и выхожу, никто не может покинуть мое владение. Хотя я знаю, что спорадическое чтение не даст мне никакой реальной информации, несмотря на все часы, проведенные за чтением, поэтому вместо этого для меня было бы разумнее сосредоточиться на одной книге за раз; так почему же я до сих пор жонглирую всеми 24 из них одновременно?

Мой друг знает мужчину, который встречается с тремя женщинами одновременно и может представить, что создаст семью с любой из них, но не может заставить себя выбрать только одну - это означало бы навсегда отказаться от двух других; если варианты остаются открытыми, все варианты остаются доступными, хотя в результате не формируются реальные отношения.

Генерал Сян Юй в третьем веке до нашей эры послал свою армию через реку Янцзы, чтобы бросить вызов династии Цинь. Пока его войска спали, он приказал поджечь все корабли; На следующее утро он сказал им: «Теперь у вас есть только один выбор: либо сражаться, чтобы победить, либо умереть». Исключив возможность отступления, он помог сосредоточить их внимание исключительно на битве. Испанский конкистадор Кортес использовал аналогичную мотивационную тактику во время своего завоевания Мексики в шестнадцатом веке, когда после высадки на ее восточном побережье он в качестве мотивации потопил собственный корабль.

Сян Юй и Кортес выделяются среди остальных; большинство людей стремятся максимально расширить свои возможности. Профессора психологии Дэн Ариэли и Дживун Шин продемонстрировали силу этого инстинкта с помощью онлайн-игры. Вначале игрокам давали 100 очков, и на экране появлялись три двери — красная, синяя и зеленая. Открытие каждого из них стоит одно очко; однако за каждую комнату, в которую они входили, они могли заработать дополнительные очки. Игроки реагировали логично, предпочитая оставаться в одной комнате до ее реализации. Затем Ариэли и Шин изменили правила: если двери не открывались в течение двенадцати ходов, они начинали сжиматься на экране, а в конечном итоге полностью исчезали; затем игроки носились от двери к двери в поисках потенциальных сокровищ; в результате этой непродуктивной борьбы они набрали на 15% меньше очков, чем в предыдущей игре. Наконец, Ариэли и Шин добавили еще одну особенность: они изменили способ набора очков, увеличив размеры дверей на 25 %! Наконец, они добавили еще один поворот: на этот раз игроки все равно будут набирать 10% очков! Организаторы добавили еще одну особенность: еще раз: двери могли закрываться в течение двенадцати ходов, когда они появлялись, что вынуждало игроков перепрыгивать через двери и открывать их так же быстро, как и раньше! Затем Ариэли и Шин внесли еще одно изменение; на этот раз, когда двери не открывались в течение двенадцати ходов, двери начали сжиматься за кадром и в конечном итоге исчезли за кадром! Когда Ариэли и Шин снова изменились, изменив правила: двери должны были открыться за двенадцать ходов, иначе они исчезнут за кадром! Игроки начали мчаться от двери к двери, пытаясь обеспечить доступ ко всем потенциальным сокровищам, в результате чего они набрали на 15% меньше очков! Ариэли и Шин добавили один последний поворот: на этот раз, чем в предыдущей игре, они набирают на 15% меньше очков, набирают на 15% меньше очков, чем раньше, добавляя последний поворот: организаторы добавили еще один поворот: однажды открывшись в течение двенадцати ходов, они постепенно исчезли с экрана, пока в конце концов исчезло раньше Исчезло вообще исчезло, поскольку двери начали сжиматься, Ариэли изменила правила, необходимые двери теперь были открыты за двенадцать ходов в противном случае начали сжиматься за пределы экрана за двенадцать ходов или в противном случае сразу же исчезли, сделав дверь после 12 ходов или их предыдущий результат 15 так быстро так много кричал, что раньше набирал на 15% меньше очков, набирал на 15% меньше очков, а затем добавил еще один поворот...

Открытие дверей теперь стоит три очка, и возникло такое же беспокойство: игроки тратили свои очки, пытаясь держать все двери открытыми. Даже узнав, сколько точек спрятано в каждой комнате, изменений не произошло; предыдущие варианты были для них слишком большими расходами.

Почему мы действуем иррационально? Потому что его последствия часто не однозначны. Например, на финансовых рынках это очевидно: любой опцион на ценную бумагу всегда что-то стоит; не существует такого понятия, как бесплатный вариант; однако в других сферах варианты часто кажутся бесплатными; хотя на самом деле за это тоже приходится платить; каждое решение требует умственной энергии и отнимает драгоценное время на размышления и жизнь; Руководители, которые изучают все возможные варианты расширения, в конечном итоге часто не выбирают ни одного; компании, которые пытаются обслуживать все сегменты клиентов, часто терпят неудачу; Продавцы, которые преследуют потенциальных клиентов, часто в конечном итоге не заключают сделок, несмотря на все усилия.

Сегодня люди склонны зацикливаться на одновременном выполнении множества проектов и быть открытыми для каждой представившейся возможности; но такой подход может быстро подорвать успех. Вместо этого мы должны узнать, когда и почему закрывать двери; бизнес-стратегии служат в основном заявлениями о том, какой деятельностью не следует заниматься. Используйте тот же подход, что и в бизнесе: составьте список того, чем не следует заниматься в жизни, и примите взвешенные решения не использовать определенные возможности; Когда появится вариант, проверьте его на соответствие своему списку, к которому нельзя стремиться, прежде чем предпринимать дальнейшие шаги. Список не только поможет вам избежать неприятностей, но и сэкономит время, затрачиваемое на принятие решений. Имея список на руках, вместо того, чтобы принимать решения каждый раз, когда открывается новая дверь (многие двери не имеют смысла, даже если их ручки кажутся достаточно простыми), все, что вам нужно делать, это возвращаться к нему, делая выбор.

См. также: Ошибка невозвратных затрат (гл. 5);

ПРЕДУПРЕЖДЕНИЕ О НЕОМАНИИ

Как будет выглядеть наш мир через пятьдесят лет и какие предметы будут окружать нас ежедневно? Легко увлечься неоманией; давайте отложим в сторону всякое «новенькое».

У людей, размышлявших над этим вопросом пятьдесят лет назад, были фантастические представления о том, как будет выглядеть «будущее»: небесные шоссе, города, напоминающие стеклянные миры, и сверхскоростные поезда, мчащиеся между небоскребами. Мы жили бы в пластиковых капсулах, подводных городах, отдыхали бы на Луне, принимая таблетки, вместо того, чтобы зачать биологических детей посредством зачатия; вместо этого выбирайте детей из каталогов, чтобы они были нашими детьми; роботы станут лучшими друзьями, а не спутниками людей, а смерть уже давно будет искоренена – картина, которую они себе представляли, была не за горами!

Но подождите секунду: внимательно осмотритесь вокруг: вы сидите в кресле, созданном в Древнем Египте; ношение штанов было изобретено германскими племенами около 5000 лет назад около 750 г. до н. э.; кожаные туфли на ваших ногах появились во время последнего ледникового периода; ваши книжные полки сделаны из дерева — одного из древнейших строительных материалов, известных человечеству; во время обеда вы пользуетесь вилкой так, как ею пользовались римляне: засовывать в рот куски мертвых животных и растений во время обеда – ничего не изменилось – ничего не изменилось и;

Задаемся ли мы вопросом, как будет выглядеть наш мир через пятьдесят лет? Нассим Талеб предлагает нам некоторые рекомендации в своей книге «Антихрупкость»; учтите, что большинство технологий, существовавших за последние полвека, будут продолжать служить человечеству еще полвека – при этом новейшие технологии устареют быстрее, чем ожидалось. Почему? Думайте об изобретениях как о видах: все, что выдержало столетия эволюции, скорее всего, сохранит свою силу и в будущем. Старая технология проверена; присущая ему логика не всегда может быть полностью понята. Вам следует принять это во внимание, когда в следующий раз будете присутствовать на совещании по стратегии, поскольку то, что сохранялось на протяжении веков, должно иметь определенную ценность. Будущее через пятьдесят лет, скорее всего, будет похоже на сегодняшний день, хотя вы можете увидеть появление новых ярких гаджетов или изобретений, которые поначалу могут вызвать интерес. Однако они часто приходят и уходят быстро.

Размышляя о своем будущем, мы часто уделяем слишком много внимания технологическим инновациям и «убийственным приложениям», недооценивая при этом их роль.

Талеб наблюдал эту тенденцию на протяжении всей истории. В 1960-х годах космические путешествия были в моде, и многие ученики воображали, что отправляются в школьную поездку на Марс. Позже, в том же десятилетии, пластиковые дома вошли в моду, и мы задумались о том, как украсить наши прозрачные жилища пластиковой мебелью. Он объясняет эту тенденцию «неоманией», увлечением всем новым и блестящим.

Поначалу я испытывал симпатию к ранним пользователям — тем людям, которые не могут жить без доступа к новейшему iPhone. В то время я думал, что они опередили свое время; теперь, однако, я рассматриваю их как иррациональных людей, страдающих неоманией: они, похоже, меньше озабочены тем, приносит ли продукт ощутимую пользу, но больше озабочены новизной, чем фактической полезностью.

Не принимайте радикальных мер при прогнозировании будущего. Иллюстрацией этому служит классический фильм Стэнли Кубрика 1968 года «2001: Космическая одиссея». В этом дальновидном произведении, действие которого происходит на рубеже тысячелетий, предсказывалось, что в Америке появится тысячная лунная колония, обслуживаемая пригородными рейсами PanAm, - чего никто не ожидал. Вместо этого я предлагаю следующее практическое правило: все, что выживало в течение X лет, будет продолжать существовать еще X лет - Нассим Талеб считает, что исторический «фильтр чуши» может отделить уловки от тех, кто меняет правила игры, поэтому я готов поспорить с ним!

См. также «Гедонистическая беговая дорожка» (гл. 46) как пример того, почему пропаганда работает.

Во время Второй мировой войны каждая нация создавала пропагандистские фильмы. Их использовали для разжигания националистических чувств как среди гражданского населения, так и среди солдат, а также для поощрения жертвования ради своей нации. Потратив непомерную сумму только на пропагандистские фильмы, военное ведомство США провело исследования, чтобы выяснить, имели ли эти расходы какую-либо отдачу. Исследования проводились с участием регулярных солдат; их ответ вовсе не свидетельствовал об увеличении военного энтузиазма!

Считали ли солдаты эти фильмы плохо сделанными? Едва ли. Скорее, солдаты знали эти фильмы как пропаганду, которая делала практически невозможным, чтобы какое-либо послание, представленное в этих фильмах, имело какой-либо вес у зрителей; даже если фильм вызвал спор или достаточно взволновал аудиторию, чтобы заслужить внимание или признательность за его послание; его содержание будет просто рассматриваться как пустое и полностью игнорироваться.

Девять недель спустя произошло нечто неожиданное: психологи провели еще одну оценку отношения солдат к войне; Результат: те, кто смотрел фильм, выразили гораздо большую поддержку, чем те, кто его не смотрел. Очевидно, пропаганда сработала!

Ученые были ошеломлены, зная, что убедительная сила аргументов со временем уменьшается, как радиоактивный материал. Вы, вероятно, испытали это на себе: прочитали статью о преимуществах генной терапии, поначалу воодушевились, но через несколько недель быстро потеряли интерес; наконец, остались лишь остатки энтузиазма.

Удивительно, но пропаганда часто работает наоборот: как только она находит отклик у людей, ее влияние со временем только возрастает. Почему? Психолог Карл Ховланд провел эксперимент по заказу военного ведомства и придумал этот феномен «Эффект спящего». В настоящее время наше лучшее объяснение этому состоит в том, что наша память забывает источник быстрее, чем то, что сказал сам аргумент (например, Департамент пропаганды), запоминая само сообщение (т. е. Война необходима и благородна).
Таким образом, информация, полученная из ненадежных источников, со временем постепенно завоевывает доверие, поскольку дискредитирующие силы рассеиваются быстрее, чем их послание.

На выборах в США все чаще появляется негативная политическая реклама, в которой кандидаты пытаются унизить послужной список или репутацию друг друга обманчиво простыми способами. В этом случае политическая реклама должна соответствовать законодательству США о предвыборной агитации, раскрывая информацию о своих спонсорах в конце каждой рекламы, однако многочисленные исследования показывают, что что эффекты спящего все еще действуют среди неопределившихся избирателей, поскольку посланник исчезает, в то время как их заявления остаются запечатленными в памяти - это позволяет кандидатам выдвигать самые разрушительные обвинения против конкурирующих кандидатов, не опасаясь репрессий или последствий, которые могут быть выдвинуты против любой из сторон, если конечный результат будет быть менее негативным, чем ожидается по закону - это делает предвыборную рекламу гораздо более сложным процессом, чем ее следует использовать против конкурирующих кампаний оппонентами с обеих сторон в кампаниях с точки зрения явки избирателей или показателей явки, чем это было возможно в предыдущие сезоны избирательных кампаний.

Меня часто удивляло, как вообще может работать реклама. Любой здравомыслящий человек должен легко распознавать рекламу такой, какая она есть, и дисквалифицировать или классифицировать ее соответствующим образом; но даже вам, как проницательному и умному читателю, не всегда удастся сделать это успешно; через несколько недель вы можете забыть, откуда взялась определенная информация - будь то информативная статья или безвкусная реклама!

Как можно противостоять эффекту спящего? Во-первых, будьте осторожны с любыми непрошеными советами, даже если они кажутся благими намерениями — это в некоторой степени защитит вас от манипуляций. Во-вторых, избегайте источников с рекламой, насколько это возможно (нам повезло, что книги остаются без рекламы!). В-третьих, определите и запомните, кто был источником каждого спора, с которым вы сталкиваетесь. Постарайтесь максимально понять их рассуждения, а также то, кому и что выгодно. Хотя этот процесс может несколько замедлить процессы принятия решений, но со временем он также улучшится.

См. также Обрамление (гл. 42); Эффекты первичности и новизны (гл. 73); Новости Иллюзия (гл. 99).

Альтернативная слепота

Представьте себе: вы листаете брошюру, рекламирующую преимущества степени MBA, предлагаемой в вашем местном университете. Ваш взгляд скользит по фотографиям увитого плющом кампуса и ультрасовременных спортивных сооружений; наряду с изображениями улыбающихся студентов разных этнических групп с акцентом на молодых женщин, предприимчивых китайцев и индийцев. Наконец, вы получаете обзор, который иллюстрирует его финансовую ценность: плата в размере 100 000 долларов может быть легко компенсирована выпускниками, получающими дополнительный заработок перед выходом на пенсию: примерно 400 000 долларов после уплаты налогов! Ежу понятно.

Неправильный. Такой аргумент таит в себе не одно, а четыре заблуждения. Во-первых, это «иллюзия тела пловца», поскольку программы MBA, как правило, привлекают людей, ориентированных на карьеру, которые, вероятно, будут получать зарплату выше средней без дополнительной квалификации, такой как квалификация MBA. Миф второй: обучение на MBA занимает два года, и за это время можно ожидать потери дохода в размере 100 000 долларов; поэтому реальная стоимость MBA, вероятно, превысит 100 000 долларов США, если принять во внимание потенциальную прибыль от инвестиций. В-третьих, глупо делать оценки на более чем тридцатилетний период: кто знает, что произойдет за этот период? Наконец, существуют и другие варианты; не чувствуйте себя связанными только принципами «получите MBA или не получайте MBA». Возможно, есть другая программа, которая стоит значительно дешевле, а также предлагает преимущества карьерного роста. Я нахожу четвертое заблуждение особенно интересным; назовем это альтернативной слепотой: когда мы не можем сравнить существующее предложение с его ближайшим к нему лучшим альтернативным предложением.

Вот пример из финансов: представьте, что у вас есть деньги, накопленные на сберегательном счете, и вы обратитесь за советом к инвестиционному брокеру, который рекомендует купить облигацию, по которой выплачивается 5% процентов, а не только 1%, который возвращают сберегательные счета. Считаем ли мы, что покупка облигаций имеет смысл? Никто не знает. Рассмотрение только этих двух вариантов не даст точной оценки; чтобы по-настоящему оценить все возможные инвестиционные варианты, а затем выбрать оптимальный (именно так это делает ведущий инвестор Уоррен Баффет).

Баффет сравнивает каждую транзакцию со второй лучшей сделкой, доступной в любой момент времени, даже если это означает, что мы должны делать больше того, что мы уже делаем».

В отличие от Уоррена Баффета, политики часто становятся жертвами альтернативной слепоты. Представьте, что ваш город планирует построить спортивную арену на пустом участке земли; Сторонники могут утверждать, что это принесет жителям большую эмоциональную и финансовую выгоду, чем пустой участок - однако это сравнение ошибочно: вместо этого им следует оценить все идеи, которые становятся невозможными из-за его строительства, такие как школы, центры исполнительских искусств, больницы или мусоросжигательные заводы; в качестве альтернативы они могли бы продать землю и инвестировать вырученные средства или сократить городской долг с помощью этого альтернативного решения.

Вы игнорируете альтернативные решения? Представьте себе, что ваш врач через пять лет обнаруживает опухоль и предлагает сложную операцию, которая в случае успеха приведет к ее полному удалению, однако риск считается высоким, а общая выживаемость составляет всего 50%. Как вы решите? Тщательно обдумайте свои варианты: верная смерть через пять лет или 50%-ная вероятность умереть на следующей неделе; альтернативная слепота! Возможно, в другой больнице города есть вариант инвазивной хирургии, который в настоящее время не предлагает его в вашем учреждении. Хирургическое вмешательство по замедлению роста опухоли могло лишь временно облегчить симптомы; однако эта инвазивная операция обеспечивает больше времени и спокойствия, чем ее альтернативы; кто знает, может быть, за эти десять лет появятся более совершенные методы лечения опухолей?

Итог: если вам трудно принимать решения, помните, что вам доступно более двух вариантов — например, отказ от операции и операция с высоким риском. Не чувствуйте себя пойманным в ловушку между абсолютным выбором и его возможными альтернативами; будьте открыты!

См. «Парадокс выбора» (гл. 21); «Иллюзия тела пловца» (гл. 2) для дальнейшего чтения по этим темам.

ПОЧЕМУ МЫ НАПРАВЛЯЕМСЯ НА МОЛОДЫХ Стрелков

Социальная предвзятость сравнения

После того, как моя книга заняла первое место в списке бестселлеров, мой издатель попросил меня помочь в одобрении другого издания от знакомого, которое попадало в первую десятку списка; они считали, что мой отзыв придаст им дополнительный импульс для включения в этот список.

Всегда удивлялся тому, что эти отзывы вообще работают, учитывая, что мы все знаем, что только положительные комментарии попадают на обложки книг (включая эту книгу). Рациональный читатель должен отложить похвалу или, по крайней мере, рассмотреть ее наряду с любой потенциальной критикой, которая всегда присутствует, даже если в разных формах. Хотя я написал много отзывов о других книгах, ни один из них не касался конкурирующих изданий. Обдумывая свои варианты, я понял, что сработала предвзятость социального сравнения – тенденция избегать помощи тем, кто вскоре может затмить вас и выглядеть глупо в долгосрочной перспективе.

Отзывы о книгах могут служить безобидным примером предвзятости социального сравнения; однако академические круги вывели это на совершенно более опасный уровень. Каждый ученый стремится опубликовать как можно больше статей в престижных научных журналах, зарабатывая себе право оценивать материалы коллег-ученых, подающих работы для публикации. Со временем редакторы просят вас оценить материалы других ученых — часто только два или три эксперта решают, какие статьи попадают в ту или иную область; учитывая все эти знания, что произойдет, если начинающий исследователь представит потрясающую статью, которая угрожает свергнуть признанных экспертов? Они, скорее всего, станут особенно строгими при его оценке — это предвзятость социального сравнения в действии!

Психолог Стивен Гарсиа и его коллеги-исследователи описывают пример, когда нобелевский лауреат запретил одному из своих многообещающих молодых коллег подавать заявление на работу в «его» университет, хотя поначалу это могло показаться разумным; со временем это становится контрпродуктивным, когда упомянутый молодой коллега присоединяется к другой исследовательской группе, что потенциально исключает любые дальнейшие контакты между старым профессором и им или ею и этим молодым вундеркиндом.
Гарсия предполагает, что предвзятость социального сравнения может быть одним из факторов, мешающих учреждениям сохранять свой статус исследовательских групп

мирового уровня в течение длительного периода. Лишь немногим исследовательским группам удается оставаться на вершине в течение многих лет подряд.

Предвзятость социального сравнения — еще одна серьезная проблема начинающих компаний. Гай Кавасаки в течение четырех лет был «главным евангелистом» Apple, а сегодня консультирует предпринимателей в качестве венчурного капиталиста и консультанта. По словам Кавасаки: «Отличные игроки нанимают людей даже лучше, чем они сами. Как заявил Стив [Джобс], игроки B набирают игроков C, чтобы чувствовать свое превосходство над ними, а игроки C вербуют игроков D; нанимая B-игроков, ожидайте, что внутри вашей организации произойдет то, что он назвал «взрывом сумасшедших»; найм B-игроков в конечном итоге приводит к найму Z-игроков вместо B-игроков. Рекомендация: нанимайте людей, которые лучше вас самих, иначе вскоре вы возглавите команду неудачников. Здесь применяется так называемый эффект Дюнинга-Крюгера; Некомпетентные Z-игроки часто обладают даром не замечать его масштабов, полагая, что обладают большим интеллектом, чем есть на самом деле; такие люди создают иллюзорное превосходство, которое заставляет их совершать еще больше ошибок, которые, в свою очередь, со временем разрушают кадровый резерв.

Исааку Ньютону в то время было 25 лет, и когда его школа закрылась из-за вспышки чумы в 1666–1667 годах, Исаак Барроу предложил прийти и посмотреть его исследования, которые Барроу немедленно оставил с должности профессора, чтобы присоединиться к нему в качестве одного из учеников Ньютона. - это было поистине благородно с его стороны! Какой этический пример это подало. А когда вы в последний раз слышали о том, чтобы профессор ушел в отставку в пользу другого кандидата или генеральный директор отказался от своей должности из-за того, что понял, что один из их сотрудников может работать лучше?

Вывод: В заключение, воспитываете ли вы людей более талантливых, чем вы сами? Хотя на начальном этапе это может поставить под угрозу ваше положение, в долгосрочной перспективе это принесет только пользу. Другие в любом случае на каком-то этапе вас обгонят; пока это время не настало, было бы разумно найти их хорошие стороны и поучиться у них - это было моей мотивацией при написании отзыва в конце. Для дальнейшего чтения см.: Зависть (гл. 86); Эффект контраста (гл. 10).

Эффекты первичности и новизны

Позвольте мне представить двух мужчин, Алана и Бена. Сразу решите, кого вы предпочитаете, не задумываясь слишком долго: Алан умный, трудолюбивый, импульсивный, критичный, упрямый и ревнивый, в то время как качества Бена включают в себя эти характеристики, но с изюминкой: Бен также может быть ревнивым, упрямым, критическим, импульсивным, трудолюбивым, умным. также. Большинство людей выбирают Алана, хотя оба описания звучат одинаково. Ваш мозг склонен уделять больше внимания прилагательным, перечисленным первыми, таким образом создавая две разные личности: Алан трудолюбив, а Бен проявляет ревность и упрямство – это явление, известное как эффект первенства.

Без эффекта первенства люди отказались бы от роскошных вестибюлей в своих штаб-квартирах; ваш адвокат будет с таким же удовольствием появиться на ваших встречах в изношенных кроссовках, а не в дизайнерских оксфордах.

Эффект первичности часто приводит к практическим ошибкам. Нобелевский лауреат Дэниел Канеман рассказывает, как в начале своей профессорской деятельности он оценивал экзаменационные работы по порядку: студенту 1, затем студенту 2, затем все последующие вопросы, на которые были даны безупречные ответы, получали более высокие баллы; это означало, что студенты, которые отвечали идеально, становились фаворитами Канемана, и это в конечном итоге повлияло на то, как он оценивал другие части их экзаменов. Чтобы противодействовать этому эффекту, Канеман начал оценивать отдельные вопросы группами: сначала оцениваются все ответы на вопрос 1, затем все ответы на вопрос 2 и т. д. – тем самым противодействуя этому эффекту и полностью нейтрализуя его.

К сожалению, этот трюк не всегда срабатывает на практике; например, нанимая новых сотрудников, вы рискуете нанять человека, который первым произведет хорошее первое впечатление. Чтобы максимизировать эффективность при ответе на похожие вопросы по одному от всех кандидатов в очереди.

Представьте себя членом совета директоров компании. Возникает тема обсуждения, по которой вы еще не определились, и один или несколько присутствующих участников высказывают мнение, которое может повлиять на вашу общую оценку. Не стесняйтесь высказать это раньше, чем это сделают другие – так все смогут научиться.

Сделав это, вы получите больше влияния на своих коллег и перетянете их на свою сторону. Если вы возглавляете комитет, обязательно собирайте мнения в случайном порядке, чтобы ни у кого не было несправедливого преимущества перед другим членом.

Эффект первичности не всегда может быть виноват; Эффект новизны часто играет не менее влиятельную роль. Информация, хранящаяся совсем недавно, имеет тенденцию лучше запоминаться в нашей памяти – это происходит потому, что наши файлы кратковременной памяти содержат лишь ограниченное пространство; как только появляется что-то новое, старое должно уступить место.

Когда первенство превосходит эффект новизны, и наоборот? Когда приходится принимать немедленные решения на основе множества впечатлений (характеристик, ответов на экзамене и т. д.), эффект первенства становится тяжелее. Но если эти впечатления формировались в течение более длительного периода времени (например, если вы недавно слушали речь), то эффект новизны более заметен; вы будете более четко помнить его конечные точки/изюминки, а не начальные.

Вывод: преобладают первоначальное и последнее впечатления, а это означает, что содержание между ними имеет лишь минимальное значение. Старайтесь избегать принятия решений, основанных исключительно на первоначальных впечатлениях; они, несомненно, обманут вас в той или иной форме. Оценивайте все аспекты справедливо и беспристрастно (хотя это, возможно, легче сказать, чем сделать), например, проводите собеседования, записывая баллы каждые пять минут, а затем усредняя их впоследствии, чтобы убедиться, что все аспекты учитываются одинаково, например, баллы «здравствуйте» и «прощай».

См. также Иллюзия внимания (гл. 88); Эффект спящего (гл. 70); Эффект заметности (гл. 83)

ПОЧЕМУ САМОЕ ЛУЧШЕ

Синдром «изобретенного не здесь»

Мои кулинарные способности довольно просты, и моя жена это знает. Однако время от времени мне удается создать что-нибудь съедобное. Недавно, покупая камбалу, я приготовил необычный соус, состоящий из белого вина, пюре из фисташек, меда, тертой апельсиновой цедры и бальзамического уксуса - и когда она попробовала его, она начала соскребать то, что она считала слишком смелым экспериментом; но я подумал, что вкус у него замечательный, и объяснил детали, но в выражении ее лица не было видно никаких изменений.

Две недели спустя моя жена снова приготовила камбалу на ужин, на этот раз готовя ее сама. Она приготовила два соуса: проверенный временем соус бер-блан, а также необычный рецепт от ведущего французского шеф-повара, который имел ужасный вкус; позже выяснилось, что это швейцарец! Очевидно, она застала меня врасплох; Я поддался синдрому «не изобретено здесь» (синдром NIH), при котором любое творение, созданное вами самостоятельно, становится превосходным по сравнению со всем, что будет после.

Синдром NIH заставляет людей влюбляться в свои собственные идеи. Это касается не только рецептов рыбного соуса, но и всех форм решений, бизнес-идей и изобретений, разработанных внутри компании; компании часто оценивают такие концепции как более значимые, чем любые, полученные из внешних источников; однако это не обязательно может быть точным в действительности. Недавно я встретился с генеральным директором поставщика программного обеспечения для компаний медицинского страхования. Он объяснил, насколько сложно его фирме (хотя она лидировала на рынке с точки зрения обслуживания, безопасности и функциональности) продавать свои программные продукты напрямую потенциальным клиентам. Многие страховщики считают, что их собственные решения обеспечивают оптимальные решения. Еще один генеральный директор рассказал мне, как трудно было убедить своих сотрудников в штаб-квартире принять решения, предложенные отдаленными дочерними компаниями.

Когда люди сотрудничают для решения проблем и сами оценивают эти идеи, синдром NIH неизбежно проявится и пойдет своим чередом. Таким образом, оно неизбежно имеет впечатляющий результат, который приводит к его впечатляющему проявлению. Это делает условие еще более важным.

Разделение команд на две группы имеет смысл: одна будет генерировать идеи, а другая их оценивать, при этом идеи, сгенерированные одной командой, оцениваются другой, а затем меняются местами - таким образом обе группы получают одинаковое время для создания идей и оценки концепций другой. Мы склонны оценивать наши собственные бизнес-идеи более позитивно, чем идеи, предложенные другими, — это качество, необходимое для предпринимательского успеха, но часто приводящее к разочаровывающим результатам в стартапах.

Психолог Дэн Ариэли использовал свой блог в The New York Times для количественной оценки синдрома NIH. Читатели, по просьбе Арие, предложили решения шести проблем, таких как «Как города могут сократить потребление воды, не ограничиваясь законом?», внося предложения и оценивая осуществимость; дальнейшее уточнение временных и денежных затрат на каждую предложенную идею; наконец, использовал всего пятьдесят слов, поэтому все предоставленные ответы точно совпадали. Несмотря на это, большинство читателей оценили свои ответы как более важные и применимые, чем их коллеги-соавторы, даже если ответы были практически идентичны.

На уровне общества синдром NIH может иметь катастрофические последствия. Мы часто отвергаем разумные идеи других культур просто потому, что не можем оценить их доказанные достоинства. Швейцария, где каждый штат или кантон (по-французски произносится как cantonessalee) обладает определенными полномочиями, стала домом для необычного случая Национального участия в здравоохранении (NIH), когда один небольшой кантон отказался одобрить избирательное право женщин, несмотря на возмущенное решение федерального суда в 1990 году, которое фактически изменили его – еще один яркий пример национального вмешательства в здравоохранение. Рассмотрим также современную кольцевую транспортную развязку, спроектированную британскими инженерами-транспортниками в 1960-х годах и реализованную по всей Великобритании. Имеет строгие требования к урожайности. После нескольких десятилетий забвения и сопротивления меры по уменьшению заторов на дорогах, такие как кольцевые развязки, в конечном итоге распространились как по Северной Америке, так и по континентальной Европе. Только во Франции сегодня имеется более 30 00 кольцевых развязок, которые многие французы ошибочно приписывают ее создателю, спроектировавшем площадь Этуаль.

Вывод: мы склонны увлекаться собственными идеями, все больше опьяняя их силой. Чтобы оставаться трезвым и объективно оценивать их качество задним числом: какие из ваших идей за последние десять лет были действительно выдающимися? Точно.

См. также Иллюзия самоанализа (гл. 67); Эффект владения (гл. 23); Корыстная предвзятость (гл. 45); Эффект ложного консенсуса (гл. 77)

Как получить прибыль от невероятных активов

«Все лебеди белые». На протяжении веков это утверждение оставалось верным. Каждый образец снега был подтверждением этого утверждения; какой-нибудь другой цвет? Немыслимо. Так было до 1697 года, когда Виллем де Вламинг впервые встретил черного лебедя во время экспедиции в Австралию; с тех пор черные лебеди стали символизировать невероятное в жизни.

Однажды в 1987 году был такой день - Нассим Талеб описал это событие в своей книге, не предупредив о его исходе! Событие «Черный лебедь».

События «Черного лебедя» — это невообразимые события, которые кардинально меняют жизнь, карьеру и общество — от метеоритов, которые сбивают вас с ног, до открытия Саттером золота в Калифорнии или смерти Саттера; от открытия Саттера до разработки спутника и интернет-браузера; или другая встреча, которая полностью переворачивает жизни - каждая из них является потенциальным Черным лебедем, который может иметь положительные или отрицательные последствия - все они квалифицируются как Черные лебеди.

Дональд Рамсфелд когда-то прославился тем, что сформулировал на пресс-конференции мощную философскую мысль: есть вещи, которые мы знаем наверняка («известные факты»), некоторые вещи, которые остаются неизвестными («известные неизвестные»), и те вещи, которые остаются для нас скрытыми или загадочными. («неизвестное неизвестное»).

Исследуем ли мы сейчас размеры и масштабы Вселенной, наличие ядерного оружия в Иране или делает ли Интернет нас умнее или глупее? Эти вопросы представляют собой «известные неизвестные», на которые, приложив достаточные усилия, мы можем однажды надеяться дать ответы; в отличие от неизвестных неизвестных, таких как мания Facebook, которую никто не предвидел с самого начала десять лет назад: это было действительно неожиданно и непредсказуемо.

Почему «Черные лебеди» важны? Хотя это может показаться странным, «черные лебеди» с течением времени встречаются все чаще и имеют тенденцию становиться все более значимыми. Хотя мы можем с уверенностью планировать свое будущее, неожиданные события, такие как «Черные лебеди», часто могут заставить нас колебаться в ответ.

Петли обратной связи и нелинейные влияния часто подрывают наши самые лучшие намерения, приводя к неожиданным результатам. Одна из причин — присущая нашему мозгу способность охотиться и собирать. Во времена каменного века охотникам редко приходилось сталкиваться с чем-то по-настоящему экстраординарным — наши преследуемые олени зачастую были медленнее или быстрее, жирнее или тоньше. Все тяготело к устойчивому среднему значению.

Сегодня все по-другому; один прорыв может увеличить ваш доход на порядок – спросите Ларри Пейджа, Усейна Болта, Джорджа Сороса, Дж. К. Роулинг или Боно, например. Раньше такие успехи были невообразимы – лишь недавно такие подвиги стали возможны и привели к нашему современному страху перед экстремальными сценариями. Поскольку вероятности не могут опускаться ниже нуля, а человеческие мысли часто допускают ошибки, вам следует предположить, что все имеет вероятность выше нуля.

Что может быть сделано? Поместите себя в ситуации, которые могут позволить вам поймать попутку.

Создайте себе возможность посчастливиться пережить позитивное событие «Черного лебедя» (хотя это крайне маловероятно). Подумайте о том, чтобы стать художником, изобретателем или предпринимателем, создающим масштабируемый продукт. Продавать свое время в качестве наемного работника, дантиста или журналиста не получится, хотя, даже если вас вынудят продолжать этот путь, избегайте ситуаций, которые могут привести к возникновению негативных событий «Черного лебедя». Держитесь подальше от долгов, инвестируйте свои сбережения как можно консервативнее и соглашайтесь на скромный уровень жизни независимо от того, произойдет ли ваш большой прорыв или нет.

Заметки о неприятии двусмысленности (гл. 80); Прогноз Иллюзии (гл. 40); Альтернативные пути (гл. 39) и Ожидания (гл. 62) от этой книги.

Знания не подлежат передаче

Написание книг о ясном мышлении приносит много вознаграждений: бизнес-лидеры и инвесторы рады платить мне за выступления на эту тему за хорошие деньги, хотя это кажется странным, поскольку книги намного дешевле. На одной медицинской конференции я выступал с докладом о пренебрежении базовой нормой, используя аналогию из медицины: в частности, при обсуждении колющей боли в груди у 40-летних пациентов это может указывать на болезнь сердца или просто на стресс – стресс гораздо более вероятен (с более высокой базой). уровень), поэтому было бы разумно сначала проверить эту возможность, прежде чем тестировать на сердечные заболевания или стресс - это интуитивно поняли все врачи, когда я использовал пример из экономики; однако большинство запиналось при попытке понять эту идею в деталях по сравнению с аналогиями из медицины или медицины в целом по сравнению с использованием экономического примера из медицины, эта аналогия с треском провалилась при объяснении этого аспекта пренебрежения базовой ставкой: когда речь идет о пренебрежении базовой ставкой (пренебрежение базовой ставкой проще).

Как и в случае с инвесторами, выступая перед аудиторией, я испытываю схожие явления: когда использую примеры из финансов или экономики для иллюстрации заблуждений, они быстро завоевывают популярность; но если я использую примеры из биологии, они кажутся потерянными, показывая, что идеи нелегко передаются из одной области в другую — эффект, известный как зависимость от предметной области.

Гарри Марковиц получил Нобелевскую премию по экономике 1990 года за свою теорию «выбора портфеля». Этот процесс определяет оптимальный состав портфеля с учетом как риска, так и доходности. Применительно к собственным сбережениям Марковица – как распределить их между акциями и облигациями – он просто выбрал распределение 50/50. Лауреат Нобелевской премии не мог эффективно применять свой методологический процесс в личных делах; очевидный случай доменной зависимости; поэтому они не могут перенести знания из академических кругов в повседневную жизнь.

Мой друг – любитель адреналина. Ему нравится взбираться на нависающие скалы голыми руками и прыгать с гор в вингсьюте, а также заниматься другими авантюрными занятиями. На прошлой неделе он рассказал мне, почему начинать бизнес может быть рискованно; Банкротство не всегда может быть исключено как вариант. Когда мы обсуждали его точку зрения, я ответил: «Лично я предпочитаю быть банкротом, чем мертвым!» Он не оценил мои доводы!

Как автор, я понимаю сложность перехода от одной области знаний к другой. Мне легко дается создание сюжета романов и создание персонажей; пустые страницы меня не пугают! С другой стороны, иметь дело с пустыми коробками и экранами – это совсем другое.
Внутренний декор может быть сложным; Я могу часами смотреть в пространство, не имея ни одной идеи.

Компании часто полагаются на зависимость от домена. Компания-разработчик программного обеспечения может нанять эффективного продавца потребительских товаров и обнаружить, что перенести его таланты с потребительских товаров на продажу услуг окажется чрезвычайно сложно. Ведущий, который преуспевает в выступлении перед небольшими группами, может потерпеть неудачу, когда его аудитория превысит 100 человек; или опытный маркетолог может внезапно потерять стратегическую креативность, когда он переходит с должности генерального директора.

Марковиц приводит нам пример, который показывает, насколько трудным может быть переход от профессиональной жизни к частной. Я знаю руководителей, которые преуспевают в качестве лидеров на работе, но кажутся пустыми раковинами, когда приходит время интимных отношений за стенами их офиса. Как это часто бывает, профессия врача является самой наихудшей профессией, когда дело касается курения сигарет и употребления табачных изделий. Полицейские, как правило, в два раза более жестоки дома, чем гражданские лица, в то время как литературные критики получают плохие отзывы о своих книгах. У семейных терапевтов, как правило, более хрупкие браки, чем у их клиентов; по словам профессора математики Барри Мазура. «Несколько лет назад я пытался решить, стоит ли мне переезжать из Стэнфорда в Гарвард». После того, как мои друзья утомились бесконечными дискуссиями, один из них предложил мне составить список затрат и выгод, а также мою ожидаемую полезность для примерного расчета. Недолго думая, я ответил: «Да ладно, Сэнди, это серьезно». Не продумав как следует свой ответ, я ответил:

Передача знаний из одной области в другую может быть сложной задачей, особенно между академической средой и реальной жизнью, и особенно между академической средой и реальной жизнью, такой как академическая среда и сценарии реальной жизни. К сожалению, это относится даже к знаниям, изложенным в этой книге: вам может быть сложно применить их в повседневной жизни; даже для меня, как для автора, этот переход оказался трудным! Книжная смекалка нелегко перерастает в уличную смекалку.

См. также «Профессиональная деформация» (гл. 92); Знание шофера (гл. 16) и склонность к болтовне (гл. 57)

См. также «Профессиональная деформация» (гл. 92); Знание шофера (гл. 16) и склонность к болтовне (гл. 57)

МИФ О ЕДИНОМЫШЛЕНИИ

Какую музыку вы предпочитаете: музыку 60-х или 80-х? Как отреагировала бы широкая общественность? Люди склонны проецировать свои предпочтения на других; те, кто любит 1960-е, могут предположить, что большинство других тоже; Точно так же энтузиасты 1980-х годов могут предположить, что большинство других людей разделяют их музыкальные вкусы. Мы часто можем переоценивать единодушие среди окружающих нас людей и предполагать, что все согласны с нашими мыслями и убеждениями — этот феномен известен как эффект ложного консенсуса.

Психолог из Стэнфорда Ли Росс впервые исследовал это в 1977 году, создав доску для сэндвичей с надписью «Ешь у Джо» и попросив случайно выбранных студентов носить ее по кампусу в течение тридцати минут, прикинув, сколько других студентов добровольно пожелают сделать это; те, кто хотел носить этот знак, предполагали, что большинство других людей (62%) согласятся, в то время как те, кто вежливо отказался, считали, что большинство (67%) сочтут эту идею слишком глупой; обе группы студентов воображали себя частью народного большинства.

Эффект ложного консенсуса можно наблюдать среди групп интересов и политических фракций, которые постоянно переоценивают популярность своих идей, таких как глобальное потепление. Независимо от того, насколько важным для вас является этот вопрос, скорее всего, вы считаете, что большинство других людей разделяют вашу точку зрения по нему. Политики также склонны переоценивать свою популярность из-за присущей им склонности к оптимизму, которая не может не заставить их поверить в то, что их предвыборные перспективы выше, чем они есть на самом деле.

С художниками дела обстоят еще хуже: приступая к новым проектам, художники ожидают большего успеха, чем когда-либо прежде. Моим личным примером был мой роман «Массимо Марини», имевший абсолютный успех; в конце концов, он показал себя хорошо по сравнению со своими предшественниками (хотя они также получили положительные отзывы), которые, по моей оценке, казались столь же хорошими. Однако, к несчастью для меня, общественное мнение не согласилось и доказало мою неправоту: это явление известно как эффект ложного консенсуса.

И это в равной степени применимо и к бизнесу: то, что отдел исследований и разработок считает, что его продукт понравится потребителям, не означает, что потребители тоже. Компании, возглавляемые техническими специалистами, склонны принимать решения с учетом этой предвзятости.

Изобретатели, как правило, восхищаются расширенными возможностями своих продуктов и ошибочно полагают, что они также привлекут клиентов.

Эффект ложного консенсуса интересен еще по одной причине. Когда люди не разделяют нашего мнения, мы быстро называем их ненормальными или подозрительными. Эксперимент Росс подтвердил это; Студенты, носившие сэндвич-панели, считали тех, кто не согласен, высокомерными или эгоистичными, в то время как в другом лагере они считали их ищущими внимания, а носителей плакатов - идиотами и создателями шума.

Возможно, вы помните ошибочность социального доказательства – идеи о том, что идея становится лучше, чем больше людей под ней подписывается, – что предполагает эффект ложного консенсуса, аналогичный тому, который наблюдается во время выборов с ложным консенсусом. Нет. Социальное доказательство — это эволюционная стратегия выживания. Следование за толпой за последние 100 000 лет спасало нашу шкуру чаще, чем в одиночку. Хотя никакие внешние воздействия не участвуют в создании эффектов ложного консенсуса, они все же выполняют социальную функцию; следовательно, эволюция не устранила их. Наш мозг не был создан для распознавания истины; вместо этого их цель — произвести потомство как можно больше раз. Тот, кого считали смелым и убедительным (благодаря эффекту ложного консенсуса), производил впечатляющее первое впечатление, привлекал больше ресурсов и увеличивал свои шансы передать свои гены будущим поколениям. Сомневающиеся считались менее привлекательными.

Вывод: признать, что ваше мировоззрение не резонирует с общественным мнением, — это только полдела. Не считайте, что люди с другими идеями — идиоты, прежде чем полностью отмахнуться от них и не доверять им. Сначала внимательно и объективно взгляните на свои предположения и попробуйте бросить вызов самому себе. прежде чем негативно реагировать на людей с разными точками зрения.

См. также «Социальное доказательство» (глава 4) и «Синдром не изобретенного здесь» (глава 75) для дальнейшего обсуждения этих концепций.

Разница в риске и неопределенности

Отвращение к двусмысленности

Две коробки. В коробке А находится 100 шаров: 50 красных и 50 черных. В ящике В, независимо от того, какой из них выбран не глядя, 100 шаров одинакового размера, но неизвестно, какие из них будут красными или черными шарами, если какие-либо из них будут вытянуты оттуда случайно - если выпадет красный шар, вы выиграете 100 долларов. ! Какую коробку вы бы выбрали: А или Б? Большинство людей склонны выбирать вариант А.

Сыграйте еще раз, используя точно такие же коробки, и попробуйте на этот раз вытащить один черный шар за 100 долларов! Какую коробку вы бы выбрали на этот раз? Скорее всего, это будет А; однако с точки зрения логики В будет содержать меньше красных шаров (и, следовательно, больше черных шаров), что на этот раз оправдывает ваш выбор.

Ошибка распространена; не волнуйтесь: это явление известно как парадокс Эллсберга и названо в честь Дэниела Эллсберга, бывшего психолога из Гарварда (позже он слил в прессу сверхсекретные документы Пентагона, что в конечном итоге привело к отставке президента Никсона). Парадокс Эллсберга дает эмпирическое доказательство того, что мы склонны отдавать предпочтение знакомым вероятностям над неизвестными (ящик А перед ящиком Б).

Итак, мы возвращаемся к риску и неопределенности (или двусмысленности) и их различиям. Риск означает, что вероятности известны; неопределенность — это когда вероятности остаются неизвестными; принимая во внимание риск, вы можете решить, имеет ли смысл рисковать. Неопределенность еще больше затрудняет принятие решений и часто приводит к катастрофическим результатам. Риск и неопределенность легко спутать, что часто приводит к тяжелым последствиям для любого, кто пытается сравнивать одно и другое. Статистика — древняя 300-летняя наука, изучающая риски. Его концепции изучают многочисленные профессора; однако учебника по неопределенности не существует; поэтому мы пытаемся вписать неопределенность в категории риска, не придавая этому особого смысла. Ниже приведены два примера, где эта теория работает, и один, где она не работает: один из медицины (где она работает хорошо) и один из экономики (где это не так).

Человечество составляет миллиарды людей на Земле. Наши тела существенно не различаются, достигая одинакового роста и возраста (никто никогда не достигнет роста 100 футов).

Можно жить 10 000 лет (или всего лишь миллисекунды!). У большинства людей есть два глаза, четыре сердечных клапана и 32 зуба; это означает, что с точки зрения другого вида мы будем похожи на мышей. В связи с этим, имея дело с болезнями, имеющими схожие черты, такими как рак, имеет смысл сказать, например: «Риск того, что вы умрете от рака, составляет 30 %». С другой стороны, утверждение, что «вероятность того, что евро рухнет в течение пяти лет, составляет 30%», не имело бы вообще смысла. Почему? Экономика находится в условиях непредсказуемости. Никакая валютная история не позволяет нам с какой-либо уверенностью определить вероятности; а разница между риском и неопределенностью также показывает, почему страхование жизни и кредитно-дефолтные свопы существенно различаются. Кредитно-дефолтные свопы (CDS) представляют собой полисы страхования от конкретных случаев неплатежеспособности компаний, подобно страхованию жизни, которое покрывает риски в легко поддающейся расчету форме; CDS привносят неопределенность в нашу жизнь, что способствовало финансовым потрясениям 2008 года. Когда вы слышите такие фразы, как «риск гиперинфляции составляет x процентов» или «наша позиция по акциям подвержена риску y процентов», обратите внимание: они должны вызвать тревогу.

Чтобы избежать поспешных суждений, вы должны научиться принимать двусмысленность. К сожалению, это может оказаться сложной и непреодолимой задачей, на которую вы не можете повлиять напрямую. Здесь важную роль играет миндалевидное тело — эта область размером с орех в центре мозга, отвечающая за обработку памяти и эмоции, также играет здесь ключевую роль: ее форма определяет вашу способность или ее отсутствие справляться с неопределенностью; ваши политические взгляды отражают эту динамику, поскольку ваша терпимость к неопределенности различается в зависимости от ее конструкции; во многом это связано с тем, как часто ваши голоса склоняются к консерватизму, что отчасти объясняется биологическими причинами, лежащими в основе их политических взглядов!

Тот, кто хочет мыслить ясно, должен понимать различие между риском и неопределенностью. Лишь в некоторых случаях мы можем полагаться на четкие вероятности (казино, подбрасывание монеты или учебники по вероятностям могут дать такую уверенность) - часто мы остаемся с тревожными двусмысленностями, которые требуют терпения в обращении. Научитесь принимать все это как часть жизни!

См. также: Черный лебедь (гл. 75); Пренебрежение вероятностью (гл. 26); Игнорирование базовой ставки (гл. 28); Предвзятость доступности (гл. 11) и альтернативные пути (гл. 39) для дальнейшего рассмотрения. (82-91).

ПОЧЕМУ ВЫ ПРОДОЛЖАЕТЕ СТАТУС-КВО?

Недавно в ресторане я в отчаянии просматривал их карту вин: Irouleguy? Харслевелу? Сусуманьелло? Хотя они и не были экспертами, было очевидно, что их сомелье пытался произвести на нас впечатление своим мирским выбором. Наконец, на восьмой странице было написано выкуп в виде «Наше французское домашнее вино: Reserve du Patron, Bourgogne, 52 доллара». Сразу наводила одна мысль: «Наверное, хуже быть не может…».

С тех пор, как я купил iPhone несколько лет назад, он позволил мне настроить все — использование данных, синхронизацию приложений, настройки шифрования и уровни громкости звука затвора камеры — в соответствии с моими точными требованиями. Но вы, наверное, догадались правильно: ни один из них еще не настроен!

По своей сути у меня нет технических проблем; скорее я просто еще одна жертва «эффекта по умолчанию». Когда что-то кажется нам удобным и привлекательным, мы склонны придерживаться настроек по умолчанию — например, домашнего вина и заводских настроек мобильного телефона, на которых мы обычно с радостью соглашаемся. Как и я, многие другие люди предпочитают стандартные варианты индивидуальному выбору - например, при покупке новых автомобилей многие покупатели склонны выбирать цвет по умолчанию, независимо от его наличия в других моделях; многие покупатели выбирают его в любом случае. Многие предпочитают значение по умолчанию чему-либо еще!

В своей книге «Подталкивание» экономист Ричард Талер и профессор права Касс Санстейн иллюстрируют, как правительства могут эффективно руководить своими гражданами, не нарушая конституционно защищенных свобод. Властям нужно всего лишь предложить несколько вариантов (всегда включая «выход» для тех, кто не может сделать выбор между ними) для того, чтобы люди могли принять осознанное решение о полисе автострахования для себя и своих соседей. Нью-Джерси и Пенсильвания продемонстрировали это, выдав своим жителям два полиса автострахования. Нью-Джерси рекламировал эту политику как стандартную опцию, и большинство людей были рады принять ее более низкую стоимость и отказ от определенных прав на компенсацию в случае аварии. Водители из Пенсильвании, похоже, были более склонны выбирать второй, более дорогой вариант в качестве стандартного выбора, и быстро сделали его самым продаваемым. Этот результат был весьма примечательным, учитывая, что движущие силы в обоих штатах в целом схожи.
Покрытие может отличаться в зависимости от предпочтений человека и желаемого бюджета.

Рассмотрим такой эксперимент: существует острая нехватка доноров органов, но только 40% из них выбирают донорство органов. Эрик Джонсон и Дэн Гольдштейн провели опрос, в котором спрашивали людей, хотят ли они после смерти активно отказаться от участия в программе. Благодаря тому, что донорство органов стало опцией по умолчанию, а не по умолчанию по принципу «согласие/отказ», количество желающих резко возросло с 40% до более чем 80%! Это показало огромную разницу между подходом по умолчанию с согласием на участие и подходом по умолчанию с отказом от участия.

Когда стандартная опция не указана, мы склонны обходиться любой существующей настройкой по умолчанию, а также расширять и проверять ее текущее состояние. Человеческая природа предпочитает то, что они знают; имея выбор между тем, чтобы попробовать что-то новое или придерживаться того, что мы уже знаем, многие склонны придерживаться того, что нам знакомо, несмотря на то, что они знают, что любое изменение пойдет им на пользу; мой банк взимает с меня 60 долларов в год за отправку выписок со счета по почте; загрузка их вместо этого сэкономит эти расходы, но почему-то этот сервис все еще меня раздражает; может быть, потому, что это кажется достаточно безопасным?

Так откуда же возникает предвзятость в отношении статус-кво? Неприятие потерь играет важную роль в этом явлении. Потери влияют на нас в два раза сильнее, чем выгоды, и это делает такие задачи, как пересмотр контрактов, чрезвычайно сложными - каждая уступка, которую вы даете, весит вдвое больше, чем все, что вы получаете взамен, создавая чистые убытки в результате таких обменов.

И эффект по умолчанию, и предвзятость статус-кво демонстрируют нашу сильную склонность придерживаться того, как обстоят дела, даже если это ставит нас в невыгодное положение. Изменяя поведение человека, устанавливая другие настройки по умолчанию, вы можете более успешно влиять на человеческие решения.

«Может быть, наша жизнь подчиняется какой-то великой, скрытой концепции», — предположил я собеседнику, надеясь спровоцировать его на глубокую философскую дискуссию. Вместо этого, попробовав вино Reserve du Patron, он просто сказал: «Может быть, просто нужно время».
См. также «Усталость от принятия решений» (гл. 53); Парадокс выбора (гл. 21); Неприятие потерь (гл. 32).

ПОЧЕМУ «ПОСЛЕДНИЙ ШАНС» ВЫЗЫВАЕТ НАС ПАНИКУ

Страх сожаления | | Пол владеет акциями компании А, но в течение года рассматривал возможность их продажи и покупки акций у компании Б, но в конечном итоге решил не делать этого и понял, что сегодня он получил бы дополнительные 1200 долларов, если бы он сделал это вместо этого. Тем временем Джордж владел акциями компании В, но продал их, чтобы вместо этого купить акции А; сегодня оба понимают, что могли бы добиться большего, придерживаясь варианта Б, и получить дополнительную прибыль в размере 1200 долларов, если бы продержались дольше; кто чувствует больше сожаления? Пол или Джордж?

Сожаление – это чувство принятия неправильного решения, желание, чтобы кто-то дал нам еще один шанс. На вопрос, кто будет чувствовать себя хуже после неудачного выбора, только 8% выбрали Пола, а 92% выбрали Джорджа, несмотря на то, что обе ситуации были идентичны: и Пол, и Джордж сделали неправильный выбор акций, из-за которого они остались без средств на равную сумму; Пол уже владел акциями в то время, как Джорджу пришлось купить их самому, Пол был пассивен, а Джордж действовал активно - похоже, те, кто не следует господствующей логике, испытывают большее сожаление.

Не всегда действие является источником сожаления; иногда бездействие может оказать большее эмоциональное воздействие, чем что-то сделать. Возьмем, к примеру, издательство, которое в одиночку отказывается публиковать модные электронные книги; его владелец утверждает, что книги должны оставаться напечатанными на бумаге, как того требует традиция. Вскоре после этого девять издателей, планировавших запустить стратегию выпуска электронных книг, потерпели неудачу; в результате перед банкротством остались только традиционные бумажные издатели, в том числе одно, которое попыталось, но в конечном итоге сдалось и пошло по пути обычных издателей, а последней жертвой стали традиционные издательства; в конечном итоге, кто больше всего переживал по поводу этой серии принятых решений? И кто завоевал наибольшую поддержку? Справа: обычное издательство, выпускающее только бумажные материалы, с его традиционной позицией против публикации модных электронных ворчунов!

Возьмем в качестве примера книгу Дэниела Канемана «Думай быстро и медленно». После каждой авиакатастрофы мы слышим о человеке, который намеревался вылететь на день раньше или позже, но по какой-то причине изменил свое бронирование в последнюю минуту, создавая исключение, которое получает нашу награду. сочувствия больше, чем у «обычных» пассажиров на борту злополучного рейса с самого начала.

Страх сожаления может заставить нас действовать иррационально; Чтобы избежать его нежелательной власти над нами, мы часто действуем консервативно, чтобы не отклоняться слишком далеко от того, чего от нас ожидают другие. Никто не застрахован; даже самые уверенные в себе трейдеры склонны распродавать более экзотические акции 31 декабря (день Д для оценки эффективности и расчета бонусов), просто чтобы не отклоняться слишком далеко от стада. Аналогично, страх сожаления (известный как эффект владения) не позволяет людям выбрасывать вещи, которые больше не нужны – опасаясь последствий сожаления, если окажется, что вам все-таки понадобились эти изношенные теннисные туфли!

Раскаяние может быть особенно непреодолимым, когда оно сочетается с предложением «последнего шанса», например, с брошюрами о сафари, в которых утверждается, что они предоставляют «последнюю возможность увидеть носорога до того, как его вид вымрет». Но зачем кому-то прямо сейчас лететь из Европы с такой иррациональной целью?

Допустим, вы давно мечтаете о собственном доме, но земли становится мало, и осталось всего несколько участков с видом на озеро; трое пришли и ушли, оставив только один как последний шанс! Чувствуя панику из-за того, что это, кажется, последняя доступная возможность, вы покупаете этот участок по непомерной цене, полагая, что это может быть именно она; на самом деле недвижимость с потрясающим видом на озеро будет продолжать появляться на рынке; последний шанс может вызвать у нас панику, уведя нас по этому пути – даже для опытных специалистов по сделкам!

См. также «Ошибка дефицита» (гл. 27); Эффект владения (гл. 23); Альтернативные пути (гл. 39) и кадрирование (гл. 42)

Представьте на мгновение, что марихуана уже некоторое время находится в центре внимания основных средств массовой информации, а телевизионные шоу изображают наркоманов, подпольных производителей и дилеров; бульварная пресса печатает фотографии 12-летних девочек, курящих косяки; листовки, исследующие медицинские аспекты, а также философские соображения по поводу употребления марихуаны - кажется, все говорят об этом! Предположим, что курение никоим образом не влияет на вождение автомобиля: любой водитель может в какой-то момент случайно попасть в аварию; Точно так же водители с суставами могут время от времени попадать в аварии, как и все остальные - совершенно случайно!

Курт — местный журналист. Однажды вечером, возвращаясь домой, он попадает в аварию: машина застряла вокруг ствола дерева. Благодаря своим связям с местными правоохранительными органами он узнает, что они нашли марихуану, спрятанную на заднем сиденье этой машины, что побудило его вернуться в редакцию с заголовком: «Марихуана убивает еще одного автомобилиста».

Как обсуждалось ранее, мы предполагаем, что нет никакой статистической взаимосвязи между употреблением марихуаны и автомобильными авариями и соответствующими несчастными случаями, оставляя заголовок Курта необоснованным, а его утверждения - неподтвержденными фактами. Курт стал жертвой так называемого эффекта заметности, при котором выдающиеся черты или атрибуты привлекают больше внимания, чем они заслуживают; то, что марихуана здесь настолько очевидна, заставило его поверить, что этот инцидент был вызван ею.

Как только Курт начинает заниматься бизнес-журналистикой, происходит важное событие: одна из крупнейших компаний мира только что объявила, что выдвинет женщину на должность генерального директора! Курт, воодушевленный таким развитием событий, немедленно приступает к написанию своего комментария: женщина, скорее всего, получила повышение из-за того, что она женщина - хотя на самом деле это, вероятно, не имело ничего общего с полом (поскольку мужчины обычно занимают большинство руководящих должностей); если бы другие уже действующие компании считали женское лидерство столь важным, они, вероятно, сделали бы это уже давно; только в этой новости гендер становится заметным, что приносит дополнительный вес Курту и его читателю.

Не только журналисты становятся жертвами эффекта заметности — мы все. Двое мужчин грабят магазин.

Нигерийские иммигранты грабят банк, их немедленно арестовывают, и вскоре после этого их раскрывают на допросе сотрудники правоохранительных органов. Хотя ни одна конкретная этническая группа не может нести несоразмерную ответственность за ограбления банков, мы по-прежнему связываем беззаконных нигерийских иммигрантов с ограблениями банков; оно искажает наше мышление; мы предполагаем, что они снова беззаконные иммигранты! Точно так же, если армянин совершает изнасилование, его часто обвиняют в этом, а не в других факторах, присутствующих среди американцев, которые существуют среди американцев, а не в других факторах, которые существуют среди американцев, что также способствует формированию предрассудков, несмотря на то, что подавляющее большинство людей, живущих законной жизнью, забыто - мы напоминаем Особого внимания заслуживают инциденты с участием иммигрантов, как только мы слышим о чем-то, связанном с ними, и обычно это начинается с ярких негативных инцидентов!

Эффект заметности может формировать как наше восприятие прошлых событий, так и то, как мы представляем себе будущее. Дэниел Канеман и Амос Тверски обнаружили, что мы часто придаем неоправданное значение важной информации при прогнозировании, что может объяснить, почему инвесторы сильнее реагируют на сенсационные новости (например, об увольнении генерального директора), чем на менее яркую информацию, такую как долгосрочные прогнозы роста прибыли. Даже профессиональные аналитики не всегда могут обойти его влияние.

Вывод: важная информация оказывает огромное влияние на наши мысли и действия. Мы склонны упускать из виду медленно развивающиеся факторы с долгосрочными последствиями, которыми мы склонны вообще пренебрегать. Не будьте ослеплены нарушениями; например, книга с привлекательной яркой красной обложкой попадает в список бестселлеров, побуждая читателей приписать ее успех исключительно обложке - не поддавайтесь этому искушению: соберите достаточно умственных сил, чтобы бороться с, казалось бы, очевидными объяснениями!

См. также «Эффект ореола» (гл. 38); Эффекты первичности и новизны (гл. 73); Предвзятость подтверждения (главы 7–8); Индукция (гл 31); Фундаментальная ошибка атрибуции (глава 36) и эвристика влияния (глава 66)

ПОЧЕМУ ДЕНЬГИ НЕ ГОЛЫ.

В один осенний день начала 1980-х годов было ветрено, вокруг кружились мокрые листья. Поднимаясь на велосипеде в сторону школы, я заметил у своих ног что-то странное: оказался большой ржаво-коричневый лист, стоивший 500 швейцарских франков — примерно 250 долларов сегодня; абсолютное состояние по тем временам для старшеклассника! Эти деньги вскоре исчезли из моего кармана; Я быстро использовал это для покупки одной из лучших моделей, доступных с дисковыми тормозами и шестернями Shimano (хотя мой предыдущий велосипед работал нормально!), Хотя мой старый велосипед все еще работал нормально, как и раньше!

Хотя в то время я не был совсем без гроша, сумев накопить несколько сотен франков, косив траву в своем районе, мысль никогда не приходила мне в голову тратить такие кровно заработанные деньги на что-то столь легкомысленное, как поход в кино или поход по магазинам. - мои расходы не были чрезмерными и имели больше смысла, если задуматься о таком поведении; деньги могут восприниматься по-разному только в зависимости от их источника; поэтому оно сопровождается эмоциональными ассоциациями, которые добавляют дополнительные слои.

Два вопроса. Давайте представим, что после года упорной работы и в его конце вы обнаружите, что на вашем счете есть дополнительные 20 000 долларов, чем в начале, что бы вы с ними сделали? А) Оставьте его в своем банке. Б) Инвестируйте. В) Используйте его для необходимых улучшений, таких как ремонт заплесневелой кухни или замена изношенных шин. D) Побалуйте себя экстравагантным круизным отдыхом.

Как это типично для большинства людей, вы, скорее всего, выберете А, В или С в качестве ответа.

Второй вопрос. Что бы вы сделали, если бы выиграли в лотерею 20 000 долларов? Выберите А, В, С или D, как указано выше; большинство людей сейчас берут либо С, либо D, что свидетельствует об ошибочном мышлении; хотя вы вольны считать это как хотите; 20 000 долларов остаются 20 000 долларов.

Казино предоставляют нам множество примеров подобных заблуждений. Друг кладет 1000 долларов в рулетку – только чтобы потерять все, – а затем заявляет: «Я не проигрывал 1000 долларов; Я выиграл все это раньше. Когда его спрашивают о его потерях, он отвечает: «Но это та же самая сумма!» и настаивает: «Вовсе нет!» «Не говори мне!» Он смеется. Мы относимся к деньгам, которые выигрываем, обнаруживаем или унаследуем, с большей небрежностью, чем к деньгам, заработанным тяжелым трудом; экономист Ричард Талер назвал этот эффект эффектом денег на дом; это заставляет нас идти на больший риск; победители лотереи часто оказываются в худшем положении, когда обналичивают свой выигрыш; в этом смысле старая поговорка - что-то выиграешь, что-то проиграешь - может служить лишь минимизации реальных потерь.

Талер разделил своих учеников на две группы. Один узнал, что выиграл 30 долларов и может участвовать в подбрасывании монеты, где решка означает доход в 9 долларов, а орел означает проигрыш в 9 долларов; 7 из 10 студентов решили рискнуть и принять участие. Напротив, другая группа обнаружила, что на первый взгляд они ничего не выиграли, но у них был выбор между получением обещанных 30 долларов или участием в еще одном подбрасывании монеты, где орёл выиграл 21 доллар, а решка — 39 долларов. Однако только 43% выбрали любой вариант, хотя оба варианта предлагали одинаковую ожидаемую стоимость: 30 долларов.

Маркетинговые стратеги понимают силу эффекта «деньги на дом». Сайты азартных онлайн-игр награждают вас кредитом в размере 100 долларов США при регистрации, компании-эмитенты кредитных карт предоставляют бесплатный кредит на звонки при заполнении форм заявок, авиакомпании раздают мили при вступлении в клубы часто летающих пассажиров, а телефонные компании предоставляют кредит на звонки, чтобы помочь людям привыкнуть к звонкам. чаще – и все благодаря этой тонкой стратегии, известной как эффект денег на дом! Большая часть увлечения купонами проистекает из этого явления.

Вывод: будьте осторожны, выигрывая деньги или получая что-то бесплатно от бизнеса. Высоки шансы, что вы вернете их с процентами из чистого изобилия; поэтому лучше лишить этих кажущихся свободных денег всего богатства, обменять их на рабочую одежду, положить на свой банковский счет или как можно быстрее вложить обратно в свою компанию.

См. также: Эффект владения, ошибка дефицита и неприятие потерь в главах 23–32 для дальнейшего анализа решений, которые не работают (главы 23–25 и 32–33).

Мой друг — художник; его книги содержат около 100 страниц каждые семь лет и выдают две строки печати в день — самое большее! Когда его спросили о его жалкой продуктивности, он ответил: «Исследовать гораздо приятнее, чем писать». Таким образом, он сидит за своим столом, часами серфит в Интернете или корпит над малоизвестными книгами в поисках великих и забытых историй, которые можно записать, прежде чем убедить себя, что это не имеет смысла, пока он не будет в «правильном настроении». К сожалению, это случается достаточно редко, чтобы оправдать откладывание написания, поскольку он убедил себя начать только тогда, когда появилось и укрепилось «правильное настроение» - что случается редко!

Другой друг в течение последних десяти лет ежедневно пытался бросить курить; каждая сигарета могла стать для него последней. Тем временем мои налоговые декларации уже шесть месяцев лежат незаконченными на моем столе; хотя я не теряю надежды, что со временем они заполнятся.

Прокрастинация — это склонность откладывать действия, которые требуют жертв: поход в спортзал, смена страховки на более дешевую или написание благодарственных писем — это лишь несколько примеров таких задач, которые могут потребовать выполнения, и решения в этих вопросах не помогут. экземпляры.

Прокрастинация — это глупость, поскольку ни одна задача не завершается сама собой. Мы знаем, что они полезны, так почему же мы откладываем их на другой раз? Потому что между сеянием и жатвой проходит время. Профессор психологии Рой Баумайстер продемонстрировал эту идею посредством блестящего эксперимента. Он ставил студентов перед духовкой, полной выпекаемого шоколадного печенья, распространяя по комнате их непреодолимо ароматный аромат. Затем он поставил возле духовки миску, полную редиса, и сказал студентам, что они могут есть столько, сколько захотят, без ограничений; однако использование файлов cookie было строго запрещено. Он оставил их одних в комнате на тридцать минут. Учащимся второй группы разрешили свободно съесть печенье, прежде чем обе группы попытались решить сложную математическую задачу, связанную с печеньем; те, кому было запрещено есть что-либо, выбывали в два раза быстрее, чем те, кому разрешалось неограниченное потребление печенья; этот период самообладания прошел успешно. Сила воли была истощена, в результате чего у них не хватило умственной энергии или силы воли для решения поставленной задачи. Сила воли действует как аккумулятор; после истощения будущие проблемы могут оказаться непреодолимыми.

Самоконтроль не может быть доступен постоянно; для омоложения требуется время и пространство. К счастью, все, что нужно для достижения этой цели, — это восполнить уровень сахара в крови и расслабиться — две простые, но важные стратегии!

Хотя достаточное питание и регулярные перерывы являются важными компонентами успеха, следующим важным элементом является использование различных приемов, чтобы оставаться на правильном пути. Это может включать устранение отвлекающих факторов — например, когда я пишу романы, я часто отключаю доступ к Интернету, чтобы не отвлекаться на запутанную часть письма. Но самый мощный метод — это установление сроков; Психолог Дэн Ариэли обнаружил, что внешние авторитеты, такие как учителя или сотрудники IRS, обычно работают лучше всего. Установленные вами сроки работают только в том случае, если задача разбита поэтапно, и каждая часть получает свой собственный срок выполнения; отсюда и эти туманные новогодние обещания, обреченные на провал!

Прокрастинация одновременно человечна и иррациональна; поэтому для борьбы с ним эффективно использовать комплексный подход. Моей соседке удалось написать докторскую диссертацию за три месяца, используя эту стратегию: она арендовала небольшую комнату без телефона или подключения к Интернету и установила три даты для каждой части своей работы для каждого крайнего срока, который она объявила всем, кто хотел ее слушать (включая распечатку их в своем бизнесе). карты!) Она подкреплялась во время обеда или вечерних часов чтением модных журналов или сном.

См. также: Предвзятость бездействия (гл. 44); Ошибка планирования (гл. 91); Предвзятость действий (гл. 43); Гиперболическое дисконтирование (гл. 51); Эффект Зейгарник (гл. 93)

ПОСТРОЙТЕ СВОЙ ЗАМОК

Зависть Что заставило бы вас больше всего ревновать? Есть три сценария зависти, которые могут вас раздражать: А) Когда зарплата ваших друзей увеличивается, а ваша остается прежней. Б) Их средняя зарплата снижается, а ваша снижается. В) Ваша средняя зарплата снижается и наоборот.

Если ваш ответ был А, не волнуйтесь: это вполне нормально: очередная жертва зеленоглазого монстра!

Вот русская сказка: Крестьянин находит волшебную лампу. Потерев его, из воздуха появляется безымянный джинн, обещая им одно желание. Подумав некоторое время и рассмотрев свои варианты, фермер наконец решает: у моего соседа есть корова; поэтому я надеюсь, что она умрет, чтобы я мог унаследовать ее».

Как бы абсурдно это ни звучало, вы, вероятно, можете относиться к фермеру. Признайтесь: подобные мысли наверняка приходили вам в голову в какой-то момент жизни. Представьте себе своего коллегу, который получает большую премию, а вы получаете только подарочный сертификат: зависть может привести к неразумным поступкам, например, к отказу ему больше помогать или даже к проколу шин его Porsche; тайно радоваться, когда у него сломалась нога, катаясь на лыжах, — это результат, которому вы тайно радуетесь.

Зависть выделяется среди всех эмоций тем, что от нее легко избавиться, в отличие от гнева, печали или страха. Согласно анализу зависти как порока, предложенному Бальзаком, - ибо она не приносит никакой какой-либо пользы - зависть может служить только одной цели - искренней лести; иначе это потеря времени. Зависть может возникнуть во многих формах: собственности, статусе, здоровье, молодости, таланте, популярности, красоте. Поскольку физические реакции обоих схожи, зависть легко принять за ревность; разница заключается в том, каков его предмет (статус, деньги, здоровье и т. д.). Чтобы возникла ревность, необходимо участие как минимум двух сторон, тогда как для зависти требуется как минимум три (Питер завидует, что Сэм не отвечает на его телефонные звонки, а вместо этого ему звонит красивая девушка по соседству).

Зависть часто может увести нас по нездоровому пути, возбуждая тех, кто наиболее похож на нас по возрасту, карьере и месту жительства. Но почему мы испытываем обиду на бизнесменов из другого века, на растения или животных, которые не представляют угрозы и не лишены социального статуса – ничто из этого в любом случае не заслуживает зависти!

Как писатель, я не завидую миллионерам со всего мира; скорее те, кто находится в моем городе. Музыканты, менеджеры или дантисты на первом месте. Руководители завидуют другим крупным руководителям; супермодели завидуют более успешным супермоделям; как лучше всего сказал Аристотель: «Гончары завидуют гончарам».

Предположим, например, что ваш финансовый успех позволяет вам переехать из одного из самых суровых районов Нью-Йорка в Верхний Ист-Сайд Манхэттена. Поначалу этот ход может показаться отличным; друзья могут восхищаться вашей квартирой и адресом. Но вскоре после этого вы понимаете, что вокруг вас есть квартиры разных пропорций, а также новые группы сверстников, состоящие из гораздо более богатых людей по сравнению с вашей старой группой сверстников, что вызывает появление новых проблем - зависти и беспокойства о статусе среди них.

Как можно бороться с завистью? Во-первых, перестаньте сравнивать себя с другими. Во-вторых, найдите свой круг компетенций и заполните его самостоятельно; выделите область, в которой вы блистаете - пусть даже маленькую - чтобы все знали, что ВЫ - хозяин этого замка.

Как и все эмоции, зависть имеет свои корни в эволюции человека. Если человекообразный человек из соседней пещеры забрал мяса мамонта больше, чем было справедливо для нас, проигравших, зависть побуждала нас что-то с этим сделать; нерадивые охотники-собиратели умирали от голода, пока другие пировали. Однако сегодня зависть уже не играет такой важной роли. Если мой сосед купит себе Porsche, для меня это не значит меньше!

Когда я чувствую, что моя зависть возрастает, моя жена напоминает мне: «Завидовать тем, кем ты стремишься стать, — это нормально».

См. также «Предвзятость социального сравнения» (гл. 72); Гедоническая беговая дорожка (гл. 46).

Персонификация В течение 18 лет американским СМИ запрещалось показывать фотографии гробов павших солдат. Когда в феврале 2009 года министр обороны Роберт Гейтс снял этот запрет, в Интернет хлынули тысячи изображений. Официально, прежде чем что-либо будет опубликовано, члены семьи должны дать одобрение; но на самом деле это правило не может быть эффективно реализовано. Это ограничение имело одну цель — скрыть истинные издержки войны, замаскировав их истинные цифры под статистические данные, в то время как реальные люди вызывают у всех нас эмоции.

Почему это так? На протяжении тысячелетий группы были необходимы для нашего выживания, поэтому за последние 100 000 лет мы развили невероятную способность читать мысли других людей — этот научный термин известен как «теория разума». Вот эксперимент, демонстрирующий это: вам дают 100 долларов, и вы должны разделить их с кем-то, при этом ваше предложение рассматривается: если он/она примет ваше предложение, деньги будут разделены соответствующим образом или возвращены обратно - если другой человек не согласен, вы должны вернуть его. все это, ничего не получив обратно - как это закончится?

На первый взгляд имело бы смысл дать неизвестному незнакомцу очень мало — например, всего 1 доллар — потому что что угодно лучше, чем ничего. Однако экономисты, проводившие эксперименты с использованием игр-ультиматумов (технический термин), наблюдали, как испытуемые вели себя совершенно иначе, когда в них участвовали. Они предлагали от 30% до 50%, все, что ниже, считалось несправедливым - пример нашего сочувствия к другому человеку. Игра-ультиматум может открыть глаза на то, как наше восприятие различается в зависимости от того, кто смотрит.

Однако с помощью одной небольшой модификации можно значительно уменьшить это ощущение: переместить игроков в отдельные комнаты. Когда люди больше не видят или никогда не встречали своих коллег — или никогда не знали о них — симулировать свои чувства становится намного труднее; со временем вообще становятся абстракцией, и их доля в среднем падает ниже 20%.

Пол Слович провел еще один эксперимент, собирая пожертвования. Одна группа увидела фотографию Рокии из Малави — недоедающего ребенка, живущего на благотворительность, — прежде чем ей показали ее фотографию и показали, сколько денег могут помочь.

После того, как им показали статистику голода в Малави, люди из одной группы пожертвовали в среднем 2,83 доллара из 5 полученных долларов на участие в кратком опросе; после того, как были показаны статистические данные, в которых подробно описано, что пострадали более трех миллионов детей, страдающих от недоедания, средний объем пожертвований упал на 50%; это казалось нелогичным, поскольку можно было подумать, что щедрость людей увеличится с осознанием ее масштабов; к сожалению, похоже, это не так; нашими действиями управляют люди, а не статистика!

Средства массовой информации уже давно осознали, что скучные фактические сообщения и гистограммы не привлекают читателей; в результате их рекомендация по освещению историй уже давно заключается в том, чтобы придать каждому событию «изображение». Например, при репортаже о компании или штате, фигурирующем в новостях, рядом с ним обычно появляется фотография его генерального директора (либо ухмыляющегося, либо гримасничающего, в зависимости от спроса рынка), а президенты или губернаторы штатов становятся иконами в этих материалах; когда происходит что-то вроде землетрясения, его жертвы становятся лицом всего этого.

Эта одержимость объясняет успех одного из величайших изобретений культуры: романа. Это литературное «приложение-убийца» проецирует индивидуальные и межличностные конфликты на судьбы отдельных людей. Вместо академического написания исчерпывающей диссертации о психологических пытках в пуританской Новой Англии мы по-прежнему читаем «Алую букву» Хоторна; аналогично Великой Депрессии? Хотя его статистические данные могут показаться большинству из нас далекими, они остаются яркими в памяти, как это было показано в «Гроздьях гнева» Стейнбека.

Вывод: будьте осторожны, сталкиваясь с человеческими историями. Изучите их факты и статистическое распределение, чтобы лучше контекстуализировать их повествование. Однако если вы хотите взволновать или мотивировать людей в своих целях, убедитесь, что в вашем рассказе есть имена и лица, поскольку это сделает повествование более мощным.

См. также «Предвзятость истории» (гл. 13); Новости Иллюзия (гл. 99); Связующее предубеждение (гл. 22)

После сильных дождей на юге Англии река вышла из берегов. Полиция перекрывала и перенаправляла движение на перекрестке в течение двух недель, но хотя бы раз в день хотя бы одна машина проезжала мимо предупреждающих знаков и входила в быстро текущую воду, совершенно не подозревая о том, что находится прямо перед ними.

Психологи из Гарварда Дэниел Саймонс и Кристофер Шабрис провели эксперимент, в ходе которого две команды студентов передавали мяч туда и обратно между командами, одетыми в черные или белые футболки. При этом черные в черных футболках более эффективно передавали мяч назад, чем их коллеги в черных футболках. пропуская их назад. Этот короткий клип, известный как «Иллюзия обезьяньего бизнеса», можно посмотреть онлайн (посмотрите его, прежде чем читать дальше!). Прежде чем читать дальше, посмотрите здесь!) Зрителям предлагается посчитать, как часто игроки в белых футболках передают мяч между обе команды плетутся по кругу, вплетаясь туда и обратно, проходя взад и вперед. В какой-то момент видео произошло нечто неожиданное: студент, одетый как горилла, внезапно вошел и начал стучать себя в грудь, прежде чем снова быстро уйти. Вас спрашивают на конец, если вы заметили что-то необычное; половина зрителей ответила с недоверием, что вообще было какое-то странное поведение; они не могли понять такого присутствия - неужели здесь нет гориллы?

«Тест обезьяньего бизнеса» — один из самых известных экспериментов в психологии, в котором подчеркивается то, что психологи называют иллюзией внимания: нам кажется, что мы замечаем все, что происходит вокруг нас, тогда как на самом деле мы склонны замечать только то, на чем концентрируемся. пасы, сделанные командой белых; необъявленные перерывы могут быть даже такими же масштабными и заметными, как горилла!

Иногда телефонные звонки за рулем могут поставить под угрозу наше восприятие внимания. В большинстве случаев это не представляет никаких проблем; звонки, как правило, не оказывают негативного влияния на задачи вождения, такие как удержание в полосе движения и при необходимости торможение. Но как только происходит что-то неожиданное – например, ребенок перебегает дорогу – ваше внимание слишком ослабевает, чтобы вовремя отреагировать; исследования показывают, что это справедливо как для мобильных телефонов, так и для алкоголя.
Независимо от того, как вы держите или используете телефон, его влияние на время реакции на непредвиденные события остается ограниченным.

Вы узнаете фразу «Слон в комнате»? Это относится к очевидной теме, которую никто не хочет обсуждать; негласное табу. Напротив, мы могли бы определить «Гориллу в комнате» как проблему, которую необходимо обсудить немедленно, но которую упускают из виду или игнорируют, потому что о ней никто не знает.

Swissair была авиакомпанией, настолько сосредоточенной на расширении, что она игнорировала свою быстро уменьшающуюся ликвидность, что привело к ее банкротствам в 2001 и 2002 годах. Или возьмем плохое управление в странах Восточного блока, которое привело к их разделению, что привело к падению Берлинской стены и рискам для банковских балансов, которые До 2007 года это никого особо не волновало. Эти примеры показывают нам, как часто гориллы бродят среди нас, даже не осознавая этого.

Не каждое экстраординарное событие ускользает от нас; скорее, то, что мы не замечаем, остается незамеченным и невидимым для нас; тем самым оставляя нас в неведении о каких-либо важных вещах, которые мы упускаем из виду, и порождая ложное убеждение, что мы наблюдаем за всем важным.

Время от времени освобождайтесь от иллюзии внимания. Продумайте все возможные и, казалось бы, невероятные сценарии развития событий – могут возникнуть неожиданные события, о которых никто не говорит; скрытые проблемы, которые никто не решает, не решаются; будьте бдительны к тишине так же, как и к шуму; проверяйте периферийные области, а не только центральные; ожидайте чего-то необычного, но огромного — быть огромным не гарантирует, что вас заметят; надо ожидать появления чего-то необычного!

См. также: Характерно-положительный эффект (гл. 95); Предвзятость подтверждения (главы 7–8), предвзятость доступности (глава 11) и эффекты первичности и новизны (глава 73)

Представьте себе, что вы подаете заявку на работу своей мечты: вы доводите свое резюме до блеска, сияете во время собеседования и подчеркиваете все свои достижения и способности, преуменьшая при этом любые слабости и неудачи. Когда вас спросят, можете ли вы увеличить продажи на 30%, сократив при этом расходы на 30%, ваш ответ должен быть таким: «Считайте, что это сделано». последуйте позже; любые попытки дать нефантастические ответы потенциально могут вывести вас из спора и в конечном итоге привести к дисквалификации вас от дальнейшего рассмотрения интервьюерами; давайте даже полуреалистичные ответы, которые могут вывести вас из рассмотрения - независимо от того, насколько хорошо они звучат взамен.

Представьте себя журналистом, у которого есть выдающаяся идея книги, о которой все говорят. Найдя заинтересованного издателя, готового внести аванс, он спрашивает, когда ему ожидать рукопись (может ли она быть готова через шесть месяцев?). Вы заикаетесь: «Хм... Без понятия. Сколько времени это заняло у меня в прошлый раз?» Вы отвечаете: «Считай, что дело сделано». Как только контракт будет подписан и деньги поступят на ваш банковский счет, всегда останется время для других проектов и написания историй!

Стратегическое искажение фактов — официальный термин для обозначения такого поведения: чем выше ставки, тем более преувеличенными должны становиться ваши утверждения. Хотя стратегическое искажение фактов не будет работать везде - например, если окулист пять раз подряд обещает дать вам идеальное зрение, а после каждой процедуры дает результаты хуже, чем раньше, в конечном итоге вы можете вообще перестать верить его обещаниям - стратегическое искажение фактов все равно может иметь место. окажутся ценными при разовых мероприятиях, таких как собеседования (когда одна компания не наймет вас более одного раза!). Однако и здесь это не должно работать; вместо этого он вполне может сработать, когда сталкивается только с разовыми попытками или уникальными попытками, включающими уникальные попытки - чего офтальмолог не стал бы.

Мегапроекты особенно подвержены искажению фактов, когда их подотчетность размыта, например, когда правительство, которое первоначально их финансировало, больше не обладает властью, многие предприятия участвуют в них и часто указывают пальцем, или когда дата окончания наступает через несколько лет.
Бент Фливбьерг из Оксфорда хорошо знаком с крупномасштабными проектами. Перерасход средств и сроков является обычным явлением, поскольку выигрышные предложения не всегда отражают общее превосходство; скорее, все сводится к тому,

что лучше всего выглядит на бумаге - Фливбьерг называет это «обратным дарвинизмом»: обычно побеждает тот, кто производит больше всего шума. Является ли стратегическое искажение фактов просто обманной практикой? Не обязательно; Точно так же, как женщины, наносящие макияж, являются обманом, в то время как мужчины, арендующие Porsche, чтобы продемонстрировать свои финансовые успехи, являются обманчивыми (лживыми, но социально приемлемыми, поэтому мы не расстраиваемся из-за этого), то же самое касается и практики введения в заблуждение, используемой, когда женщины наносят макияж или мужчины арендуют Porsche, чтобы показать финансовое мастерство объективно обмануто, но социально приемлемо, так что и нас это не расстраивает! То же самое справедливо и в отношении стратегических схем искажения фактов, используемых во время переговоров – даже если только одна сторона знает о тактике искажения фактов, использованной против другой стороны, но может избежать наказания за искажение фактов во время переговоров; те же самые подсчеты, когда они применяются стратегически, искажение может сойти с рук, будучи позорным, когда оно применяется с точки зрения обмана, а также при стратегическом применении - например, люди, арендующие Porsche в качестве сигнала финансового мастерства, чтобы сигнализировать о финансовом мастерстве, просто лгут в этом отношении, лживы, но не расстраиваются из-за социально приемлемым, чтобы нас не беспокоило стратегическое искажение фактов. То же самое относится и к стратегическому искажению фактов, используемому против них, либо обманному использованию против одного или другого, чем ожидалось, либо к различному обращению в зависимости от этого. То же самое и с искаженным при использовании при искажении литера.

Стратегическое искажение фактов не всегда может иметь серьезные последствия; однако, когда дело доходит до действительно важных вопросов, таких как ваше здоровье или будущие сотрудники, будьте осторожны. Имея дело с людьми (будь то кандидаты на должности, авторы или офтальмологи), не полагайтесь на то, что они утверждают; вместо этого посмотрите на их прошлые результаты. При работе с проектами (будь то аналогичные проекты или новые предложения, которые кажутся нереально оптимистичными). Будьте осторожны со всем, что кажется нереалистично оптимистичным; попросите бухгалтера тщательно изучить планы; добавить в контракты пункт, предусматривающий штрафные санкции в случае их наступления; и перевести эти деньги непосредственно на целевой депозитный счет, чтобы защитить его целевой депозитный счет в качестве дополнительной меры против перерасхода средств.

См. также «Эффект чрезмерной самоуверенности» (гл. 15), чтобы узнать подробности и узнать, где находится выключатель.

Накручивание

Жила-была умная сороконожка, которая праздно сидела на краю стола, когда заметила восхитительную крупинку сахара в другом конце комнаты. Он быстро оценил свои варианты: по какой ножке стола ему следует сначала ползти вверх или вниз? Далее ему предстояло определить, кто и в каком порядке должен сделать первый шаг. Поскольку он был знатоком математики, он провел все необходимые расчеты и выбрал один путь среди всех остальных, прежде чем, наконец, сделать первый шаг. К сожалению, его расчет и созерцание заставили его запутаться в воздухе, из-за чего он остановился замертво, прежде чем можно было достичь дальнейшего прогресса; по сути, морил его голодом и, в конечном итоге, морил его голодом, прежде чем можно было достичь какого-либо прогресса, и умер от голода, прежде чем он когда-либо приблизился или продвинулся дальше в жизни, чем когда-либо представлялось раньше, и умер от голода из-за чрезмерного обдумывания.

На турнире по гольфу British Open 1999 года французский гольфист Жан Ван де Вельде играл безупречно до последней лунки, где лидировал с преимуществом в три удара. Даже имея преимущество в три броска, он мог с комфортом позволить себе два броска выше номинала, не промахнувшись; выход в высшую лигу всего в нескольких шагах! Когда Ван де Вельде вышел на поле, на его лбу начали образовываться капли пота. Его первый удар закончился тем, что он улетел в кусты в двадцати футах от целевой лунки, и Ван де Вельде все больше нервничал перед последующими выстрелами, что только усилило это ощущение беспокойства. Ван де Вельде ударил мячом в траву высотой по колено, а затем уронил его в воду и снял обувь, чтобы пройти через нее. На мгновение он подумывал о стрельбе из пруда; в конце концов он решил пробить пенальти в песок; выстрелив в него семь раз, он наконец добрался до поля и попал в свою лунку; Ван де Вельде проиграл Открытый чемпионат Великобритании, но обеспечил себе место в истории спорта благодаря этому знаменитому выступлению с тройным призраком.

Consumer Reports провел в 1980-х годах дегустационный эксперимент с опытными дегустаторами, в котором участвовало 45 сортов клубничного желе. Позже профессора психологии Тимоти Уилсон и Джонатан Шулер провели аналогичные тесты на студентах Вашингтонского университета; Были получены аналогичные результаты: как эксперты, так и студенты отдали предпочтение желе с одинаковым вкусом. Но Уилсон пошел дальше: он провел еще один тест с другой группой студентов, которые предпочли иные, чем раньше, — только на этот раз они выбрали совсем другие варианты!

В первой группе участники заполнили длинную анкету, подробно обосновывая свои оценки, и получили совершенно однобокий рейтинг, в котором некоторые из лучших сортов оказались внизу.

По сути, слишком много размышлений затрудняет доступ к мудрости ваших эмоций. Хотя это заявление может показаться необычным, исходящим от такого человека, как я, который стремится избавиться от иррациональности в моих мыслительных процессах, эмоции формируются точно так же, как кристально чистые рациональные мысли; эмоции просто представляют собой другую форму обработки информации, которая может дать более мудрый совет, чем рациональный.

Это приводит к важному вопросу: когда следует слушать свой разум или интуицию? Эмпирическое правило может заключаться в следующем: когда дело касается таких занятий, как двигательные навыки (сороконожка, Ван де Вельде или изучение музыкального инструмента) и вопросов, с которыми вы уже много раз обращались раньше (например, «круг компетентности» Уоррена Баффета), лучше всего не стоит слишком внимательно анализировать. Обдуманное принятие решений подрывает ваши интуитивные способности решать проблемы. Как и во времена каменного века, при принятии решений, связанных с едой и дружбой, так называемая эвристика превосходила рациональное мышление. Однако в сложных вопросах, таких как инвестиционные решения, требующие трезвого размышления, эволюция не подготовила нас к таким соображениям, поэтому логика всегда затмевает интуицию.

См. также «Предвзятость действия» (гл. 43); Информационная предвзятость (гл. 59)

ПОЧЕМУ ВЫ БЕРИТЕ СЛИШКОМ БОЛЬШОЙ ДОЛГ (Глава 91).

Ошибка планирования

Каждое утро, составляя список дел, часто ли вам удается отметить все галочками в конце каждого дня? Как часто это случается с большинством людей? Большинство из них могут достичь этого состояния только раз в несколько месяцев. Проще говоря, вы берете на себя слишком много. Ваши планы нереально амбициозны — это можно было бы простить, если бы вы впервые составляли списки дел, но со временем такое поведение стало частью вашей рутины. Таким образом, вы близко знакомы со своими возможностями и вряд ли будете ежедневно их переоценивать. Это не шутка: в других сферах жизни мы учимся на опыте – почему его нет, когда дело касается планирования? Даже несмотря на то, что большинство ваших предыдущих начинаний были слишком оптимистичными для сегодняшней реальности. Дэниел Канеман называет это явление ошибкой планирования.

Роджер Бюлер и его исследовательская группа попросили студентов последнего года обучения под руководством канадского психолога Роджера Бюлера определить две даты подачи заявок: одна была реалистичной, а вторая отражала маловероятную дату сценария наихудшего сценария. Лишь 30% из них уложились в реалистичные сроки, хотя обычно им требовалось на 50% больше времени, чем первоначально планировалось, и на семь дней больше, чем предполагалось, для дат подачи заявок, установленных при наихудшем сценарии развития событий.

Ошибка планирования особенно очевидна, когда люди сотрудничают, будь то в бизнесе, науке или политике. Группы склонны переоценивать продолжительность и выгоды, систематически недооценивая затраты и риски. Ярким примером является Сиднейский оперный театр, строительство которого планировалось в 1957 году, а завершение предполагалось в 1963 году при первоначальной сметной стоимости в 7 миллионов долларов, но в конечном итоге открылось для бизнеса за 102 миллиона долларов; В 14 раз выше, чем ожидалось!

Почему мы не кажемся прирожденными планировщиками? Могут быть две причины наших неэффективных способностей к планированию. Один из них – принятие желаемого за действительное: мы стремимся к успеху во всем, за что беремся. Второе: слишком часто мы слишком сосредоточенно концентрируемся на нашем проекте, пренебрегая внешними влияниями, такими как неожиданные события, которые возникают неожиданно (это может произойти и с ежедневными графиками, например, ваша дочь чего-то хочет), которые затем ведут нас по непредсказуемому пути; или слишком мало внимания уделяется этим событиям из-за слишком узкой фокусировки на них (это может быть применимо даже здесь - при планировании).

Ваша собака проглотила рыбную кость. Автомобильный аккумулятор неожиданно разрядился. На вашем столе появляется предложение о доме и требует срочного рассмотрения – в результате планы рушатся! Будет ли поэтапная подготовка каким-либо решением? Нет; Пошаговая подготовка только усиливает ошибки планирования, еще больше сужая фокус, тем самым снижая вашу способность предвидеть сюрпризы в жизни.

Итак, что нужно делать? Переключите свое внимание с внутренних вещей (например, вашего проекта) на внешние, например похожие проекты. Пересмотрите базовую ставку и оцените прошлые усилия. Если подобные предприятия продлились три года и потребовали 5 миллионов долларов, это, скорее всего, применимо и к вашему проекту — независимо от того, насколько тщательно он планировался. Поэтому, прежде чем принимать какие-либо решения, связанные с этим, крайне важно провести «предсмертную» сессию (буквально означающую «перед смертью»), прежде чем сделать этот важный выбор. Гэри Кляйн предлагает произнести перед любой собравшейся командой такую короткую речь: «Представьте, что прошел год и все пошло по плану, но на его месте произошла катастрофа – потратьте пять или десять минут на написание этой катастрофы – истории покажут вам, как все может развиваться».

См. также Прокрастинация (гл. 85); Прогноз Иллюзии (гл. 40); Эффект Зейгарник (гл. 93); Групповое мышление (гл. 25).

МОЛОТКИ ВИЛДЕРИНГА ВИДЯТ ТОЛЬКО ГВОЗДИ

Профессиональная система деформации

Человек берет кредит и открывает собственную компанию, но вскоре после этого объявляет о банкротстве.

Он испытывает депрессию, а затем кончает жизнь самоубийством.

Вы читаете эту историю как бизнес-аналитик? Таким образом, в рамках своей работы вы должны попытаться оценить, почему эта идея не увенчалась успехом: был ли он неэффективным лидером, неправильная стратегия, слишком маленький рынок или слишком жесткая конкуренция? Как маркетолог, вы можете предположить, что кампании были плохо организованы или что ему не удалось охватить целевую аудиторию. Финансовые эксперты могут задаться вопросом, является ли кредит подходящим финансовым инструментом; местные журналисты видят в этой истории возможность: как повезло, что он покончил с собой! Как писатель, вы можете размышлять о том, как инцидент мог стать древнегреческой трагедией. Банкиры могли заподозрить ошибку в кредитном отделе. Социалисты склонны винить в неудачах капитализм; религиозные консерваторы могли бы рассматривать это событие как божественное наказание, а психиатры признали бы низкий уровень серотонина. Так какая же точка зрения должна преобладать?

Никто. Марк Твен однажды заметил: «Если все ваши инструменты — молотки, все ваши проблемы будут гвоздями». Чарли Мангер, деловой партнер Уоррена Баффета и автор книги «Эффект снежного кома», заметил Чарли Мангеру следующий эффект от использования только одной модели: «Но это может быть совершенно катастрофическим образом мышления и действий в мире; поэтому несколько моделей должны исходить из разных областей, поскольку не вся мудрость находится в пределах одного академического факультета».

Вот несколько примеров профессиональной деформации: хирурги стремятся решить любую медицинскую проблему хирургическим путем; армии склонны в первую очередь отдавать предпочтение военным решениям; инженеры специализируются на строительных работах; Гуру тенденций часто делают абсурдные прогнозы — короче говоря: когда их спрашивают о проблеме, большинство ответов обычно относятся к одной из областей их знаний.

Почему портным не следует заниматься пошивом одежды так, как они умеют лучше всего? Профессиональная деформация возникает, когда люди применяют свои специализированные процессы там, где им не следует этого делать. Без сомнения, вы сами видели, как это произошло?
Учителя ругают друзей, как учеников. Молодые матери относятся к своим мужьям как к детям. Или возьмите электронные таблицы Excel — мы используем их даже тогда, когда их использование не имеет никакого смысла, например, при составлении финансовых прогнозов для стартапов или сравнении потенциальных любовников, которых мы нашли через сайты знакомств — они вполне могут быть одним из самых опасных изобретений со времен компьютеров. .

Даже в своей области литературные обозреватели склонны злоупотреблять молотком. Рецензенты обучены обнаруживать в книгах ссылки, символы и скрытые сообщения; Как писатель, я нахожу эту практику раздражающей, поскольку рецензенты создают такие устройства там, где их нет. Мало чем отличается от того, что делают бизнес-журналисты, которые проверяют даже незначительные комментарии руководителей центральных банков на предмет каких-либо намеков на изменения в налогово-бюджетной политике, анализируя слова, сказанные ими вслух.

Вывод: обращаясь к эксперту, не ждите лучшего решения; скорее ожидайте подхода, который можно решить, используя их набор инструментов. Помните, что наш разум не является централизованным компьютером, а содержит множество специализированных инструментов, которые, возможно, придется использовать на разных этапах его пути. К сожалению, наши «карманные ножи» неполны. Благодаря жизненному опыту и профессиональным знаниям, у нас уже есть несколько лезвий. Но чтобы еще больше отточить наш набор навыков, необходимо добавить в наш набор инструментов два или три инструмента — ментальные модели, которые выходят за рамки нашей области знаний. За последние несколько лет я принял биологический взгляд на жизнь и получил новое понимание сложных систем. Подведите итоги своих недостатков и найдите соответствующие знания и методологии для их устранения; это займет около года усилий, но принесет дивиденды: ваш карманный нож станет больше и универсальнее, а ваш ум острее!

См. также «Безумие добровольца» (гл. 65); Зависимость от домена (гл. 76) и заблуждение игрока (гл. 29)

МИССИЯ ВЫПОЛНЕНА

Эффект Зейгарник

Берлин, 1927 год. Несколько студентов и профессоров университета посещают ресторан, где официант принимает заказ за заказом без каких-либо записей, беспокоя их, что обязательно произойдет что-то плохое. Однако после недолгого ожидания все посетители получили именно то, что просили. Однако после ужина на улице российская студентка-психолог Блюма Зейгарник заметила, что забыла в ресторане свой шарф. Вернувшись в ресторан, она встречает официанта, известного своей невероятной памятью, и спрашивает, видел ли он это. Однако он по-прежнему не знает ни о ней, ни о том, где она сидела; на что она возмущенно отвечает, спрашивая, как это возможно, что он забыл, кто и где они сидели, когда у него такая невероятная память! «Как ты мог меня забыть?» — спрашивает она, недоверчиво глядя на его неосведомленность. Его ответ: «Я храню каждый заказ в своей голове, пока он не будет подан», — коротко ответил он: «Я храню каждый заказ в своей голове, пока он не будет подан». ответил коротко: «Я сохраняю каждый заказ, пока его не обслужат» «Официант коротко ответил: «Я храню каждый заказ в голове, пока его не обслужат» и тоже не помнил своих предыдущих заказов» (с).

Зейгарник и Курт Левин изучили это загадочное поведение и пришли к выводу, что люди обычно действуют как официанты: мы никогда не забываем невыполненные задачи; они терзают наше сознание, пока мы не уделяем им внимание; Однако после завершения эти предметы полностью исчезают из памяти.

Исследователи теперь называют это явление эффектом Зейгарник. Однако ее расследование выявило несколько необычных случаев: например, некоторые люди оставались совершенно спокойными, несмотря на то, что у них было несколько проектов. Рой Баумайстер и его исследовательская группа из Университета штата Флорида недавно пролили некоторый свет на этот феномен. Он разделил студентов, которые были близки к сдаче выпускных экзаменов, на три группы; Группа 1 состояла из вечеринок, проводимых в течение этого семестра, а группы 2–4 были посвящены формальным экзаменам. Группе 2 нужно было сосредоточиться на предстоящем экзамене, а группе 3 нужно было составить подробный план обучения. Затем Баумайстер попросил студентов из групп 2, 3 и 4 закончить слова в условиях ограниченного времени – некоторые увидели «Панику», а другие подумали о «Вечеринке» или Париже. в группах 2 ни о чем другом и думать не могли!Однако, что действительно выделялось, так это группа 3, где их результаты были поистине ошеломляющими!
Хотя этим студентам пришлось сосредоточиться на предстоящем экзамене, их ум оставался расслабленным и свободным от беспокойства. Последующие эксперименты

подтвердили это наблюдение: невыполненные задачи имеют тенденцию глодать нас только до тех пор, пока у нас не будет четкого плана того, как мы будем их решать; Зейгарник ошибочно полагала, что в этом отношении будет достаточно выполнения задач; вместо этого должно быть достаточно стратегического подхода.

В бестселлере Дэвида Аллена «Как привести дела в порядок» (GTD) его целью провозглашается достижение ясного, как вода, ума. Для достижения этой цели не нужна жизнь в идеальном порядке, а необходимо составить план действий по решению незапланированных жизненных проблем и записать их в пошаговые задачи — только тогда ваш разум сможет обрести душевное спокойствие. Обдуманность планирования имеет первостепенное значение; расплывчатые цели, такие как «организовать вечеринку по случаю дня рождения моей жены» или «найти новую работу», не могут принести облегчения; Аллен заставляет своих клиентов разбивать эти проекты на двадцать-пятьдесят отдельных задач, прежде чем приступать к таким проектам, если это возможно, чтобы обеспечить успех и достичь мира в отношениях. разум.

Рекомендация Аллена может противоречить ошибке планирования (глава 91): детальное планирование может привести к тому, что мы упустим из виду факторы извне, которые могут сорвать проекты, но в этом и заключается ключ: для душевного спокойствия выберите подход Аллена, а для более точной оценки затрат , преимущества, продолжительность и другие аспекты проекта ищут похожие проекты вместо создания одного подробного плана. Или сделайте и то, и другое!

Однако вам не нужны никакие высокотехнологичные гаджеты, чтобы сделать это самостоятельно — просто держите блокнот возле своей кровати и используйте его, когда не можете заснуть, чтобы записывать невыполненные задачи и то, как вы будете их решать — это должно помочь заставить замолчать внутренний мир. голоса, которые продолжают кричать: «Вы хотите Бога, но у вас не осталось кошачьей еды», как выразился Аллен — его совет остается в силе, даже если вы уже нашли Бога или у вас нет домашних животных!

См. также Прокрастинация (гл. 85); Ошибка планирования (гл. 91) для дополнительных соображений.

Строительство лодок важнее, чем гребля

Почему так мало серийных предпринимателей

Почему так мало серийных предпринимателей – бизнесменов, которые последовательно создают несколько прибыльных компаний? Конечно, Стив Джобс и Ричард Брэнсон существуют, хотя они представляют небольшое меньшинство. Серийные предприниматели составляют менее одного процента всех основателей стартапов. Но все ли эти серийные предприниматели уходят на пенсию и пересаживаются на частные яхты после достижения успеха, как это сделал соучредитель Microsoft Пол Аллен? Ни за что. Настоящие деловые люди обладают слишком большим количеством энергии, чтобы часами сидеть на шезлонге. Возможно, это связано с тем, что они не хотят распускать и баловать свои фирмы, пока им не исполнится 65 лет, хотя большинство основателей продают свои акции в течение 10 лет после основания своих компаний. Можно было бы подумать, что люди, наделенные талантом, обширной личной сетью и солидной репутацией, способны основать множество других стартапов, однако многим это не удается. Почему они останавливаются? Они не остановились; им просто не удалось сделать это успешно. Когда дело доходит до успеха в бизнесе, удача играет большую роль, чем мастерство, о чем ни один бизнесмен не любит слышать. Я помню, как почувствовал себя некомфортно, когда впервые узнал об этой идее; Моей первой мыслью было: «Был ли мой успех случайным?». Поначалу может показаться оскорбительным, что удача сыграла такую большую роль.

Давайте примем честный и реалистичный подход к успеху в бизнесе. Насколько это зависит от упорного труда и выдающегося таланта, а не от удачи? К сожалению, этот вопрос может легко привести к неправильному восприятию; Хотя талант играет важную роль в истории успеха любой компании, упорный труд не может привести к достижению результатов в одиночку. К сожалению, для достижения успеха недостаточно ни навыков, ни упорного труда; оба элемента являются необходимыми, но недостаточными факторами. Как мы можем это знать? Есть простой и понятный тест: когда кто-то добивается долгосрочного успеха по сравнению с менее квалифицированными коллегами, талант становится первостепенным. К сожалению, это не относится к основателям компаний; в противном случае большинство успешных предпринимателей продолжали бы запускать несколько стартапов после достижения первоначального успеха.

Какую роль корпоративные лидеры играют в успехе компании? Исследователи определили черты, связанные с сильным генеральным директором, - в качестве примеров процедуры управления и предшествующий стратегический талант.

Затем исследователи измерили корреляцию между поведением генеральных директоров, с одной стороны, и ростом стоимости компании за время их пребывания в должности, с другой стороны. Их вывод: если сравнивать две компании случайным образом, то в 60% случаев более сильный генеральный директор возглавляет более влиятельную фирму. Канеман обнаружил, что в 40% случаев более слабые руководители возглавляли более сильные компании; это всего лишь на 10 процентных пунктов больше, чем отсутствие связи вообще. В заключение он отметил, что люди обычно не с энтузиазмом покупают книги, написанные о бизнес-лидерах, которые в среднем лишь немногим выше среднего; даже Уоррен Баффет не видит смысла в повышении некоторых руководителей; его вариант? «[?...?] Хороший управленческий послужной список больше зависит от того, в какую лодку садишься, чем от того, насколько эффективно ею управляешь»

Некоторые области вообще не зависят от навыков. Канеман описал в своей книге «Думай быстро и медленно» свой визит в фирму по управлению активами, которая прислала ему электронную таблицу с результатами работы каждого советника за восемь лет в рамках брифинга. На основании этих данных Канеман присвоил каждой группе рейтинг: 1, 2, 3 и т. д. в порядке убывания. Он быстро подсчитал их отношения по годам рейтинга. Затем он рассчитал корреляцию рейтингов с 1 по 8 год, при этом советники иногда оказывались на обоих концах. Это оказалось чистой случайностью; иногда они даже казались ближе к верху, чем иногда к низу. Результаты работы советника не зависели от предыдущих или последующих лет – корреляция была нулевой! И все же эти консультанты получали премии за свои достижения. Другими словами, компания вознаграждала удачу, а не мастерство.

Вывод: некоторые профессии в значительной степени зависят от людей, использующих свои способности, например, пилоты, сантехники и юристы. Другие области требуют навыков, но это не критично – например, предприниматели и лидеры. А иногда все решает случай, как на финансовых рынках; здесь иллюзия мастерства может царить безраздельно. Так что проявите уважение к водопроводчикам, наслаждаясь успешными финансовыми шутами!
См. также «Удача новичка» (гл. 49); Предвзятость выжившего (глава 1), Предвзятость авторитета (глава 9), Эффект чрезмерной уверенности, Иллюзия контроля и Предвзятость результата в последующих главах (20 и 21 соответственно).

На первый взгляд серия А кажется достаточно простой. Все его числа имеют что-то общее: 394, 411, 054, 646 связаны четырьмя признаками, что делает решение этой серии относительно простым. Далее идет серия Б; все его числа в какой-то момент используют шесть функций. Чему вы можете научиться из этого? Отсутствие часто труднее обнаружить, чем присутствие; мы склонны придавать большее значение вещам, которые существуют, а не тому, чего нет.

На прошлой неделе во время прогулки меня осенило: ничего не болит. Это было весьма удивительно, учитывая, что я и так редко испытываю боль, а когда она возникает, ее можно сильно ощутить; но редко признают его отсутствие; такова была красота его, что на одно мгновение оно принесло радость — но потом все это снова быстро ускользнуло из памяти!

На концерте классической музыки оркестр исполнил Девятую симфонию Бетховена с большим успехом в переполненном концертном зале. Во время оды четвертой части можно было увидеть, как наворачиваются слезы, заставляя чувствовать себя благодарным за ее существование; но так ли это? Без сомнения, нет; если бы произведение не было написано, никто бы его не пропустил и режиссеру не поступало бы гневных звонков с требованием немедленно написать и исполнить это произведение - явление, известное как художественно-позитивный эффект, и есть то, что действительно радует нас сегодня.

Профилактические кампании эффективно используют эту стратегию; например, «Курение вызывает рак легких» гораздо более убедительно, чем «Отказ от курения ведет к жизни, свободной от рака легких». Аудиторы и другие специалисты, которые полагаются на контрольные списки, часто поддаются этому положительному эффекту: невыполненные налоговые декларации немедленно появляются в их списках, в то время как мошеннические действия, такие как в Enron или в схеме Понци Берни Мэдоффа, не появляются. В таких списках также отсутствуют предприятия «мошенников», таких как Ник Лисон и Джером Кервьель, которые вызвали подобные финансовые капризы, тем самым скрывая такую деятельность от общественного внимания.
Не существует контрольного списка для отслеживания девальвации; и хотя незаконные действия могут оказаться на рассмотрении ипотечных банков, девальвация из-за мусоросжигательных заводов может произойти незаметно для них.

Представьте себе, что вы создаете нежелательный продукт, такой как заправка для салата, с повышенным содержанием холестерина, но вы хотите, чтобы потребители чувствовали себя в безопасности при его использовании? Маркируя такой продукт, вместо этого подчеркните все его положительные характеристики. Клиенты не заметят его отсутствия; а положительные характеристики обеспечат информированность потребителей.

Академические исследования часто демонстрируют положительный эффект. Подтверждение гипотез обычно приводит к публикациям и даже может принести Нобелевскую премию; в то время как фальсификация гипотез, хотя и полезна с научной точки зрения, гораздо труднее публиковаться и никогда не получала такого престижного признания. Другим результатом положительного эффекта является наша склонность принимать положительные советы (например, делать X) вместо отрицательных (забудьте Y). Это делает нас гораздо более восприимчивыми к положительным советам, чем к отрицательным предложениям (например, забвению Y).

Вывод: людям часто сложно точно воспринимать несобытия. Мы склонны игнорировать то, чего не существует. Например, мы признаем, что есть война, но не ценим ее отсутствия в мирное время; точно так же мы редко думаем о том, что больны, когда здоровы; то же самое после прибытия в Канкун, не попавшего в авиакатастрофу! Развивая большую осознанность в отношении отсутствия, мы вполне можем стать счастливее; хотя для этого требуется тяжелая умственная работа и размышления - одним из полезных инструментов является вопрос, почему что-то существует, а не ничто, поскольку этот вопрос служит полезным способом борьбы с положительными эффектами функции!

См. также «Эффект Форера» (гл. 64); Предвзятость подтверждения (гл. 7-8); Предвзятость самовыбора (гл. 47); Ошибка доступности (гл. 11); Иллюзия внимания (гл. 88)

СМЕЩЕНИЕ ПОДТВЕРЖДЕНИЯ МЕЖДУ СТРЕЛКОЙ И ВОРОБЬЕМ

Сбор вишни

Отели представляют себя в лучшем свете в Интернете. Фотографии, передающие красивые, величественные образы, тщательно отбираются; любые некрасивые углы, прохудившиеся трубы или непривлекательные залы для завтраков просто скрыты рваным ковровым покрытием — конечно, вы понимаете, что это правда, когда впервые сталкиваетесь с неприглядным вестибюлем; вместо этого вы просто пожимаете плечами и как можно быстрее направляетесь к стойке регистрации.

Выбор вишни, практикуемый в отелях, предполагает выбор и подчеркивание только привлекательных особенностей, скрывая при этом другие. Аналогично следует подходить и к другим событиям: брошюры об автомобилях, недвижимости или юридических фирмах — это еще то, к чему нужно подходить с осторожностью — знание того, как они работают, не вводит нас в их транс!

Но вы склонны реагировать по-разному, читая годовые отчеты компаний, фондов и государственных организаций. Здесь вы склонны ожидать объективных изображений; к сожалению, вы ошибаетесь: эти органы часто выбирают «вишню»: достигнутые цели отмечаются, а неудачи остаются незамеченными.

Представьте себя руководителем отдела. Ваше правление приглашает вас рассказать о состоянии игры вашей команды. Как бы вы подошли к этой презентации? Подчеркивая свои победы и включая несколько слайдов, освещающих проблемы. О любых нереализованных достижениях легко забывают.

Анекдоты представляют собой уникальную проблему, когда дело доходит до сбора вишни. Представьте себе, что вы — директор компании, производящей технические устройства. После проведения опроса удовлетворенности клиентов становится очевидным, что большинство клиентов не могут использовать ваш гаджет из-за его сложного характера. Теперь в дело вмешивается менеджер по персоналу: «Мой тесть получил это вчера и сразу научился с этим работать. Какой вес вы бы придали именно этой вишне? Близко к нулю». Опровержение анекдота может оказаться непростой задачей, поскольку оно включает в себя мини-истории, которые воздействуют на наш мозг. Чтобы противостоять этому эффекту, опытные лидеры на протяжении всей своей карьеры тренируются становиться сверхчувствительными к анекдотам, которые встречаются на их пути, и немедленно реагировать выстрелами. против любых подобных историй, которые возникают.

Выбор вишни становится более очевидным по мере того, как мы погружаемся в более возвышенные или элитные области. В книге «Антихрупкость» Талеб подробно описывает, как все области исследований – от философии до медицины и экономики – хвастаются своими результатами: «Как и политики, научные круги умеют рассказывать нам, что они для нас сделали, а не то, что не сделали; тем самым доказывая свою незаменимость методов. ." Это вполне может быть выборочным подходом, но наше уважение к ученым не позволяет нам это обнаружить.

Или возьмем профессию врача: призывать людей не курить — это величайшее достижение медицины со времен окончания Второй мировой войны, как утверждает врач Друин Берч в своей книге «Принимая лекарство». Несколько антибиотиков типа вишни служат отвлекающим фактором, и поэтому исследователей наркотиков, как правило, прославляют, а активистов по борьбе с курением - нет.

Административные отделы крупных компаний склонны вести себя как владельцы отелей, прославляя себя, рекламируя все, чего они достигли, но никогда не сообщая о том, чего не было сделано для бизнеса. Что вы можете с этим поделать? Работая в наблюдательном совете организации, обязательно спрашивайте об «остатках вишен», таких как неудавшиеся проекты или недостигнутые цели — из них вы узнаете гораздо больше, чем из успехов! Удивительно, как редко поднимаются такие вопросы!
Во-вторых: вместо того, чтобы нанимать армию финансовых контролеров для расчета затрат до последнего цента, найдите время для регулярного пересмотра целевых показателей. Вы можете быть удивлены, обнаружив, что со временем некоторые первоначальные цели стали менее осязаемыми и были заменены добровольно поставленными целями, которые всегда остаются достижимыми; каждый раз, когда возникают такие цели, они должны поднимать красные флажки; это было бы все равно, что пустить стрелу и создать яблочко вокруг того места, где она приземлится!

Заметки о предубеждениях (гл. 13); Корыстные предубеждения (гл. 45);

ОХОТА КАМЕННОГО ВЕКА ЗА КОЗЛАМИ ОТПУСКА

Неудачный анализ единой причины

Крис Мэтьюз — один из ведущих журналистов MSNBC. В его новостном шоу политические эксперты берут интервью. Я никогда не понимал, в чем заключалась их работа и почему существуют такие карьеры, хотя в 2003 году вторжение США в Ирак было в центре внимания. Крис Мэтьюз расспрашивал эксперта за экспертом о ее мотивах - от теорий расплаты за 11 сентября до оружия массового уничтожения, стоящего за этим конфликтом - настолько важными были его вопросы: «Какова мотивация войны?» ', до "почему мы вторглись в Ирак, помимо рекламных акций". И так далее, и так далее... и так далее... и так далее... и так далее...

Подобные вопросы меня больше не интересуют; они отражают одну из наиболее часто встречающихся психических ошибок — нечто такое, для чего не существует обиходного термина; поэтому вместо этого я буду использовать неуклюжие выражения, такие как «заблуждение единственной причины».

Пять лет спустя, в 2008 году, на финансовых рынках снова воцарилась паника, и банки рухнули, что вынудило налогоплательщиков спасать их налоговыми долларами. Инвесторы, политики и журналисты исследовали каждый аспект этого финансового кризиса: мягкая денежно-кредитная политика Гринспена? Инвесторская глупость? Сомнительные рейтинговые агентства? Коррумпированные аудиторы? Плохие модели риска или явная жадность были возможными причинами – все они в равной степени заслуживали порицания. Ни один фактор не может претендовать на единоличную ответственность, но все они могут внести значительный вклад.

Идиллическое бабье лето, развод друга, Первая мировая война, рак, стрельба в школе, всемирный успех компании или даже само писательство — это события, вызванные множеством факторов, которые им способствуют, но мы все равно пытаемся возложить всю вину на один человек или вещь в отдельности.

Что заставляет яблоко созревать и падать, неясно: сила тяжести тянет его к земле, засыхает ли его стебель под высыхающими лучами солнечного света, увеличивается ли его вес, порывы ветра вызывают его опрокидывание или желание стоящего под ним нетерпеливого ребенка перекусить этим? Ни один фактор не объясняет его падение». В «Войне и мире» Толстого этот отрывок прекрасно иллюстрирует это. Представьте себе, что вы являетесь менеджером по продукции культового бренда сухих завтраков и недавно представили органический сорт с низким содержанием сахара, который после месяца продаж оказался полным провалом. Как бы вы расследовали его причины? Во-первых, поймите, что ни один фактор не может объяснить эту неудачу; каждый фактор играет свою роль. Возьмите лист бумаги и нарисуйте все потенциальные причины, а также их основные причины. Закончив, вы создадите сложную сеть потенциальных влиятельных лиц. Затем определите те, которые вы можете изменить (например, человеческую природу), отбросив все, что не может. Наконец, проведите эмпирические тесты, варьируя выделенные факторы на разных рынках — это требует времени и денег, но это необходимо, если мы хотим выйти за рамки поверхностных предположений.

Заблуждение о единой причинности древнее и опасное. За тысячелетия мы пришли к убеждению, что люди сами являются хозяевами своей судьбы – Аристотель сделал это утверждение более двух тысячелетий назад! Теперь мы понимаем, что это неверно и что свобода воли — открытый вопрос. Наши действия определяются сложной сетью факторов, начиная от генетической предрасположенности и окружающей среды, образования и концентрации гормонов в клетках мозга, и все же мы твердо цепляемся за устаревший образ самоуправления. Такая практика является одновременно вредной и морально сомнительной. Пока мы верим в единственные причины событий или катастроф, всегда можно будет возложить вину на отдельных людей. Более того, люди уже давно играют в эту игру, пытаясь найти кого-то или что-то, в чем они обвиняют, создавая представление о том, что власть должна осуществляться через одного человека или группу над другим.

Тем не менее, Трейси Чепмен смогла построить на этом весь свой мировой успех, особенно благодаря песне «Give Me One Reason». Но разве не были задействованы и другие факторы?

См. также «Оправдание «потому что»» (гл. 52); Фальсификация истории (гл. 78); Предвзятость ретроспективного взгляда (гл. 14) и Фундаментальная ошибка атрибуции (гл. 36) для дальнейшего объяснения.

Ошибка намерения обработать

В это может быть трудно поверить, но демоны скорости на самом деле водят машину более безопасно, чем так называемые «осторожные» водители. Подумайте вот о чем: от Майами до Уэст-Палм-Бич примерно 75 миль. Водителей, преодолевающих расстояние менее чем за час, мы относим к безрассудным, поскольку их средняя скорость превышает 75 миль в час; все остальные попадают в нашу группу осторожных водителей. В какой группе меньше несчастных случаев? Наверное, это были неосторожные водители. Все три водителя завершили поездку в течение часа и, следовательно, не должны были попадать в какие-либо аварии; любой, кто попадал в аварию, автоматически попадает в категорию более медленных водителей. Этот пример иллюстрирует коварную ошибку, называемую ошибкой намерения лечить, которой, к сожалению, не хватает привлекательного названия.

Это может звучать похоже на ошибку выжившего (глава 1), но есть важное отличие. При смещении выжившего вы видите только успешные проекты или автомобили, попавшие в аварии, тогда как при ошибке намерения устранить эти неудачные проекты или автомобили появляются на видном месте, но просто относятся к неподходящей категории.

Недавно мне показали поучительное исследование, проведенное банкиром, которое выявило интересный факт: компании с долгами на балансе, как правило, значительно более прибыльны, чем фирмы, которые держат акции только в качестве финансовых инструментов (т. е. не имеют долгов на балансе). . Банкир настаивал на том, что каждая компания должна брать кредиты по своему желанию, и его банк является лучшим местом для этой цели. Я осмотрел его кабинет более внимательно. Как такое могло быть? Из 1000 случайно выбранных фирм те, которые получили крупные кредиты, получили более высокую прибыль как на собственный, так и на общий капитал, чем фирмы, финансируемые независимо. Они были во всех отношениях более успешными. Вскоре пришло осознание: убыточные компании не имеют права на корпоративные кредиты и, таким образом, попадают в группу «только акционерного капитала», где фирмы с более крупными денежными запасами, как правило, дольше остаются на плаву и остаются частью этого исследования, несмотря на любые проблемы со здоровьем, которые они могут представлять. С другой стороны, фирмы, которые берут крупные займы, как правило, терпят неудачу быстрее. Когда они больше не могут выплачивать проценты по своим долгам, банки захватывают и продают этот бизнес; те, кто остается в «долговой группе», как правило, остаются относительно здоровыми, независимо от того, сколько долгов находится на их балансах.

Будьте осторожны, если думаете, что понимаете. Распознавание ошибки намерения лечить может быть сложной задачей; давайте возьмем в качестве примера медицину: фармацевтическая компания создала новый препарат для борьбы с болезнями сердца. Исследование «доказывает», что это лекарство значительно снижает уровень смертности пациентов по сравнению с приемом только таблеток плацебо; среди постоянных потребителей пятилетняя смертность снижается с 15% до 11% в течение пяти лет, а среди нерегулярных потребителей, принимавших его в разных количествах, в два раза выше; так можно ли его действительно считать успешным или провальным?

Проблема в том, что таблетки не могут быть определяющим фактором; скорее, в конечном итоге имеет значение терпеливое поведение. Возможно, пациенты прекратили прием из-за серьезных побочных эффектов и оказались в категории «нерегулярного приема» или были слишком больны, чтобы продолжать регулярный прием; в любом случае в группе «регулярного приема» оставались только относительно здоровые люди, из-за чего препарат казался гораздо более эффективным, чем он есть на самом деле; те по-настоящему больные пациенты, которые не могли принимать регулярные дозы, входили в когорты с «нерегулярным приемом».

Авторитетные исследования позволяют медицинским исследователям анализировать данные всех пациентов, которых они изначально намеревались лечить; независимо от того, участвовали они в суде или нет. Однако, к сожалению, многие исследования намеренно или случайно игнорируют это правило; Будьте начеку: всегда проверяйте, исчезли ли по какой-то причине из вашей выборки испытуемые — водители, попавшие в аварии, компании-банкроты и тяжелобольные пациенты, и отправляйте исследование туда, где ему место: в мусорную корзину.

См. также: Предвзятость выжившего (гл. 1); Феномен Уилла Роджерса (гл. 58);

Новости Иллюзия Землетрясения на Суматре. Авиакатастрофа в России. Мужчина держит дочь в подвале 30 лет; Хайди Клум расстается с Силом; рекордные зарплаты в Bank of America; нападение в Пакистане; отставка президента Мали; новый мировой рекорд в толкании ядра.

Вам действительно нужны эти знания?

Мы чрезвычайно хорошо информированы, но остаемся очень невежественными. Это потому, что два столетия назад мы изобрели токсичную форму знаний, называемую новостями, которая воздействует на разум, как сахар на тело – вкусная, но потенциально разрушительная с течением времени.

Три года назад я провел эксперимент. Я перестал читать и слушать новости и отменил подписку на все газеты и журналы; из моей программы были исключены теле- и радиоканалы; новостные приложения с моего iPhone были полностью удалены. Поначалу это было трудно, так как я постоянно боялся, что что-то важное может ускользнуть из моих рук; но по прошествии некоторого времени у меня сложилось другое мнение. Три года спустя мои усилия окупились: появились более ясные мысли, более глубокое понимание, лучшие решения и гораздо больше свободного времени. Самое приятное то, что ничего важного не было упущено, поскольку моя реальная социальная сеть действует как информационный фильтр и держит меня в курсе событий.

Прежде всего, наш мозг непропорционально реагирует на разного рода информацию: нас стимулируют скандальные, шокирующие подробности; абстрактные, сложные или необработанные детали малоэффективны. Производители новостей прекрасно понимают эту динамику: их захватывающие истории, яркие изображения и сенсационные «факты» привлекают наше внимание, в то время как рекламодатели покупают место, чтобы их рекламу увидели; поэтому все тонкие, сложные и глубокие истории должны быть тщательно отфильтрованы, даже если они могут иметь гораздо большее влияние на общество в целом.
Потребление новостей искажает наше понимание мира, заставляя нас жить с неточным представлением о рисках и угрозах, с которыми мы на самом деле сталкиваемся.

Во-вторых, новости не имеют значения. За последние двенадцать месяцев вы, возможно, просматривали около 10 000 фрагментов новостей (возможно, до тридцати в день). Будьте честны: назовите одну из 10 000 прочитанных историй, которая помогла вам принять более правильные решения в жизни, карьере или бизнесе по сравнению с отсутствием этой новости по сравнению с ее отсутствием вообще. Никто из тех, кого я спросил, не смог назвать более двух полезных фрагментов из всего, что было потреблено - жалкий результат со стороны новостных организаций, которые утверждают, что их информация дает конкурентные преимущества, тогда как на самом деле потребление представляет собой экономический ущерб; если бы они помогали людям продвигаться дальше по карьерной лестнице, были бы журналисты на вершине пирамиды доходов - верно как раз обратное

Новости также являются неэффективным использованием времени: в среднем каждый человек каждую неделю тратит полдня на чтение текущих событий, что приводит к огромным потерям производительности во всем мире. Возьмем, к примеру, теракты в Мумбаи в 2008 году: только из-за неутолимой жажды признания террористы убили 200 невинных людей исключительно ради славы и признания. Допустим, один миллиард человек потратил один час на то, чтобы следить за последствиями: просматривая поминутные обновления и слушая комментарии экспертов и аналитиков - чрезвычайно вероятный сценарий, учитывая, что в Индии проживает более одного миллиарда жителей. Поэтому наш скромный подсчет: один миллиард человек, умноженный на час отвлечения, равен одному миллиарду часов простоя на работе. Если мы преобразуем это число в число жизней, потерянных из-за потребления новостей, в сравнение с потерями от атак, это число составит около 2000 смертей, потерянных впустую только из-за потребления новостей – резкое, но точное наблюдение.

Отказ от новостей может принести столь же глубокие результаты, как и избавление от любой другой девяноста восьми вредных привычек, которые мы здесь обрисовали. Полностью избавьтесь от привычки читать новости; Вместо этого читайте длинные статьи или книги - ничто не сравнится с книгами для понимания нашего мира!

См. также «Фундаментальная ошибка атрибуции» (гл. 36); Эффект спящего (гл. 70); Предвзятость подтверждения (главы 7–8); Информационная предвзятость (гл. 59); Персонификация (глава 87) и предвзятость истории (глава 13) как связанные явления.

ЭПИЛОГ

Папа спросил Микеланджело: «Расскажи мне секрет твоего гения». Как вам удалось создать эту статую Давида, шедевр среди всех шедевров?» Микеланджело ответил, просто убрав все, что не было Давидом.

Давайте внесем ясность. Никто на самом деле не знает наверняка, что делает нас успешными или счастливыми, но мы понимаем, что мешает успеху или счастью. Негативное знание (чего не следует делать) гораздо более действенно, чем позитивное знание (что следует делать).

Микеланджело использовал метод Микеланджело, чтобы мыслить более ясно и действовать мудро: вместо того, чтобы смотреть исключительно на Давида, сосредоточьтесь на всем, что стоит на его пути, и устраняйте их по частям; аналогично и в нашем случае: устраняйте ошибки для улучшения мышления!

Греческие, римские и средневековые мыслители придумали для этого подхода термин via negativa — буквально «негативный путь», подход к отказу, исключению и сокращению. Теологи были первыми пионерами метода via negativa: мы не можем сказать, что такое Бог; вместо этого мы можем только определить Его отсутствие; применительно к современной жизни: успех нельзя определить напрямую; только то, что препятствует его преследованию, может быть выявлено и устранено – по сути, все, что нам нужно знать!

Эта горячая теория иррациональности пузырилась на протяжении столетий. Жан Кальвин, основатель строгого протестантизма в 1540-х годах, считал, что подобные чувства олицетворяют зло и что только обратившись к Богу, можно их отразить. Людей, испытывающих вулканические извержения эмоций, считали последователями сатаны; поэтому последовали пытки и убийства. Согласно теории австрийского психоаналитика Зигмунда Фрейда, которая предполагает, что наше эго и моралистическое суперэго контролируют наше импульсивное «Ид» и подавляют его посредством долга или дисциплины, этого не может произойти. Забудьте об обязанностях и дисциплине — одно лишь мышление не может контролировать наши эмоции в большей степени, чем попытка заставить волосы вырасти одной лишь силой воли!

С другой стороны, холодная теория иррациональности еще молода. После Второй мировой войны многие пытались объяснить кажущуюся иррациональность нацистов - от самого Гитлера в руководящих рядах не было слышно ни эмоциональных всплесков, ни пламенных речей; даже его пламенные речи были лишь мастерскими выступлениями — скорее холодный расчет, чем внезапные извержения, вели их по темному пути; то же самое касается Сталина или красных кхмеров.

Психологи начали отходить от утверждений Фрейда в 1960-х годах и начали с научной точки зрения рассматривать наше мышление, решения и действия. Возникла холодная теория иррациональности, постулирующая, что мышление само по себе далеко не чисто; даже очень умные люди становятся жертвами когнитивных ловушек, которые приводят к ошибкам. Более того, ошибки не распределяются случайным образом: ошибки имеют тенденцию группироваться в предсказуемые закономерности, что делает ошибки более предсказуемыми, но никогда полностью не исправимыми (хотя их источник был неизвестен в течение десятилетий), в то время как все остальное в нашем теле казалось относительно надежным по сравнению с нашим мозгом.
Почему наш мозг должен постоянно терпеть неудачи?

Мышление — это биологический феномен, в формировании которого, как и любого другого аспекта природы, сыграла свою роль эволюция. Представьте себе, что вы возвращаетесь на 50 000 лет назад и берете одного из наших предков с собой в настоящее - отправляете его парикмахером, посылаете ему уроки вождения или обучаете его пользоваться мобильным телефоном, но, без сомнения, он отлично впишется; в конце концов, биологическая эволюция дала нам все эти способности как охотникам-собирателям, носящим костюмы Hugo Boss (или в некоторых случаях H&M)! Если бы мы могли сделать именно это, представьте себе, что вы возвращаетесь на 50 000 лет назад, берете предка и отправляете его/ее/них в современное путешествие во времени; тогда, может быть, вместо того, чтобы быть изгоем на улице и отправить его/ее/их из того времени в современную одежду; отправляете его/её на стрижку/стрижку/одевание в парикмахерскую/парикмахерскую/одеваете их/их/нас, чтобы они накрасились в современное платье/одежду? Нет; Биология опровергла все сомнения; физически, в том числе и когнитивно, мы охотники-собиратели, одетые в Hugo Boss (или H&M, если уж на то пошло).

Что существенно изменилось с древних времен, так это наша среда обитания. Тогда все было просто и стабильно - люди жили группами до пятидесяти человек, без значительного технологического или социального прогресса. Только за последние 10 000 лет наш мир начал претерпевать драматические изменения: урожай, домашний скот, деревни, города, глобальная торговля и финансовые рынки стали основными движущими силами его эволюции. Со времени индустриализации многое из того, что было оптимальным для функционирования человеческого мозга, исчезло. Проведите 15 минут в любом торговом центре, и вы встретите больше людей, чем видели наши предки за всю свою жизнь. Любой, кто утверждает, что знает, как будет выглядеть мир через 10 лет, обычно становится изгоем через несколько месяцев после таких прогнозов. За 10 000 лет мы создали мир, который больше не понимаем. Все стало более сложным и более запутанным. В результате резко возросло экономическое процветание, но также резко возросли болезни образа жизни (такие как диабет второго типа, рак легких и депрессия) и ошибки в мышлении, поскольку сложность только продолжает расти - это только еще больше усугубит их ошибки и увеличит их.

У наших охотников-собирателей деятельность часто оказывалась более прибыльной, чем размышления. Необходима была молниеносная реакция, а продолжительное созерцание оказалось фатальным. Если один из ваших приятелей-охотников-собирателей внезапно сбежал, имело смысл последовать его примеру; неважно, напугал ли тебя тигр или кабан. Если вы не сможете сбежать, это может стоить вам жизни; напротив, если просто бег от кабана вызвал ошибку, это может стоить только калорий; ошибаться в подобных вопросах окупалось: любой, кто был устроен по-другому, выходил из строя еще до того, как происходили встречи, что делало нас всех потомками тех людей разумных, которые склонны к быстрым действиям, предпринятым ранними поколениями, которые руководили. Сегодня мы их потомки.
Современное общество предпочитает исключительное созерцание и самостоятельные действия – каждый, кто попался на шумиху фондового рынка, знает это не понаслышке.

Эволюционная психология остается по большей части гипотезой, однако весьма убедительно объясняет многие недостатки; хотя и не все. Возьмем, к примеру, следующее утверждение: «Каждый батончик Hershey поставляется в коричневой обертке; поэтому все шоколадные батончики, обладающие этой характеристикой, также должны быть батончиками Hershey». Даже разумные люди могут стать жертвами этой ловушки – как и местные племена, живущие, не обремененные цивилизацией, – точно так же, как наши предки охотники-собиратели все еще могли сталкиваться с логическими ошибками, которые не имеют ничего общего с изменением окружающей среды.

Почему это? Эволюция не создает идеальных людей; Пока мы опережаем наших конкурентов (т. е. побеждаем неандертальцев), эволюция допускает ошибочное поведение. Возьмем, к примеру, птицу-кукушку: на протяжении миллионов лет они откладывали яйца в гнезда певчих птиц, где более мелкие птицы затем высиживали и кормили птенцов, рожденных из этих яиц, - поступок, который представляет собой поведенческую ошибку, которую эволюция не смогла исправить, потому что это было не так. Мелкие птицы считают это достаточно серьезным.

Дополнительное объяснение наших ошибок появилось в конце 1990-х годов: наш мозг настроен на воспроизводство, а не на поиск истины; то есть мы используем свои мысли прежде всего для убеждения, а не для поиска истины; тот, кто может убедить других, получает власть и ресурсы — активы, которые обеспечивают значительное преимущество при спаривании и выращивании потомства. Романы обычно продаются лучше, чем научно-популярные издания, несмотря на их большую откровенность.

Наконец, интуитивные решения – даже лишенные логики – могут быть полезны в определенных обстоятельствах. Это явление изучают так называемые эвристические исследования. Поскольку нам часто не хватает всей необходимой информации при принятии важных решений, мысленные ярлыки или эмпирические правила (эвристики) становятся незаменимыми. Например, при выборе романтического партнера, который вас тянет, единственным рациональным решением будет полагаться исключительно на логику; использование вместо этого интуиции часто приводит в этом случае к лучшим результатам. Многие решения также должны быть позже обоснованы причинами или каким-либо оправданием, чего логика просто не может.
Решения (карьера, спутник жизни и инвестиции) часто принимаются подсознательно. Позже мы формулируем обоснования и чувствуем, что наш выбор был сознательным, хотя зачастую это совсем не похоже на научные методы: вместо этого мы придумываем причины для обоснования заранее определенных выводов, а не объективных фактов.

Поэтому забудьте о дихотомии между левым и правым полушарием мозга, описанной в книгах по самосовершенствованию; гораздо более важным является различие между интуитивным и рациональным мышлением — оба имеют важное применение; Интуитивный ум имеет тенденцию быть более быстрым, спонтанным и экономным, в то время как рациональное мышление требует гораздо больше энергии, чем его интуитивное мышление. Дэниел Канеман объяснил этот феномен в своей книге «Думай быстро и медленно».

Люди часто спрашивают, как мне удается вести безошибочную жизнь с тех пор, как у меня начали накапливаться когнитивные ошибки, но на самом деле это не так. И ответ? Неа; даже не близко. Как и все остальные, я принимаю поспешные решения, руководствуясь не своими мыслями, а чувствами; при быстром принятии решений вопрос «Что я об этом думаю?» часто заменяется на «Как я к этому отношусь?» Предвидение и избежание ошибок — дорогостоящее занятие;

Чтобы все было просто и ясно, я установил для себя следующие правила принятия решений в ситуациях с серьезными потенциальными последствиями (т. е. принятие ключевых личных или деловых решений). Я стараюсь оставаться максимально разумным и рациональным при выборе между вариантами. . Мой подход похож на пилота: я беру список ошибок и проверяю их по одной, как это сделал бы пилот самолета. Чтобы помочь себе более эффективно принимать обоснованные решения (например, обычную или диетическую пепси, газированную или негазированную воду?), я также использую отличное дерево решений с контрольным списком. В ситуациях с минимальными последствиями (например, газированная или простая вода?) дерево решений очень помогает — например, при выборе между обычной и диетической пепси или газированной или простой водой). Я часто отказываюсь от рациональной оптимизации и вместо этого позволяю своей интуиции вести меня вперед. Мышление может быть утомительным; поэтому, если потенциальный вред минимален, не утруждайте себя пустяками; такие ошибки не будут иметь долгосрочных последствий, и такой образ жизни может принести лучший опыт в целом. Природу, кажется, не заботит, идеальны ли наши решения; все, что имеет значение, — это то, чтобы мы успешно продвигались по жизни — до тех пор, пока мы готовы действовать рационально, когда ситуация становится трудной. Кроме того, я часто полагаюсь на свою интуицию, действуя в пределах своей компетенции. Потренируйтесь на инструменте, и ваши пальцы научатся играть его ноты. Со временем кончики ваших пальцев научатся манипулировать клавишами или струнами; появляются музыкальные партитуры и ноты воспроизводятся почти автоматически — Уоррен Баффет использует балансовые отчеты так же, как профессиональные музыканты используют партитуры!

Найдите свой круг компетенции — ту область, в которой вы интуитивно понимаете и преуспеваете, — и обретите твердое понимание. Подсказка: оно может быть меньше, чем вы думаете! Принимая важные решения за пределами этого круга, применяйте методы жесткого рационального мышления, а для менее важных решений свободно используйте интуицию.

КОНЕЦ